玛珈山法政文丛

主编：汪全胜　张　铭

㉔

法律制度的信息费用问题

张伟强 / 著

The Information Cost of Law

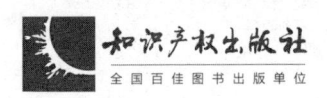

知识产权出版社
全国百佳图书出版单位

图书在版编目（CIP）数据

法律制度的信息费用问题/张伟强著. —北京：知识产权出版社，2018.8
（玛珈山法政文丛／汪全胜，张铭主编）
ISBN 978-7-5130-5420-1

Ⅰ.①法… Ⅱ.①张… Ⅲ.①司法制度—信息消费—研究 Ⅳ.①D916.04

中国版本图书馆 CIP 数据核字（2018）第 022955 号

责任编辑：李学军　　　　　　　　责任印制：刘译文
装帧设计：刘　伟

法律制度的信息费用问题

张伟强　著

出版发行	知识产权出版社有限责任公司	网　址	http://www.ipph.cn
社　址	北京市海淀区气象路50号院	邮　编	100081
责编电话	15611868862	责编邮箱	752606025@qq.com
发行电话	010-82000860 转 8101/8102	发行传真	010-82000893/82005070/82000270
印　刷	三河市国英印务有限公司	经　销	各大网上书店、新华书店及相关专业书店
开　本	787mm×1092mm　1/16	印　张	15.25
版　次	2018年8月第1版	印　次	2018年8月第1次印刷
字　数	234千字	定　价	69.00元
ISBN 978-7-5130-5420-1			

出版权专有　侵权必究
如有印装质量问题，本社负责调换。

玛珈山法政文丛
编辑委员会

主　编：汪全胜　张　铭

委　员：(以姓氏笔画为序)

　　　　王瑞君　刘　军　张　乐

　　　　姜世波　姜爱丽　赵　沛

　　　　焦宝乾

总　序

　　山东大学（威海）法学院是年轻的法学院。说它年轻，一是成立的时间很短，比不上动辄百年或者少说几十年历史的法学院，如果从1994年山东大学威海校区筹建法律系招收经济法专科起算，2014年才迎来它的20年诞辰。如果说有"法学院"名称，那也就是不到10年的时间。2004年，威海校区院系整合，设"法学院"，将原马列部的行政管理专业、社会工作专业并到法律系，建法学院，由谢晖教授出任法学院首任院长。二是师资队伍年轻，平均年龄据我估算，可能也就是40岁左右吧。目前，法学院教职员工70余人，除原有师资以外，对学院师资引进作出贡献的有两位人物：一位是从河南大学来山东大学威海校区任法律系主任的陈金钊教授，学科初建、专业方兴，陈金钊教授引进了不少人才；另一位就是谢晖教授，2004年及其后几年，其广纳国内高校的青年才俊。法学院的人才引进不仅引起了国内的注目，更是成效显著。自2004年始，科研产出占整个威海校区文科学科的一半甚至还多，是山东大学威海校区乃至山东大学的增长点。年轻，不等于没有资历。在这20年的发展过程中，一些学科、一些学者在国内渐有声望，法律方法论研究中心2006年被批准为山东省人文社会科学重点基地，逐渐形成了一支职称结构、年龄结构、学历结构、学缘结构都比较合理的学术团队；陈金钊、谢晖、焦宝乾、桑本谦等学者在国内学术界的影响日显，陈金钊、谢晖被称为著名法学家也不为过。山东大学（威海）法学院的声誉、影响力并不比那些有一定历史的法学院低或小，说起山东大学（威海），至少在法学界，会让人联想到山东大学（威海）法学院吧。

学院的发展离不开人才，学科的发展也离不开人才，没有人才或者没有很好的人才成长平台，发展从何谈起?! 山东大学（威海）法学院一方面继续延揽人才，为他们创造良好的成长环境，另一方面对于现有人才也想方设法给他们成长的空间，让他们在威海生活得开心、舒心、放心。威海是最适宜人居的城市，但是仅有这样的自然环境还是远远不够的。这几年，一些人追求更高的平台、更大的发展空间，离开威海。先有主张"华夏多元学术文化格局"，不赞成"大家者流，争聚京华皇城脚下"的谢晖教授北上京城；再有为法律系初建、迎着重重困难顶着种种阻力而发展学科、提升层次的陈金钊教授南下华政；还有如罗洪洋教授、桑本谦教授、谢维雁教授、董学立教授、苗金春教授诸君，或东奔，或西走。诚然，人才流动是一种正常现象，但是对我们山东大学（威海）法学院来说未尝不是一种损失，甚至是巨大的损失。

　　人才、学科是山东大学（威海）法学院发展的着力点。法学院现已形成了法律方法论重点学科、刑法学科、国际法学科、政治学科、立法学科、行政管理学科等学群，一些青年才俊也迅速成长。2013年，山东大学威海校区启动学科建设资金，对法律方法论学科给予重点扶持。自2014年始，法律方法论作为一个专业，将独立招收博士研究生，这是一个很好的发展机遇，也是我院学科发展的良好平台。法律方法论学科（基地）有了学校的支持，有了该学术团队的精诚合作，我相信，该学科还有更大的发展空间。学校学科政策扶强不扶弱，但对于学院来讲，除了重点学科之外，还有更多其他的学科，也需要有一定的政策与经费支持，不能发展一个学科，其他学科就不再考虑了。目前，除了法律方法论学术团队以外，我院其他各专业、各学科人才成长也很快，每年都有教师博士毕业，或主持省部级以上课题。随之，博士论文或课题成果的出版也面临问题。如何扶植这些成长的学科，如何扶持这些年轻才俊，让他们尽快成长，更重要的是，将这些成果推向社会，扩大法学院的影响，这些问题亟须规划与考虑。在这样的背景下，法学院学术委员会经过商议，决定设立"玛珈山法政文丛"，资助年轻教师学术著作的出版，以振兴法学院的学术，继续保持或扩大法学院的发展强势。

这里我首先要感谢知识产权出版社的李学军编辑，因为他的促成与努力，我们才能够将出版文丛的想法付诸实施。法学院与知识产权出版社共同策划、出版"玛珈山法政文丛"，每年计划出版3~5本，为我院青年才俊提供成果展示的平台。我相信，"玛珈山法政文丛"的出版，一方面会为我国学术研究增加些许色彩，另一方面也为学界同仁了解山东大学（威海）法学院、山东大学（威海）的学人，提供一个很好的窗口。

本文丛的出版，得到了知识产权出版社特别是李学军编辑的大力支持与帮助，也得到了山东大学（威海）学科发展经费的资助，在此，特表示诚挚的谢意！

汪全胜
于威海玛珈山下枕涛书斋
2013年11月17日

前　言

　　法律是一种主要由政府作为第三方实施的社会控制方式、激励机制。法律制度的有效性很大程度上取决于其能否精确地对不同的"有害"行为设置恰当的法律责任，并予以准确地实施，也就是控制的精确度。提高法律控制的精确度有助于更好地威慑有害行为，避免对可欲行为的错误威慑，同时也能够减少没有收益的，甚至会带来损失的法律实施成本。法律制度的精确运作必须以获得足够的信息为前提，而信息从来都不是免费的。如此一来，对法律控制的精确度的追求就受制于信息费用，信息费用也就成为决定法律制度有效性的关键变量。

　　本书旨在运用经济学的分析工具来研究制约法律控制的精确度，进而决定法律制度的有效性的信息费用问题，同时透过信息费用这一关键变量来考察相关法律制度，探讨它们背后的支配性逻辑。因法律控制的精确性不足而带来的损失，可以称之为误差损失。法律制度作为一种社会控制机制，其根本目的在于通过改进行为提高社会福利水平。如此一来，理想的法律制度应该寻求法律控制的误差损失与信息费用之间的均衡，也就是两者之和的最小化，此时法律控制的净收益最大化。能够更好地回应特定的信息环境，进而更为接近这一均衡点的制度安排是更有效率的制度安排。

　　法律运作的第一步需要制定包容适度、威慑适度的法律命令。这就需要法律对调整对象进行恰当的"类型化"，设置相适应的法律责任。忽略更多差异、考虑较少因素的简单规则有助于节省信息费用，但会带来社会控制的更大误差损失。区分更为细致的复杂规则有助于提高精确性，但通常也会增加信息费用。另一种形式的法律命令"标准"，有助于通过法官裁量获得更高的个案处理的精确性，但通常也意味着更高的信息成本、不确定性增加及权力滥用的风险，尤其在法治不发达的国家。规则与标准各有不同的优势，适合不同的领域，且

· 1 ·

其成本收益与司法环境密切相关。我们通常所说的立法"宜粗"还是"宜细"的问题，其实质就是规则与标准及法律的精确性与信息费用的问题。应该根据不同的司法环境与不同的调整对象来寻求有效率的规则与标准组合。程序的重要功能就在于增加信息供给、减少信息需求，降低公众对政府决策的监控成本，人们可能难以对政府的实质性决策进行评判，但却容易确认是否违反了程序。程序可以通过严格的形式主义的"程序性"规则容纳对实质问题的裁量，有助于提高规则与标准的综合治理收益。

  法律创制出来以后必须能够予以准确地实施，否则法律的控制目的也不可能达成。提高司法准确性，减少错误惩罚与错误开释有助于提高法律的威慑水平，获得更好的控制效果，但这也同样受制于发现及核实事实的信息费用。准确性可以通过有罪者被定罪概率与无辜者被错误定罪概率的比值来测度。在事实层面上，法律实施的准确性与信息费用同证明方式、证明标准、证明程序密切相关。这些基本的司法制度从不同的维度影响着司法的准确性与成本，反过来它们的不同形态及变迁也是不同的信息费用环境决定的，是制度对变化了的信息成本的回应。"神判"方式是认知水平低下、信息技术落后、信息成本高昂的环境下的一种司法证明方式。它通过一系列的制度与技术安排减少或替代了信息需求，是适应当时环境的产物，是特定环境下寻求社会控制的精确性与控制成本之间的均衡的结果。古代社会高度形式化甚至是机械性的实体法及程序法，是对当时高昂信息费用的一种必然的回应。从"神判"到"人判"、从"知情陪审团"到"不知情陪审团"、从"法定证据"到"自由心证"的变迁反映的是司法制度随信息成本的变化而变化。信息条件不变的情况下，证明标准的提高意味着单个案件所需信息费用的增加，这有助于降低无辜者被错误惩罚的概率，但若司法投入的总量不变，也会增加真正有罪者被错误开释的几率，在调整证明标准时必须考虑不同维度的成本。而信息成本大大降低时，即使司法投入总量不变，适当提高证明标准也既能够降低无辜者被错误定罪的概率，亦不会提高甚至还会降低真正有罪者被错误开释的概率，此时提高证明标准就是有效率的。最佳证明标准同信息费用水平密切相关。证明程序也同时影响着错误惩罚几率与错误开释几率，并同信息费用密切相关。正当程序也必须在提高准确性和信息费用之间寻求平衡，而非单一地提高对无辜者的保护强度。

在法律层面上，实施中会遇到法律模糊、冲突、漏洞以及同社会正义观念严重背离等情况。这就涉及疑难案件中法律的解释、补充、续造等问题。不同的解释方法意味着不同的信息费用与精确性。形式主义倾向的裁判既有助于节省法官的裁判成本，又有助于获得判决的权威性与说服性，且有助于提高法律的确定性，降低人们的服从成本、和解成本及对法官的监控成本。正因为如此形式主义才成为正统的司法意识形态，这也是社会所期望的。但在疑难案件中严格形式化的裁判将导致案件处理的精确性的损失，此时就面临着两种成本的平衡问题。形式化较强的文本解释与裁量性较强的非文本解释反映了对不同成本的关注。法官会优先尝试用信息成本较小的解释方法来解决案件。为了降低说服成本（也就是信息成本），司法过程充满了修辞。判决出自法律是最有效的修辞，因此法官即使在"造法"也会努力披上"解释"的外衣。当然，这也是法律对修辞的一种限制。更有助于法官决策的是社会科学知识而非道德理论，但道德话语往往更具修辞色彩，因此尽管我们主张疑难案件中的后果主义权衡应以社会科学为指导，但却仍然赞成道德话语的修辞策略，这有助于降低说服成本。

是否考虑行为主体的主观意图，对于法律运作的信息费用有着重大影响，原因在于主观意图的观察与核实成本极为高昂，甚至有些信息根本不可能为行为主体之外的人所获得。这就涉及过失责任与严格责任问题。在侵权制度中，两者均致力于实现事故预防费用、事故损失与制度运作的信息成本之和的最小化。信息费用决定着它们达成目标的能力和成本。过失标准客观化的原因在于节省信息费用。过失责任受制于确定过失的信息费用，严格责任受制于评估预测事故损失的信息费用。制度的比较优势取决于不同环境下它们自身运作所需的信息成本，及引导行为主体有效运用私人信息的能力。

法律在某种意义上可以看作是一种"契约（合同）"，反过来合同在某种意义上也可以看作是一种特定主体之间的"法律"。因此对合同制度的探讨所发现的问题往往能够扩及整个法律制度。除了法律以外，合同还存在其他实施机制，不同的实施机制有着不同的信息需求和信息能力。实际上，法律本身也存在政府之外的实施主体与方式。合同法的一项主要功能在于提供易于观察、核实的合同程式，降低法院确认是否存在自愿接受法律约束的合意的信息成本，减少错误强制。合同法还为合同的订立及法官解释、补充合同提供了大量隐含条款，降低了交易与司法成本，提高了判决的可预测性。法官对不完备合同的补充能力是有限的，严格遵循合同文本有助于降低裁判成本、减少错误补充、防止法官滥权，促使当事人努力签订更为完整的合同。由于信息费用与司法能力的限制，法官不应该更为能动地补充合同，而是重新认识在信息需求上不同于法律的其他实施机制，在司法中更为尊重合同自由与合同文本。在一定程度上，这些结论也可以适用于法律自身的运作。

　　为了降低信息费用，法律大量依赖易于观察、核实的简单事实。最典型的就是对年龄、性别等自然身份特征的依赖。同时法律还创设了大量的社会身份特征，如古代社会的基于出身的等级身份、现代社会则是基于学历、职称、选举中胜出等获得的身份。尽管对简单事实的依赖导致了错误损失，但却降低了信息成本，减少了因不确定性而导致的严重损失。世袭制度尽管无助于获得最有能力的统治者，却大大避免了因权力交接的不确定性而导致的争夺与冲突。现代民主制度也同样不能保证获得最有能力的领导人，人们在投票时可能没有能力鉴别候选人的能力与政策，那就投一个"好人"的票。各种身份特征是人们应对复杂环境的一种简化机制。从信息费用的角度看，我国古代依据科举成就授予官职同现代社会政府官员晋升重视学历具有相通之处。政绩、能力在很多情况下是难以衡量的、欠缺客观性的，学历却是一个客观的简单的事实，况且正常获得学历还是一个反映能力的有效信号。高校学术成就评价与职称评定的数量化背后隐藏的也是寻求低成本的、确定的评价依据的逻辑，尤其在缺乏信任的环境下。

　　基于信息与组织的角度，法官独立审判是产出好判决的最佳组织模式。基于博弈的视角，审判独立是政府公信力与正当性的必要前提。由此，审判独立可以说是司法权的一项基本规律。以法官独立方式组织司法权和用科层制运作行政权背后隐藏着同样的经济学逻辑。那就是何种模式是最有效率的，而非前者意味着公正，后者则是效率。经济分析能够克服传统理论的缺陷，为审判独立提供更具解释力与干预力的理论。

　　不同社会控制机制之间的竞争很大程度上取决于它们应对信息费

用的能力。柏拉图认为"哲学王"统治理想国的最大障碍就在于高昂的信息费用。作为规则之治的法律的优势在于借助一般性规则，通过同类情况同样对待的"类型化"处理，降低了"具体问题具体对待"所需的高昂信息费用，当然也因忽略了调整对象的无限差异性而导致了社会控制精确性上的损失。法律应寻求两者之间的均衡。法治所要求的"良法"的形式美德本质上都在于降低信息费用，信息费用为这些形式美德提供了一个有效的参照。法治的成功在于既有效回应了政府控制社会的信息问题，又回应了社会控制政府的信息问题。自由的意义在于能够有效地产出和利用分散存在的知识和信息。大多数情况下政府并不比个体更具信息优势，这是有限政府的重要经济学理由，政府控制的最佳边界取决于控制收益与控制成本之间的均衡。"人治"和"法治"之争的背后，隐藏的仍然是社会控制的精确性与信息费用的均衡的经济学逻辑。

信息成本为正并不能推翻理性，理性会权衡信息搜集、处理的成本与收益。由认知与行为异常构成的"有限理性"本身可以通过理性获得有效解释。诸多心理捷径是人们进化形成的应对复杂的外部世界的有效方式，尽管有时候会导致错误的决策。个体信息不充分并不必然需要限制自由的家长式干预，政府可以通过提供信息来帮助人们作出更好的选择，而不是代替人们作出选择。而且政府的信息优势通常仅限于部分领域，对于涉及个体偏好的信息，政府几乎不可能比个人更清楚。一些领域，认知与行为的系统偏差也同样只是为家长主义干预提供了可能而非必然需求，政府及官员同样也受制于"有限理性"。事实上很多被认为是保护选择人自由利益的家长式干预本质上都具有负外部性。在个体信息不完备或存在"有限理性"的领域是否应该予以家长式干预需要具体问题具体分析。

由此，信息费用既是我们研究的对象，也是一种新的研究视角。它能够帮助我们刺穿诸多复杂的术语、理论，直面事物的本原，为很多问题提供清晰、简洁而富有解释力的说明。进而为法律研究提供一种简约而富有解释力的理论或视角。同时本书研究所获得的诸多结论也对我国的制度变革、法治建设具有一定的规范意义。

目 录

导 论 *1*
    一、信息费用何以重要与可能 *1*
    二、研究现状 *9*
    三、基本模型与思路 *16*

第一章 规则与标准的信息费用问题 *23*
    一、规则与标准的界定 *24*
    二、规则的信息费用问题 *27*
    三、标准的信息费用问题 *32*
    四、寻求有效率的组合 *34*

第二章 司法证明的信息费用问题 *42*
    一、准确性的成本与收益 *43*
    二、证明方式 *46*
    三、证明标准 *57*
    四、正当程序 *62*

第三章 司法方法的信息费用问题 *65*
    一、几种解释方法 *65*
    二、论证与修辞 *73*
    三、作为司法知识的道德理论与社会科学 *79*

第四章 侵权制度中的信息费用问题 *86*
    一、传统理论的反思 *86*

二、过失责任制度 *89*
　　三、严格责任制度 *94*

第五章　合同制度中的信息费用问题 *104*
　　一、合同的非法律实施与法律实施 *104*
　　二、合同程式 *108*
　　三、隐含（或备用）条款 *115*
　　四、关系合同 *122*

第六章　法律对"简单事实"的依赖及其延伸 *133*
　　一、法律对身份特征的依赖 *134*
　　二、科举、考试、学历 *142*
　　三、信息费用与职称评审 *148*

第七章　审判独立与信息费用 *154*
　　一、传统解释的局限 *154*
　　二、法官独立：好判决的最佳生产方式 *156*
　　三、法院独立：政府公信力的前提 *160*
　　四、公正还是效率：两者矛盾吗？ *163*

第八章　从"人治"到"法治"的信息费用问题 *166*
　　一、"理想国"的信息难题 *166*
　　二、法律的"内在道德" *171*
　　三、有限政府 *182*

第九章　信息、有限理性与法律家长主义 *191*
　　一、法律家长主义的反对与支持 *191*
　　二、信息不完备与家长式干预 *196*
　　三、"有限理性"的理性分析 *201*
　　四、有限理性与家长式干预 *207*

附案例研究：iPad 商标案中的"白手套"交易 211
   一、欺诈认定的难题 212
   二、基于信息的后果分析 214
   三、"敲竹杠"及其矫正 216
   四、经济学逻辑违背"诚实信用"吗 220

导　论

不完全信息问题是博弈理论和法学的中心问题。*

——拜尔、格特纳、皮克

信息成本是决定法律制度有效性的主要因素。**

——张维迎

一、信息费用何以重要与可能

　　我们生存在一个信息成本（费用）为正、充满不确定性的世界。尽管信息技术的进步及合理的制度安排有助于降低信息成本，却不可能完全消除。甚至最能体现人类理性的知识、理论本身也为信息成本所支配，也只是对存在高昂信息费用的外部环境的一种回应。在笛卡尔看来，最可靠的知识是以确定性的公理性事实为起点演绎推理而来的；然而人们通常无法获得确定的公理，甚至连确定性公理是否存在都无法确定。❶ 我们甚至不能否认，我们所感觉到的一切都是邪恶的上帝在用探针刺激一个"缸中之脑"而产生神经信号，我们只是生活在梦境之中，这一点永远不可能以经验的方式予以反驳。❷ 如此一来，科学知识的起点就代为以经验为基础的归纳性命题，然而这自然就遇到了休谟所说的，归纳何以可能的问题，即使已发现的乌鸦都是黑色

---

* ［美］道格拉斯·G. 拜尔、罗伯特·H. 格特纳、兰德尔·C. 皮克：《法律的博弈分析》，严旭阳译，法律出版社 2004 年版，第 2 页。

** 张维迎：《信息、信任与法律》，三联书店 2003 年版，第 179 页。

❶ ［美］威廉姆斯·庞德斯通：《推理的迷宫——悖论、谜题，及知识的脆弱性》，李大强译，北京理工大学出版社 2007 年版，第 11 页。

❷ ［美］威廉姆斯·庞德斯通：《推理的迷宫——悖论、谜题，及知识的脆弱性》，李大强译，北京理工大学出版社 2007 年版，第 4、9 页。

的，我们也不能保证天下乌鸦一般黑，毕竟还可能存在非黑色的乌鸦。❶ 如此又怎么能放心地将归纳命题作为科学推论的基础。对于这一哲学难题，经济学有一个简单而有解释力的答案。"天下乌鸦一般黑"的全称判断与"乌鸦1是黑色的、乌鸦2是黑色的……"的单称判断相比，前者尽管不如后者准确，但却大大节省了描述、理解、记忆、交流的信息成本；依据前者对未知事物进行预测，尽管会出错，却是一种"低成本的认知策略"；无论是描述还是预测，只要预期错误损失小于因此而节省的信息成本就是有效率的、可欲的；这里面隐含着一个精确性与信息成本的平衡问题，从效率的角度看，我们应该追求误差损失与信息成本之和的最小化。❷ 实质上对有用的归纳结论的证明本身也遵循着节省信息费用的逻辑。如人们通过不断发现黑乌鸦来逐步证实所有乌鸦都是黑色的这一归纳命题，超过一定程度后，每多发现一只黑乌鸦，这一全称判断的正确性与可靠性就又多得一分。其实我们也可以通过发现所有非黑色的东西都是非乌鸦来证实这一全称判断。尽管逻辑上没问题，但我们可能会觉得哪里不对劲，科学也不主张用这种方式。原因在于后者的成本要比前者大得多，是人类根本承受不起的。以天下乌鸦一般黑为例，有哲学家进行过计算："以乌鸦为样本需要1万美元，以非黑色的对象为样本需要20亿美元！"❸

表达和交流之时，我们经常会遇到"词不达意"的困难。语言不可能同外部世界或人的主观感受一一对应，"百红千绿万种灰"就反映了语言对色彩的大大简化，语言本质上也是一种"简化复杂的工具"。❹ 更为复杂的语言可能有助于提高信息传递的准确性，但掌握和适用语言的成本也会大大增加，想想那厚厚的词典就让人害怕。一个新的词语只有当它带来的信息收益超过了信息成本之时才是可欲的，也只有这样的词语才会更多地被人使用而不是遗忘或从不会产生。❺ 事实上，从实用主义的角度看，"所有思想和制度都是人应付环境的

---

❶ ［英］休谟：《人类理解研究》，关文运译，商务印书馆1974年版，第32页。
❷ 桑本谦：《休谟问题的经济学描述及其联想》，载《博览群书》2008年第6期。
❸ ［美］威廉姆斯·庞德斯通：《推理的迷宫——悖论、谜题，及知识的脆弱性》，李大强译，北京理工大学出版社2007年版，第46页。
❹ 郑也夫：《信任论》，中国广播电视出版社2006年版，第101页。
❺ 桑本谦：《休谟问题的经济学描述及其联想》，载《博览群书》2008年第6期。

工具"❶，它们的功能在很大程度上取决于对特定环境下信息费用的回应能力，或者可以说信息环境在很大程度上决定了相关思想与制度的特性与功能。如此无处不在的信息费用就成为理解人类思想和制度的一个关键变量。

从实用主义与经济学的角度看，法律本质上是一种社会控制方式、激励机制，显然这也是对庞德传统与思想的接续。❷ 简单的说，也就是通过"赏"或"罚"来激励人们从事社会所期望或容许的行为，遏制人们从事社会所反对的行为，当然首要的是后者。在经济学的意义上，应当予以"反对"的行为是能够给他人或社会福利带来损失的行为，也就是具有"负外部性"的行为。依据社会科学的"理性人"假设，社会主体的行为选择受"自我利益最大化"逻辑的支配，这也是人们从事损害他人或社会的反社会行为或"掠夺"行为的主要根源。一个社会要想得以存续、发展，就需要社会控制机制来阻止人们从事此类行为。社会控制方式，主要通过为不同的"有害行为"设定相应的责任，实施相应的惩罚，以增加从事"有害行为"的成本，改变相关行为的成本收益预期，为人们的行为选择提供恰当的激励。能够给社会主体带来成本的惩罚，既可以是直接的财产、人身、自由的毁损或剥夺，也可以是社会谴责、声誉毁损，还可以是良心的不安、对神灵的恐惧等。不仅惩罚有多种，惩罚的实施主体也有多种，既可能是行为人自身、被伤害者、社会公众、社会组织，也可能是政府。不同的社会控制方式意味着不同的惩罚或不同的实施者。在同宗教、道德分离以后，法律是一种主要由政府创制和实施的社会控制方式。

法律这一社会控制方式的运作，首先需要创制包容适度、威慑适度的法律规则。所谓包容适度也就是法律应该恰当地包容所有适合法律调整的行为，既不遗漏也不超出合理范围。所谓威慑适度也就是对相关"有害行为"均设定恰当程度的惩罚（包括民事的和刑事的），既不过轻也不过重。法律创制出来以后，事先需要能够为社会成员所知晓和理解，以便于遵守。事后需要能够被司法机构准确地确定"是否存在违法""谁需要对此负责""责任大小为何"，以便予以有效实

---

❶ 柯华庆：《合同法基本原则的博弈分析》，中国法制出版社2006年版，第51页。
❷ 可参见［美］庞德：《通过法律的社会控制》，沈宗灵译，商务印书馆2008年版。

· 3 ·

施。只有如此，法律才能由纸面上的规则转化为现实秩序，才能有效地达成社会控制目的。归结为一句话，就是法律作为社会控制方式的有效性的核心问题就是法律能否对充满差异的控制对象进行精确的区别对待，并予以准确实施的问题，也就是法律控制的精确性问题。现实世界中，法律控制的精确性总是有限的，对其的追求总是遇到种种障碍。长期以来法律制度所面临的一些基本困境、难题最终都可以归结到法律控制的"精确性"问题。如法律的繁简疏密问题，法律的一般性与个案的特殊性问题，法律的稳定性与外部世界的不断变化问题，规则的确定性与僵化性问题，标准的适应性与不确定性问题，司法证明标准的高低问题，程序公平问题，法律解释中的服从与创造问题，责任追究是否以及何种程度上取决于行为者的主观认识问题，法律关系的真实存在同其能否为法庭所观察和证实进而能否由法律实施的问题等。所有这些问题在本质上都可以说是法律制度在寻求精确性上所面临的困境与矛盾。一定意义上，相当多的法学理论、思潮都可以看作是从不同的层面、角度，运用不同的术语对这类问题的解释与讨论，如自由法学与概念法学、"法律形式主义与法律现实主义、司法能动主义与司法克制主义"等。❶ 透过种种复杂的理论与术语，传统法理学用以解决这一问题的最为核心与基本的概念及范式就是实质正义与形式正义及两者的平衡问题，以上所列举的种种两难都可以归结为实质正义与形式正义的冲突问题。❷

简单地说，实质正义要求法律针对每个案件、行为的不同特征作出最为适当的处理，也就是尽可能地提高控制的精确性。然而在现实中，法律不可能做到这一点，事实上每一个案件都是独一无二的，都有不同于其他案件的地方，法律没有能力依据每一个案件的特殊性予以具体对待。法律只能考察案件的部分关键特征，忽略大量细节，对无限差异性的案件进行归纳分类，同类情况同样处理，进行"批量式"的解决，这就是法律的"形式正义"。从这个方面看，形式正义本质上是降低正义或者说实质正义的标准，也就是降低精确性的结果，是一种正义（实质正义）的减损。由于完美的正义或者说最高程度的

---

❶ 桑本谦：《法理学主题的经济学重述》，载《法商研究》2011年第2期。
❷ 桑本谦：《法理学主题的经济学重述》，载《法商研究》2011年第2期。

实质正义在现实世界中难以获得，甚至在绝对意义上不可能获得，人们逐步把形式正义这一降低标准的正义当成了正义本身，至少是成为一种独立的正义标准。当我们谈论法律正义时，通常所指的首先是形式正义。形式正义尽管通过降低正义标准使得正义成为在现实世界中可以获得的东西，但当标准的降低幅度很大，也就是减损严重时，就会导致人们对实质正义的诉求回归，也就出现了实质正义同形式正义的冲突问题。

在此，我们能够看出，实质正义与形式正义问题的本质还是法律控制的精确性问题，它们实际上只是对精确性与降低标准的精确性的另一种表述，它们之间的紧张关系实际上反映的就是寻求精确性上的困境与难题。如此一来，传统法理学通过实质正义与形式正义的冲突与平衡来对这些问题进行的讨论就很大程度上只具有描述性的意义，若将其当作是一种解释，那就是在倒果为因，它并没有能够真正揭示问题的原因所在。甚至在概念的遮蔽下，把原本具有统一性的问题，错误地界定为独立的不可"通约"的两个价值问题——形式正义与实质正义，使得深入讨论变得更为困难。这也是此种理论进路的讨论一般都会归结为"寻求实质正义与形式正义的平衡"，但却始终无法为最佳平衡点的位置提供有效说明的原因所在，其本质上只是对问题的重新描述，并没有找到决定问题的根源。

经济学的成本收益分析为这一问题的解决提供了一种新的可能。之所以追求法律控制的精确性在于它能够带来收益。"更高程度的精确性倾向于加强对有害行为的阻止，会避免对那些值得期待的行为泼冷水，并且会减少因错误应用法律制裁（诸如错误地惩罚了那些清白的人士）而产生的所有直接成本。"❶ 经济学的一个基本常识就是成本无处不在，寻求精确性的基本障碍也是成本问题。资源是稀缺的，能够也应该用于寻求精确性的资源是有限的，在精确性问题上的投资应该遵循成本收益法则，当精确性的改进所获得收益不足以抵销因此而增加的成本时，这一精确性的追求就是没有效率的、不合理的。精确性或实质正义的最佳程度就是最后一单位的成本投入恰好等于其带来

---

❶ ［美］路易斯·卡普洛、斯蒂文·萨维尔：《公平与福利》，冯玉军、涂永前译，法律出版社2007年版，第301页。

的收益之时。形式正义是一种在成本上能够负担得起的正义。

由前面所说的法律的运作过程,我们能够意识到,信息不充分或不对称的问题会贯穿在从法律创制到法律遵守再到法律的司法实施的全过程,信息问题的解决程度决定着法律控制的精确性,也即是其功能的实现程度。法律的控制成本归根结底就是信息费用,如立法者起草科学合理的法案所需的信息费用,为使得法案通过而进行集体或多方协商的信息费用;社会主体理解和遵守法律所需的信息费用;司法机构发现和核实相关违法事实、课以合理的责任的信息费用等。如此一来,法律这一社会控制工具,其达成目标的能力及自身的运作成本从根本上说都受制于信息费用;各种不同的制度安排与司法技术,很大程度上都是对特定信息费用环境的一种回应;也只有能够良好地适应特定信息费用环境的法律制度才能更好地运作,达成社会控制目的。"法律规则的作用取决于该规则是否考虑了当事人知道些什么以及规则加于法庭的要求是否合理。当事人以及法庭无法确定什么样的行为构成适度谨慎,这种能力的局限限制了法律规则引导每个人保持这种谨慎的能力,当法庭不能确定某人是否在告知实情时,法律就不能阻止撒谎。"[1]

由此,我们尝试对影响法律控制的精确性的不同层面的信息费用问题进行考察,并透过信息费用这一关键变量来分析解释与精确性相关的基本制度。信息费用既是我们所研究的对象,又是我们用来考察分析各种法律制度的有效视角。而现代社会科学的发展也为我们研究法律制度的信息费用问题,及透过信息费用理解法律提供了新的有效的理论资源与分析工具。

社会科学的一个简约而强大的工具或假设就是理性选择,也就是个体在给定约束下追求自我利益最大化。法经济学实际上就是理性选择在法律中的应用。新古典经济学在使用理性选择时存在一个缺陷,那就是它假设信息是完备和对称的,价格汇总了所有的信息,人们不需要再在信息问题上花费成本。[2] 然而信息不完备和信息不对称却是普遍存在的,前者意味着不确定性风险,后者则意味着机会主义风险。

---

[1] [美]道格拉斯·G. 拜尔、罗伯特·H. 格特纳、兰德尔·C. 皮克:《法律的博弈分析》,严旭阳译,法律出版社2004年版,第305页。

[2] 管毅平:《经济学信息范式刍论》,载《经济研究》1999年第6期。

这一缺陷大大限制了新古典理论的解释力和预测力。但信息经济学的发展弥补了这一缺陷，信息范式逐步取代新古典范式，成为主流的经济分析范式。信息范式的基本内容是：个体自我利益最大化的动机；信息不完备或不对称。❶ 人们会理性地对待信息搜集与处理问题，在信息问题上的投入将止于信息的边际收益等于边际成本之时。❷ 理性最大化模型完全可以容纳信息成本问题，并因此而获得了更为强大的分析能力。博弈论也是以个体理性最大化为基础的。博弈论的应用及对信息问题的关注产出了大量分析非对称信息的有效模型。最为基本的也是法律经济分析所常用的模型主要是：逆向选择、信号传递、信息甄别及道德风险。❸ 逆向选择是指在事前信息不对称的情况下会导致"劣币驱逐良币"的问题，如卖方清楚自己产品的好坏，而买方无法知道，后者只会依据平均质量出价，这一价位低于好产品的成本但高于坏产品的成本，因此好产品会被迫退出市场，代之以坏产品，买者知道这一情况会进一步压低价格，进而导致质量次佳的产品被排挤，不断循环、市场萎缩。信号传递是指拥有信息的一方通过信号向对方传递自己希望被对方知道的相关信息，如人们通过获得高学历来显示自己的能力。信息甄别是指不拥有信息的一方通过一定的行动迫使对方从事一定行动以发现其真实信息或类型。道德风险是事后的信息不对称导致的，如保险合同签订后，减少一些不容易被保险公司发现的预防措施，使得风险概率不合理上升。法律制度很大程度上就是要帮助人们克服基于信息不对称而导致的机会主义行为，推进合作；只是其本身的运作也受制于信息不对称。

  一方面信息费用是决定法律有效性及解释法律的一个关键变量、视角，另一方面现代社会科学为我们提供了有效的理论工具；由此，从信息费用的角度来理解和解读法律就似乎既是可能的也是应该的。由于现代法律经济学是从20世纪60年代发展起来的，这同信息经济学正式建立的时间一致，斯蒂格勒的经典论文发表于1961年，因此对

---

  ❶ 管毅平：《经济学信息范式刍论》，载《经济研究》1999年第6期。
  ❷ 经典分析见 George J. Stigler, "The Economics of Information", 69 *Journal of Political Economy* 213–225（1961）。
  ❸ 这里主要参照张维迎：《博弈论与信息经济学》，上海三联书店、上海人民出版社2002年版，第339–401页。

法律制度的信息费用问题

法律的经济分析就不可能忽视经济学的信息范式。甚至，在被视为现代法律经济学奠基之作的《社会成本问题》（1960）中，科斯所讨论的交易成本就主要是由信息成本构成的。"为了进行市场交易，有必要发现谁希望进行交易，有必要告诉人们交易的愿望和条件，以及通过讨价还价的谈判缔结契约，督促契约条款的严格履行，等等。"❶ 正是由于交易成本主要是由信息成本构成的，信息成本是一个更为基础的假设，所以信息范式才以信息成本而不是交易成本为基本假设。❷ 可以看出，交易费用与信息费用这两个概念是不容易区分的。自愿的交易也就是自愿的合作，从一个角度说，法律的目的就在于消除自愿合作的障碍，也就是降低合作的费用。被视为法经济学核心理论的谈判理论，将合作或交易的障碍归结为三种费用：信息传递费用、监督费用、对策费用。❸ 然而监督本身首先是一个获取信息的问题，监督费用也可以说主要是信息成本。对策行为很大程度上也是由于信息不对称导致的，若双方知根知底，对策行为的严重性将大大下降。张五常将起草合同的成本与信息成本区分开来，❹ 但起草合同似乎也可以看做是对信息的记录与保存。事实上，交易成本尽管广泛使用，也存在流行共识，但其准确定义仍然存在争议，❺ 这里就涉及界定、描述的精确性与成本的平衡问题。在不影响讨论与交流的情况下，我们可以适度放松对定义的精确性要求，以节省信息成本。信息成本概念的界定本身也遵从同样的经济学逻辑。通常而言，交易费用的指涉更为宽泛，可以理解为包含了获得信息后的实施费用，如发现背叛信息属于信息成本，但起诉行为就不再算信息成本，而属于交易成本，虽然起诉与审判过程中还是会涉及大量的信息搜集与处理。有一个明显的界限那就是不涉及人与人的交往时，只存在信息费用，但不存在交易

---

❶ ［美］科斯：《社会成本问题》，龚柏华、张乃根译，载盛洪主编：《现代制度经济学》（上），北京大学出版社 2003 年版，第 13 页。

❷ 管毅平：《经济学信息范式刍论》，载《经济研究》1999 年第 6 期。

❸ ［美］罗伯特·考特、托马斯·尤伦：《法和经济学》，张军等译，上海三联书店、上海人民出版社 1999 年版，第 136 – 138 页；魏建：《谈判理论：法经济学的核心理论》，载《兰州大学学报（社会科学版）》1999 年第 4 期。

❹ 张五常：《经济解释》，商务印书馆 2002 年版，第 407 页。

❺ 有关论述参见樊纲：《有关交易成本的几个理论问题》，载盛洪主编：《现代制度经济学》（下），北京大学出版社 2003 年版。

成本。❶ 细心的读者可能注意到本书在交替使用"交易费用与交易成本"或"信息费用与信息成本"的概念。事实上在英语中是没有这样的区分的,都是同一个词组,交易成本/费用为"transaction costs",信息成本/费用为"information costs"。汉语中尽管翻译不同,但所指涉的也都是同一对象,不同的翻译与适用可能与作者或译者的喜好及不同的语境有关,如行文的流畅、押韵及舒服等。通常,交易费用的范围要大于信息费用。本书所采用的是广义上的信息费用,既包括狭义的信息搜集、处理、保存、传递等直接费用,❷ 也包括因信息问题导致的错误激励带来的间接损失,如权力继承人的不确定而导致的争夺与冲突。即使如此,有时候使用更宽泛的交易费用概念还是会更为准确,但我们之所以还是选择信息费用而不是交易费用,主要有两个原因。其一就是法律作为第三方实施机制,我们特别强调其对可观察性与可核实性的要求,因此信息费用更为主要、贴切、直观、易于理解,尤其对于不熟悉经济学的读者而言。其二则是上面说到的信息及信息费用是更为基础性的问题,交易费用主要是由信息费用构成或引发的。为了行文的流畅,文中一些地方还会采用"控制成本"或"运作成本"的不同表述方式,事实上它们主要就是信息费用。

二、研究现状

这是一个法经济学的课题,尽管内地法经济学的引进已有相当长的时间,且也有了一定发展。❸ 尤其 20 世纪末以来,该领域逐渐出现了十分优秀的学者和学术成果,但总的来说仍然很有限。甚至还存在一些对经济学基本知识的错误运用和错误批评。集中从信息费用的视角或利用信息经济学的原理与模型来分析法律,尤其是法理学层面或最基本制度层面的成果就更少了,以至于我们可以对最主要的成果做逐一的简单介绍。当然这里没有涉及有关具体法律制度及最显而易见

---

❶ 樊纲:《有关交易成本的几个理论问题》,载盛洪主编:《现代制度经济学》(下),北京大学出版社 2003 年版,第 26 页。

❷ 应飞虎:《信息失灵的制度克服研究》,西南政法大学 2002 年博士学位论文,第 93-94 页。

❸ [美] 唐纳德·A. 威特曼:《法律经济学文献精选》,苏力等译,法律出版社 2006 年版,苏力中译本序;吴锦宇:《中国内地法经济学研究述评》,载冯玉军主编:《中国法经济学应用研究》,法律出版社 2006 年版。

的以信息为规制对象的法律的研究，如合同法、产品责任法、消费者保护法、证券法、保险法等部门法中大量有关信息告知、披露的制度，有关政府信息公开的法律及有关信息安全的法律等。

苏力❶在《法律与科技问题的法理重构》一文中，讨论了科学对外部世界因果关系的揭示程度或者说人类对因果关系的认知水平与发现、证明事实的技术水平对法律和司法制度的影响。以此为起点，又通过《窦娥的悲剧》《制度角色和能力》《清官与司法的人治模式》《德主刑辅的政法制度》一系列文章（均收录于《法律与文学》一书），以中国古代与讼案有关的戏曲故事为材料，细致分析了主要源于科学技术、劳动分工局限的高昂信息费用环境对我国古代证据制度、司法模式、能力及官吏控制方式的塑造和影响，强调科学技术水平、信息费用对制度运作及功能的限制，科学技术力量应该成为司法改革和司法制度结构的一个核心的和基本的制度变量。苏力还在《"海瑞定理"的经济学解读》中分析了严格执法或者说形式主义倾向的司法对于维护确定性防止机会主义诉讼的意义。《最高法院、公共政策和知识需求》一文中讨论了最高法院所应担负的"制度角色"及所需知识问题。当然苏力所要传达的意义远非这些，于此只是择我们需要予以概括。侯猛在对我国最高法院的研究中也涉及了法官决策的知识与信息问题。❷ 当然，我们可以看出，苏力的讨论在很大程度上来自波斯纳理论的启发。

张维迎（有些文章与柯荣柱、邓峰、王成等合作）有关信息与法律问题的讨论集中收录在《信息、信任与法律》一书。❸ 在《作为激励机制的法律》中，利用以信息不对称为起点的激励理论，主要涉及逆向选择与道德风险模型，系统地分析了侵权法、合同法、财产法和刑法的激励机制的运作方式，指出法律只有妥善地处理信息不对称问题，才能达成其激励目标，简单的强制是不可行的，并特别强调了对执法者的激励、监控问题。在《信息、激励与连带责任》中利用激励理论分析了我国古代连坐、保甲制度对克服社会控制中的信息不对称所具有的功能，认为这是法律制度对古代高信息费用环境的一种有效

---

❶ 相关文献的具体出处，文中引证均有注明，于此不再单列。
❷ 侯猛：《中国最高人民法院研究》，法律出版社2007年版，第五、六章。
❸ 张维迎：《信息、信任与法律》，三联书店2003年版。

回应,以负担得起的成本获得了一定水平的社会控制。由于现代社会仍然要面对信息不对称、信息成本问题,连带责任仍然以不同形式存在于许多领域,个人责任的建立是以监控个人所需的信息的解决为前提的。法律制度的有效性主要取决于信息成本,法律会随着信息成本的变化而变化。此外该书其他部分还分析了声誉机制与法律实施的关系;由于司法能力不高、公信力弱等原因而导致的诉讼中的逆向选择,最不应该进入法院的案件进入了法院,应该进入的却没有进入等问题。

尽管研究者和成果数量有限,却存在一篇博士学位论文,也就是应飞虎的《信息失灵的制度克服研究》。此文把信息失灵界定为信息不足、信息不对称以及信息不准确三种形式。围绕着计划法讨论了信息不足及其制度克服,主张通过计划法增加信息供给与质量,同时讨论了如何保证计划本身的正确、有效问题。围绕有关信息披露、举报、中介机构等法律制度讨论了信息不对称的原因、危害及克服。围绕公权力对虚假信息提供者的惩罚及公权机构直接提供信息等制度讨论了信息错误的克服问题。同时讨论了信息成本的降低问题,主要是降低信息成本的经济法路径。还把法律作为一种信息来看待,非常有价值,但其讨论主要从公权信息公开的角度进行,限制了分析的深度和广度。最后还讨论了信息对法律实施和制定的影响,也主要是从具体制度层面进行的论述。总的来说,这一研究虽然涉及了一些法理学层面的问题,但还是以具体制度与问题的分析为主,集中讨论如何通过具体制度安排克服各个领域的信息失灵问题。这同我们将要讨论的问题还不一样,我们的着眼点主要是信息费用对法律与司法功能、形态、变迁的影响、塑造及约束,旨在透过信息费用理解和解释法律,而不是如何用法律具体地消除信息失灵。不过这一研究还是给我们的讨论提供了重要帮助和启发。

桑本谦[1]在《法律控制的范围》一文中通过对法律实施所需成本的考察,建立了法律最佳控制范围与最佳控制水平的经济模型,无论是范围的扩展还是控制水平的提高,都应该止于边际社会成本等于边际社会收益那一点上。在我们开篇引证的《休谟问题的经济学描述及其联想》中,作者就透过信息费用这一关键变量为"归纳如何可能"

---

[1] 相关文献的具体出处,文中引证均有注明,于此不再单列。

的哲学难题提供了一个经济学的解释，指出我们在各个领域对精确性的追求都受制于信息费用，经济学的逻辑是寻求信息费用与误差损失之和的最小化，这一逻辑可以用来解释法律乃至哲学中的诸多问题，包括真理的"相对性"问题。事实上在这之前，这一逻辑已被他广泛地应用在《推定与汉德过失公式》《疑案判决的经济学原则分析》《法律解释的假象》《法律论证的神话》等有关司法问题及理论的分析中。其最近与戴昕合作的文章《真相、后果与"排除合理怀疑"》，相当程度上讨论的也是信息费用对刑事司法探求真相的限制问题。❶ 而《法理学主题的经济学重述》更是明确提出二千多年来法理学所讨论的主题，实质正义与形式正义的冲突与平衡问题，本质上就是法律的实施成本（主要是信息费用）与误差损失的均衡问题，这一逻辑可以用来分析诸多的法律思想、立法技术与司法技术等问题。并从一般与特殊、稳定与变化、精确与模糊多个维度进行了分别论述，指出程序正义是实质正义与形式正义妥协的产物，其经济学目标在于寻求交易费用与误差损失之间的均衡。我们的讨论在很大程度上就是以此为基础的，甚至可以说是对此的一种应用与延伸。当然作者在相关文献中所传递的信息和知识远不止这些。

另一年青学者吴元元应该是专门从事将信息经济学理论运用于法学研究的工作。她的一系列文章几乎都是从信息费用的角度切入或主要运用博弈论、信息经济学的分析工具，涉及宏观调控法、"荐证广告"法律规制、无固定期限劳动合同、环境影响评价公众参与制度等多个领域。❷ 尤其需要说明的是她的《神灵信仰、信息甄别与古代清官断案》及《信息能力与压力型立法》两篇文章。前者利用信息甄别模型分析了古代存在普遍神灵信仰的环境下发现与核实事实的司法技巧，为理解古代司法活动提供了新的进路。后者则分析了我国立法机构因信息能力低下而被迫从事的压力型立法及其弊端问题，提出通过

---

❶ 桑本谦、戴昕：《真相、后果与"排除合理怀疑"》，载《法律科学》2017年第3期。

❷ 相关文献涉及《调控政策、承诺可置信性与信赖利益保护》，载《法学论坛》2006年第6期；《环境影响评价公众参与制度中的信息异化》，载《学海》2007年第3期；《基于信息的荐证广告法律规制》，载《法商研究》2008年第1期；《劳资契约安排的制度逻辑》，载《现代法学》2009年第1期，其他文献出处文中引证另行注明。

合理的激励机制重塑立法机构的信息能力。

冯玉军对法律供给问题进行了经济分析,尽管他没有明确指出,但供给(立法、执法、司法)成本必然在很大程度上是由信息成本引起的。❶ 丁利还利用信息经济学与机制设计理论分析了医疗事故举证责任由患方向医院转移的问题,医院证明自己没有过错的成本要远低于患方证明医院有过错的成本,因此这一转移是有效率的。❷ 此外,我国台湾地区学者王文宇在研究物权法定这一物权法的基本制度时指出,物权法定有助于节省"资讯搜寻成本",但会因阻碍了人们自由创设想要的权利形态而导致"僵化成本",应该寻求两者之间的均衡。❸ 另有学者也以"信息成本"与"挫折成本"为切入点,讨论了物权法定与物权自由问题。❹

同大多数法学理论资源一样,法经济学的理论资源也是从国外引进的,我们前面讨论的国内学者的相关研究,其基本的理论模型也都是国外社会科学尤其是信息经济学所贡献的。学术是跨国界的,只要这一理论有助于分析和解决我国的法律问题,或者有助于解决普遍性的法律问题,那有可用的国外理论资源并不是一件坏事。毕竟有些东西你想要人家的,人家也不给,甚至花钱也不行。当然我们也要追问我们能贡献什么,但首先要当好学生,利用一切可以利用的理论资源来解决我们所关注的问题,这是符合经济学的逻辑的。

现代法经济学的兴起与发展同信息经济学的建立差不多在同一时间,法律的经济分析也受到信息经济学的影响。交易费用的一个主要组成部分就是信息费用。即使不考虑有关交易费用的分析,仅仅是直接把信息费用作为一个关键变量,或利用信息经济学模型来分析法律问题的国外文献的数量也十分巨大。当然大多数研究都是针对具体的法律规则或具体问题的,可以说并不属于我们所关注的法理学层面的研究。为避免装饰性的甚至可能是错误的罗列,在此只能是围绕我们

---

❶ 冯玉军:《法律供给及其影响因素分析》,载《山东大学学报(哲学社会科学版)》2001年第6期。

❷ 丁利:《核实机制、激励与举证责任配置——以医疗事故纠纷为例》,载冯玉军主编:《中国法经济学应用研究》,法律出版社2006年版。

❸ 王文宇:《物权法定原则与物权债权区分——兼论公示登记制度》,载王文宇:《民商法理论与经济分析》(二),中国政法大学出版社2003年版。

❹ 张巍:《物权法定与物权自由的经济分析》,载《中国社会科学》2006年第4期。

所要讨论的问题，对最相关的研究成果做适当的概括。只有这样我们才能负担得起信息成本，尤其考虑到本书的写作目的并不是进行学说或思想史的研究与整理。信息费用无处不在，学术研究也同样面临着信息费用的约束。文献的增多有助于进一步的研究，但过多的文献又意味着过高的信息搜集与处理成本，尽管现代文献检索技术已大大降低了检索成本，但很多时候还是只有阅读完了或至少阅读一部分后，才能知道一篇文献是否对我们的研究有用。我们也经常会遇到辛苦读完后发现只有很少价值的文献，成本超过了收益。因此我们往往会以相关问题为中心，凭借相关文献发表刊物、作者、引用次数等简单特征来进行一定的筛选，这可能会漏掉一部分有价值的文献，但却节省了信息成本。当然也有偶然从不起眼的文献中发现金子的时刻。事实上，法律制度为了节省信息费用也大量地依据年龄、性别等简单事实来对社会主体进行区分，[1]最常见的如有关刑事责任能力年龄的规定。

下面我们简单介绍一下除了信息经济学的基本原理以外的，对本书的研究最有影响的国外研究成果。拜尔、格特纳、皮克对法律进行的博弈分析，运用大量非对称信息博弈理论分析了法律规则的运作机理，阐述了信息问题对法律的局限。[2]理查德·波斯纳运用信息经济学的理论分析解释了初民社会相关法律制度的形成、特征、功能与局限，论述了初民社会高昂的信息费用环境对法律的塑造及法律对信息环境的回应；运用信息经济学的知识分析了信息费用同隐私制度的关系，不承认隐私是初民社会回应高昂信息费用环境的一种有效手段；还对美国社会的种族歧视问题进行了分析，发现部分歧视具有降低信息成本的鉴别功能，当然这并不是说歧视就是合理的，而是说只有对歧视进行社会科学的而不是道德理论的研究，才能深入理解和应对歧视。[3]波斯纳还利用信息经济学的理论分析了修辞问题，论述了"说服"的经济学逻辑。[4]波斯纳对美国证据法进行了经济分析，建立了

---

[1] Edmund S. Phelps, "The Statistical Theory of Racism and Sexism," 62 *American Economic Review* 659 (1972).

[2] [美] 道格拉斯·G. 拜尔、罗伯特·H. 格特纳、兰德尔·C. 皮克：《法律的博弈分析》，严旭阳译，法律出版社2004年版。

[3] [美] 波斯纳：《正义与司法的经济学》，苏力译，中国政法大学出版社2002年版，第二、三、四编。

[4] [美] 波斯纳：《超越法律》，苏力译，中国政法大学出版社2001年版，第二十四章。

基本的经济学模型,而证据搜集与核实制度的直接与间接成本也主要是信息费用。❶ 此外波斯纳对规则、标准、法律解释、法律推理、法律对历史的依赖、形式主义司法与实用主义司法等问题的论述也都或直接或间接地涉及信息费用问题,甚至可以说它们背后隐藏的都是有关信息费用的经济学逻辑。❷ 路易斯·卡普洛有关法律的最佳复杂程度、司法的准确性、标准、规则的研究表明,信息费用是一个关键变量,行为人、立法机构、司法机构的信息能力与所面对的信息费用决定了相关制度的有效性。❸ 埃里克·A. 波斯纳利用信号传递模型对社会规范进行了研究,发现社会规范实际上是社会主体传递信号显示自己类型的一种行为均衡,信号传递行为必须是成本高昂且能够被观察到的行为。❹ 理查德·A. 爱波斯坦对"简约规则"的研究,限于成本"至善至美"的公正是不可能获得的;由于信息障碍,适用于小群体的复杂规则不可能被有效地上升为法律扩展到大型政治社群;简约规则的优势就在于能够节省政府管制成本,同时有助于充分利用私人信息。❺ 罗伯特·C. 埃里克森对不同社会控制方式的成本收益问题的研究,各种社会控制方式的成本也主要是信息成本,不同的控制方式有

---

❶ [美]波斯纳:《证据法的经济分析》,徐昕译,中国法制出版社2004年版,Posner, "An Economic Approach to Legal Procedure and Judicial Administration," 2 *Journal of Legal Studies* 339 – 458 (1973)。

❷ 对这些问题的讨论集中在 Isaac Ehrlich and Richard A. Posner, "An Economic Analysis of Legal Rulemaking," 3 *Journal of Legal Studies* 257 – 286 (1974)。[美]波斯纳:《法理学问题》,苏力译,中国政法大学出版社2002年版;《法律理论的前沿》,武欣、凌斌译,中国政法大学出版社2002年版;《法官如何思考》,苏力译,北京大学出版社2009年;《法律与文学》,李国庆译,中国政法大学出版社2002年;《道德和法律理论的疑问》,苏力译,中国政法大学出版社2001年版;《法律、实用主义与民主》,凌斌、李国庆译,中国政法大学出版社2005年版等著作中。

❸ Louis Kaplow, "A Model of the Optimal Complexity of Legal Rules," 11 *Journal of Law, Economics & Organization* 150 – 163 (1995); Louis Kaplow, "Rules Versus Standards: An Economic Analysis," 42 *Duke Law Journal* 557 – 629 (1992); Louis Kaplow, "The Value of Accuracy in Adjudication: An Economic Analysis," 23 *Journal of Legal Studies* 307 – 401 (1994)。

❹ [美]埃里克·A. 波斯纳:《法律与社会规范》,沈明译,中国政法大学出版社2004年版。

❺ [美]理查德·A. 爱波斯坦:《简约法律的力量》,刘星译,中国政法大学出版社2004年版。

着不同的信息需求。❶ 巴泽尔有关政府界定产权和作为第三方实施协议的成本收益问题的研究，分析了适合政府实施的协议的信息要求——标准化、易于度量。❷ 在萨维尔及理查德·波斯纳对过失责任与严格责任进行的研究中，信息问题也是影响两种归责制度功能的主要因素。❸

三、基本模型与思路

现存的有关法律信息费用问题的研究，即使法理学层面上的，也主要是针对特定问题、特定层面的"定点爆破"式的研究。此种方式有助于对一个问题或一个层面的深入探究，但对于从整体上把握问题存在欠缺。本书的研究致力于弥补这一欠缺，这自然意味着本书的研究是不同于"定点爆破"的"穿针引线"方式。

法律制度作为一种社会控制方式，其目的在于改进行为，促进合作，提高社会福利。其有效性取决于法律控制所获得的收益及自身运作所需的信息费用。依据经济学的逻辑，精确性的提高有助于改进行为、获得收益，但也会因此而增加法律运作所需的信息费用。据效率假说，法律控制的最佳精确度应该是福利最大化的那一点，也就是"社会成员行为的所有收益减去其导致的损害、人们服从法律的成本及社会区分成本"的剩余的最大化。❹ 这一福利最大化的目标可以通过成本最小化的方式来实现，也就是"社会希望阻止但未能阻止的行为导致的成本、因过度威慑而减少的可欲行为的成本及制定法与普通法制定、执行、诉讼成本三者之和的最小化"。❺ 简单地说，也就是法律控制的误差损失与法律运作的信息费用之和的最小化。从边际变化

---

❶ [美]罗伯特·C. 埃里克森：《无需法律的秩序——邻人如何解决纠纷》，苏力译，中国政法大学出版社2003年版。

❷ [美]巴泽尔：《国家理论》，钱勇等译，上海财经大学出版社2006年版。

❸ [美]斯蒂文·萨维尔：《事故法的经济分析》，翟继光译，北京大学出版社2004年版；Posner, "A Theory of Negligence," 1 *Journal of Legal Studies* 29–96 (1972); Steven Shavell, "Strict Liability versus Negligence," 9 *Journal of Legal Studies* 1–25 (1980); Posner, "Strict Liability: A Comment", 2 *Journal of Legal Studies* 205–221 (1973)。

❹ Louis Kaplow, "A Model of the Optimal Complexity of Legal Rules", 11 *Journal of Law, Economics & Organization* 153 (1995).

❺ Isaac Ehrlich and Richard A. Posner, "An Economic Analysis of Legal Rulemaking," 3 *Journal of Legal Studies* 272 (1974).

上说，法律控制的最佳精确度，既包括控制范围也包括控制强度（水平），也就是进一步提高精确度的边际信息费用等于因此而避免的社会控制的边际误差损失的那一点。从图 1 上看，也就是误差损失的边际曲线（MB）同信息费用的边际曲线（MC）相交的那一点 A。任何一条边际曲线的移动都意味着法律控制的最佳精确度的改变。其他条件不变的情况下，信息环境的改变、信息成本的降低，意味着法律控制的最佳精确度的提高，当信息费用的边际曲线由 MC 移动到 MC_1 时，法律的最佳精确度就调整到 B 点。

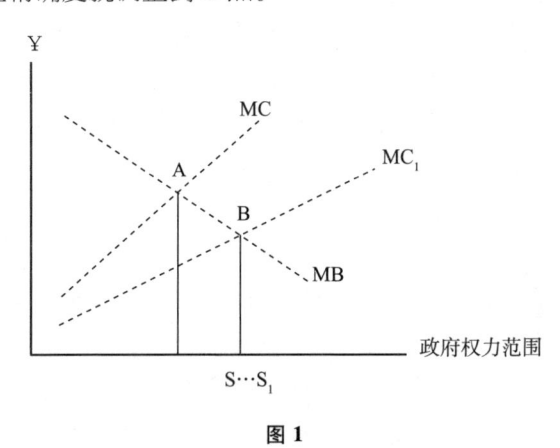

图 1

信息费用大小既与认知水平、信息技术、社会分工等因素有关，又与制度安排本身有关。在外部环境不变的情况下，应该尽可能地通过有效的制度安排来降低法律运作的信息费用，寻求误差损失与信息费用之和的最小化，也就是社会收益或福利的最大化。从实然的进化的角度讲，同已经被替代的或功能不佳的法律制度相比，在竞争中获胜的、得以存续的、功能更好的法律制度应该是相关制度安排更好地适应了特定的信息环境，更为接近误差损失与信息费用之和最小化的制度。对特定信息环境的回应能力与程度，是特定法律制度能否有效运作、达成社会控制目的的关键问题。信息费用制约着法律制度这一社会控制机制的功能、局限、特征与变迁。一定意义上，法律制度的演变反映的就是对不同信息费用环境的回应。本书旨在从整体上探讨信息费用对法律制度精确性的影响及法律制度对信息费用的回应，揭示相关法律制度背后的经济学逻辑。尽管目的在于从整体上把握法律这一社会控制机制,但为了讨论与分析的展开和充分,却必须将法律制度分解为几个不同的层面或领域,分别地逐步地予以探讨。当然这一分解只是学理意义上的,实践中法律是作为一个整体在运作的,甚至是同其他社会控制机制相互影响共同承担着社会控制功能,社会效率取决于整个社会控制机制的有效性。只是为了研究的方便甚至是可能,我们不得不对问题进行分解,分别予以研究阐述。这自然会带来研究及认知的精确性上的损失,但却降低了研究、论述、交流的成本,理论研究与思想表达本身也受制于有关信息费用的经济学逻辑。

我们首先从法律的创制层面开始,良好的法律制度必须要有包容适度、威慑适度的法律命令。这就需要法律对调整对象进行恰当的区分和"类型化",设定合适的责任。越细致的区分越有助于提高控制的精确性,但这也意味着法律创制与实施的信息费用的攀升,后者通常更为重要,在创制法律的时候就应该充分考虑法律的实施成本。其极端状态就是"一事一令",此时规则也就不存在了。"类型化"的规则有助于降低信息费用,但却导致了误差损失。标准可以说是一种模糊性很高的具有广泛裁量性的法律命令或者说是"规则",其有助于通过自由裁量提高案件处理的实质正义或者说精确性,但也通常意味着法官裁判成本、社会主体服从成本、对法官监控成本的增加。不同的规则与标准在控制的精确度与控制成本方面具有不同的适应性,应依据不同的社会环境与不同的调整对象,寻求两者的有效组合与互动。

法律被创制出来以后,就面临准确实施的问题,否则法律的控制目的也不可能达成。在事实层面上,法律实施的准确性与信息费用同证明方式、证明标准、证明程序密切相关。这些基本的司法制度从不同的维度影响着司法的准确性与成本,反过来,它们的不同形态及变迁也是不同的信息费用环境决定的,是制度对变化了的信息成本的回应。在法律层面上,同案件相遇时,法律很可能会存在模糊、漏洞、冲突及同社会正义观念的严重背离等情况,这就需要通过司法方法对相关法律予以解释、补充,以获得正当化的判决结果。不同的解释方法意味着不同的信息费用与不同的精确性。相关司法方法、理念是法律制度有效运作的重要因素,也可以说是制度的有机组成部分,因此,也是我们的分析所不能绕开的。

影响法律运作的信息费用的一个关键问题就是,责任的施加是否考虑行为人的主观意图以及如何考量主观意图问题，也就是过错责任还是严格责任问题。由于信息的不对称，对主观意图进行观察与证实的信息费用极为高昂，且有些信息根本不可能被行为人以外的主体所发现。严格责任是法律回应信息费用问题的一个至关重要的制度安排，甚至有些情况下是不可替代的制度安排。这里，我们主要以侵权制度为背景，对此进行讨论。

所有的法律在某种意义上都可以看作是一种"契约（合同）"，合同在某种意义上也可以看作是一种特定主体之间的"法律"。因此对合同制度的探讨能够发现可以扩及整个法律的问题与理论。最明显的，合同程式可以说是法律程式的一个典型代表。同时对合同的实施、解释与补充，也可以折射对法律自身的实施、解释与补充。因此以合同与合同法为对象，对前面的讨论所没有涉及或论述不足的相关信息费用问题做进一步的讨论就十分可取和必要。其结论相当程度上可以用于解释具有普遍意义的诸多法律问题。

法律为了有效解决信息费用难题，大量利用一些容易发现与核实的"简单事实"，如年龄、性别等自然身份特征。同时法律还创设了大量的社会身份特征，如古代社会的基于出身的等级身份、现代社会则是基于学历、职称、选举中胜出等获得的身份。尽管对简单事实的依赖导致了错误损失，但却降低了信息成本，本书对此做了一定的探讨。

审判独立是近现代以来法治的基本特征与关键制度支撑。本书尝试避开意识形态与道德哲学话语，从信息与组织的角度对审判独立及相关制度进行科学的分析。事实上，"人治"与"法治"之争的背后隐藏的仍然是社会控制的精确性与信息费用的经济学逻辑。"法治"的优势很大程度上源于其更好地回应了治理的信息费用问题。法治的核心要件：良法要件（体现为富勒的法律的"内在道德"问题），及法律至上、政府权限及运作受制于法律（一定意义上也就是"有限政府"问题），都是对信息费用的有效回应，其具体形态受制于信息费用。通过以上的论述，既从整体上分析了作为社会控制机制的法律的精确性与有效运作的信息费用问题，又揭示了各种基本法律制度所共同分享的一个经济学逻辑，那就是误差损失同信息费用的均衡问题。

法律制度的信息费用问题

我们发现凭借信息费用的帮助能够穿透一些模糊、歧义、复杂的概念，直面事物的本原，为很多问题提供清晰、简洁而富有解释力的说明。透过信息费用能够重新解释法律制度及相关理论的一些基本问题，尽管可能不会改变传统理论的一些结论性命题，但却肯定会改变这些命题的论证。我们希望通过这一研究为我国的法学研究提供（准确地说应该是推广）一种简约而富有解释力的理论或视角。当然这绝不是说它可以替代其他的理论或视角，而只是说它应该是一种有竞争力的理论或视角，理论市场也是需要竞争的，尽管一直以来其竞争都很不充分。其原因很大程度上也在于信息费用的障碍，我们通常不愿意花费成本改变我们的前见，包括已掌握和熟悉的理论，学术研究尤其需要我们对这一顽固的"有限理性"保持警惕。理论的价值归根结底体现在其解释、预测、干预现实的能力上，❶而这些最终只能通过考察事实予以论证。

讨论部门法问题的一个重要目的在于，我们希望拉近法理学研究同部门法研究之间的距离。目前我国的法理学研究相当程度上还是在抽象的道德哲学层面进行的，而部门法的研究则主要还是概念法学的。这两种研究都有其不可或缺的价值和意义，但肯定也存在局限。其中一个问题就是导致了法理学研究与部门法研究的脱节，抽象的道德哲学很难为部门法问题的解决提供有效的指导，而部门法的研究则欠缺教义分析以外的有效工具，一个可能的结合点是价值分析，但由于价值的"不可通约性"，使得这一分析很难深入及获得共识性答案，而且部门法中用的"价值"通常要比法理学所讨论的"价值"简单得多。如此一来，法学圈就有一个不太恰当却可以反映出问题的调侃："搞法理学的人是在天上飞，而搞部门法的人则是在地上爬。"于此我们尝试借助信息费用这一关键变量来为法理学及部门法的研究提供一个统一融贯的视角或理论，弥补法理学与部门法之间的裂痕。事实上所有法律问题乃至所有的社会科学问题原本就是一个统一的整体，"学科的划分只不过是出于方便的考虑或者归于我们对整体的无知而不得已的选择（盲人摸象的故事说明了这点）"。❷

---

❶ ［美］波斯纳：《法律的经济分析》，蒋兆康译，法律出版社2012年版，第21页。

❷ 丁利：《作为博弈规则的法律与关于法律的博弈》，载［美］拜尔、格特纳、皮克：《法律的博弈分析》，严旭阳译，法律出版社2004年版，代译序，第2页。

本书的研究尽管也涉及了具体的事例或制度，但主要还是一种定性研究，而非定量的研究。一种误会认为法律的经济分析必须运用各种统计或计量工具进行定量分析，否则就不可能是有效的经济分析。事实上，经济分析可以既包括定量研究，也包括定性研究。❶ 不仅仅是法律的经济分析，即使是纯粹的经济学研究也大量存在定性研究，如自科斯以来，经济学中的一个关键概念——交易费用，就不仅难以界定也难以度量，很多情况下只能对交易费用的高低大小予以排序，而很难给出具体的数量，但这对于"解释行为或现象"而言通常就足够了。❷ 事实上众多最有理论价值的经济分析论文都是定性研究而非定量研究，最典型的代表还是波斯纳。准确的度量意味着很高的度量成本，度量本身也服从经济学的逻辑。道理很简单，大多数情况下，我们没有必要用游标卡尺来测量一个人的身高。

还有一个问题涉及"理性人"假设问题。对这一假设的最简单的一种挑战是指出现实世界中存在"非理性"或"情感的"行为。在波斯纳看来，这些"情感的"行为通常可以予以理性的说明，而且"把模型与描述相混淆并因模型不同于描述而谴责模型是一个基本的错误"。❸ 指出现实中存在非理性行为并不能推翻"理性人假设"，理论模型的检验依据并不在其基础性假设，而是看其推论，看其是否拥有对现实世界的预测能力。❹ 另一种挑战，也就是信息不完备及信息成本对人的理性能力的限制。对此上文中我们已经说明，经济分析的信息范式已有效地化解了这一问题，这实质上是"有限信息"而非"有限理性"，人们会理性地对待信息问题。到目前为止，对"理性人"假设最强有力的挑战来自行为主义经济学，也就是特定情形中即使存在可以利用的信息，人们仍然会出现认知与行为异常的"有限理性"

---

❶ 参见［美］波斯纳：《法律的经济分析》，蒋兆康译，法律出版社2012年版，中文第二版译者序言，第52页。

❷ 张五常：《定义与量度的困难——交易费用的争议之三》，载《IT经理世界》2003年第18期。

❸ ［美］波斯纳：《法律理论的前沿》，武欣、凌斌译，中国政法大学出版社2002年版，第261页。

❹ Milton Friedman, "The Methodology of Positive Economics", 转引自 Encyclopedia of Law and Economics 中 0400 词条 "Methodology: General"，第 392 页，网址为 http://users.ugent.be/~gdegeest/。

问题。❶ 然而，在波斯纳看来，行为主义经济学所关注的只不过是理性选择理论所难以解释（事实上未必不能）的社会残留现象，其本身是由研究对象而非研究方法所定义，由于这些研究对象的残余性，必然决定了其理论化的严重不足。❷ 由于行为主义的"人"既是理性的又是非理性的，任何观察到的行为都可以说与该理论相一致，这就使得该理论及其预测既不能被证伪亦不能被证实，从而丧失了预测能力和作为理论的价值。❸ 如此一来，尽管行为主义经学对具体问题的研究在特定的领域具有一定的价值，但还不足以替代理性选择理论成为一种新的基础性的理论范式。

---

❶ 此方面的论述可参见戴昕：《心理学对法律研究的介入》，载苏力主编：《法律与社会科学》（第二卷），法律出版社2007年版；[美]桑斯坦主编：《行为主义法律经济学》，涂永前、成凡、康娜译，北京大学出版社2006年版。

❷ [美]波斯纳：《法律理论的前沿》，武欣、凌斌译，中国政法大学出版社2002年版，第271–272页。

❸ [美]波斯纳：《法律理论的前沿》，武欣、凌斌译，中国政法大学出版社2002年版，第272–273页。

第一章　规则与标准的
　　　 信息费用问题

　　法律这一社会控制机制运作的第一步是创制包容适度、威慑适度的法律命令问题。法律通过对无限差异性的人类行为进行"类型化"处理，把个性化的行为或案件作为某一类型的行为或案件来对待，一定程度上避免了完全的"具体问题具体对待"的高昂的信息费用，从而获得了一种人类能够负担得起的社会控制方式。然而此种普遍化或一般化的规则在节省信息费用的同时，也因为必然要忽略行为的部分差异性而带来了社会控制精确性上的损失。通常而言，"类型化"的规则是根据某类行为的平均危害性来设置相应的责任，这样一来，该法律责任对于同一类型中处于较低危害性层面的行为，就会因过于严厉而威慑过度，而对处于较高危害性层面的行为则因为惩罚过轻而威慑不足。❶ 威慑不足意味着本可以阻止的无效率行为的发生；而威慑过度意味着本应该发生的有效率的行为被错误地遏制了，且此时的责任追究因为无法改进行为而成为单纯的没有收益的成本。要降低这些因行为控制上精确性的减损而带来的误差损失，就需要制定更为复杂具体的、细则化的规则，对行为进行更为精确细化的区分。这样做的结果又意味着制定、实施规则的信息费用的增加。行为控制的精确性与控制成本之间的紧张关系，实质上就是千百年来有关法律繁简疏密争论的核心问题所在。对于提高案件处理的针对性而言，除了事先制定区分更为细致、精确度更高的规则以外，还可以通过引入比规则更具一般性的标准或原则，通过司法过程中的自由裁量使得案件的解决

---

❶ 尽管事物间存在差异，但却以无限连续性的状态存在，如此，类型化的过程，也就是不断地将无限连续的对象"一分为二"的过程，这就使得规则不可避免地存在容纳了不该自身管辖的对象的包容过度问题，或遗漏了应该管辖的对象的包容不足问题，它们的最终后果还是威慑过度或不足。

更为具体、更符合实质正义,而非仅仅依据形式化的规则导出结果。规则与标准构成了法律命令的两种基本形式。

一、规则与标准的界定

以"时速超过60公里罚款200元"与"不得超过合理(以危险)速度行驶"两个法律命令为例。前者称之为"规则",事先就规定了特定的法律后果及引起该后果的具体事实要件。后者称之为"标准",需要执法者事后确定什么是"不合理"或"危险"的速度,才能决定行为的违法性及其责任。事先确定法律命令的具体内容还是事后赋予具体内容,被认为是规则与标准的核心区别。❶ 显然规则明晰、确定、具有很强的可预测性,行为人可以很容易事先确定相关行为的性质及法律后果。而标准则具有模糊性和不确定性,行为的定性及相应后果需要裁判者事后予以具体衡量才能确定,因此相对而言不容易事先预测。因此又有学者将前者称之为"水晶"规则,而后者则称之为"污泥"规范。❷ 当然上面两个法律命令是纯粹的规则或纯粹的标准形式,实际上大多数"规则"与"标准"的区别并非如此泾渭分明,而只是存在程度上的差别,准确的说法是"更像规则",还是"更像标准",它们的分布具有连续性。Russell B. Korobkin 就用一个数轴来形象地描述规则与标准的此种连续状态。❸ 数轴的两端为单纯的规则或标准,就像我们的两个例子。从两端向中间位置移动,意味着法律命令逐步偏离单纯的规则或标准形式,但在中点两侧确实存在大量更像规则或更像标准的法律命令形式。因此我们仍然能够将法律划分为规则与标准两种形式予以分析,只是应该意识到此种区别上的相对性、连续性。

很多情况下,即使在表述上清晰确定的规则,在适用时也会遇到严重的不确定性。一种原因在于语言本身固有的不确定性,语言存在核心意义与边缘意义,在核心部分意义是明确的,但在其边缘部分意

---

❶ Louis Kaplow, "Rules Versus Standards: An Economic Analysis", 42 *Duke Law Journal* 559 (1992).

❷ Carol M. Rose, "Crystal and Mud in Property Law," 40 *Stanford Law Review* 577 (1988).

❸ Russell B. Korobkin, "Behavioral Analysis and Legal Form: Rules versus Standards Revisited," 79 *Oregon Law Review* 29 – 30 (2000).

义却是模糊的，这已为我们所熟悉。在语言的边缘处，常常很难确定其外延是否包含了案件的争议对象。同时，好多日常用语一旦成为法律概念，就会被赋予不同于原来的特殊意义，如民法上的"善意"是指"不知情"而非日常的"好心肠"。❶ 这自然也会降低其对于社会成员的可预测性。另一种原因在于即使规则含义是确定的，但其适用也会存在例外，人们通常会就某事实能否构成规则的一项例外而产生争议。偷窃是犯罪，但为了救命而闯入无人小屋偷吃食物则应该基于紧急避险原则构成一项例外。例外的出现降低了规则的确定性和可预测性，而且案件是否构成一项例外往往是事后依据标准来判断的，随着例外的增多，规则会变得越来越像标准。当然，如果例外构成另一项独立的规则，那这就是规则之间的竞争了。如果这样的竞争性规则很多且很复杂，需要专业人士花费相当的成本才能弄清楚事实究竟归哪一规则管辖，那即使这一套规则在理论上是确定的，但对于普通人来说仍然可能是不确定的、难以预测的。除此之外，规则之间还难免会出现矛盾冲突，这是规则体系应当尽量避免的不合理状态。尽管立法环节的加强会有效地减少冲突却不可能完全避免冲突，而立法环节的加强也必然要花费成本。所有这些都意味着规则绝不是完全确定的和可预测的。指出这些只是为了更为准确地把握规则的性质，而非否认规则与标准的划分。正如前面分析的，尽管数轴的中间位置存在很难标签为规则还是标准的法律命令，但其两侧更多的是典型的规则或标准。而且在某种程度上，现实中存在夸大规则不确定性的倾向。

　　大量法学研究，尤其是法律解释理论、司法理论所关注的都是疑难案件。一方面，此类案件容易吸引人的眼球获得关注；另一方面，因为疑难，所以对它们的回应能力就成为评判各种理论价值的试金石，自然也成为各种理论争相攻克的堡垒。对于律师和法官而言，对疑难案件的处理往往成为评判其职业能力的重要标准，自然他们也会津津乐道于自己对疑难案件的分析。而疑难案件正是处于规则边缘或可能构成规则例外也就是带有不确定性的案件。如此一来，对疑难案件的集中关注自然导致了有关法律规则缺乏确定性的判断。然而必须予以说明的是，司法实践中疑难案件只占很少的比例，而且相当多的疑难

---

❶ 梁慧星：《民法解释学》，中国政法大学出版社2000年版，第211页。

案件是因为证据缺乏而非对规则适用存有争议。同时，在司法程序以外，还存在大量的未进入诉讼程序而自行和解的普通案件。由此，真正由于规则的不确定性而导致的疑难案件就只占全部案件的很小一部分，对于大多数案件而言规则是确定的和可预测的。这样一来，由于片面关注疑难案件而得出的法律不确定性的判断，就大大夸大了法律规则的不确定性，而遮蔽了规则作为确定性的行动指引这一"沉默的大多数"。基于此，我们甚至可以得出一个能够予以验证的推论：规则之于法学家的不确定性最大，之于律师和法官的不确定性次之，对于普通人而言不确定性最小，大多数人的大多数行为都处于规则的明确的核心意义范围内。因此我们依然可以这样概括规则的特点：相对于标准而言，规则事先确定了具体的法律后果及引起该后果的具体事实要件，具有更强的确定性和可预测性。

而标准事先并未设定引起法律后果的具体事实，某一行为是否违背了以"标准"形式存在的法律命令，需要事后予以衡量评判。如"不得以危险速度驾驶"，尽管其语言也十分明白易懂，但由于对什么是危险速度事先并没有明确说明，就需要事后由执法者及裁判者考察具体情况予以确定。如此，同规则相比，该法律命令就显得更为模糊、抽象、不确定。只有尽可能准确地预测事后法官会考量哪些因素、如何来划定"危险速度"的范围，行为人才能使自己的行为符合法律命令的要求以避开责任。如此一来，某种意义上，"标准"更接近霍姆斯所定义的法律——有关法官会做些什么的预测。[1] 而法官用来决定"危险范围"或"某速度是否危险"的考量因素，及其权重没有为法律事先限定或限定不明确，具有开放性。这就意味着根据标准的预测一般要比根据规则进行预测困难得多。之所以说"一般"，在于同标准相对应的往往不是一条简单的规则，而是一组密切相关对行为进行细致区分的复杂规则。行为人要准确预测自己行为的法律后果，必须首先弄清楚自己的行为究竟属于哪一规则管辖。规则越复杂，法律概念的内涵就越多，确定行为法律属性所需发现核实的变量就越多，这自然会导致成本的增加。而成本的不断升高，也就意味着预测的难度加大、不确定性降低，这样一来，规则也就逐步向"标准"靠拢。反

---

[1] Holmes, "The Path of the Law", 10 *Harvard Law Review* 457, 461 (1897).

过来，抽象、模糊的标准也可能通过各种方式予以具体化、明确化。一种方式是法官通过创设先例，将适用标准所考量的因素及其权重予以明确设定；另一种方式是参照社群成员所熟知和遵循的习惯或者某具体的职业惯例、技术准则来界定标准的内容。❶ 如此一来，行为人就可以事先通过这些将标准具体化的行为指南，来预测和规划自己的行为，此时，标准就逐步在适用中规则化了。

尽管规则与标准的确定与不确定只是相对而言，甚至可能会相互转化，但有一点是较为确定的。那就是规则是事先设定了具体事实要件及后果，适用时法官通常只需根据法定范围寻找和核实这些事实，而无须参照其他因素对其进行衡量评估。而标准是事先没有设定具体的事实要件，在确定行为属性时，法官可自行决定要考量的因素并评估其权重，具有开放性，与适用规则相比，这必然意味着法官拥有更大的自由裁量权。没有法律的事先限定，这在加重法官裁量权的同时，也意味着法官要完成工作就需要在更广阔的范围内寻找和评估与事实定性相关的变量，❷ 而这通常意味着裁判成本也就是搜寻评估相关信息的费用的增加。由于适用标准的考量因素具有开放性，这就意味着，法官在司法中能够实际上也是随着情势的变更而逐步调整所考量的因素或其权重，使得标准能够与时俱进，适应社会的发展变化，而无须重新制定一条标准。而规则由于事先明确限定了具体的事实要件及其权重，则相对而言很难在适用中通过解释来予以调整，而更多地依靠废旧立新来适应社会的变化。规则的更大刚性约束必然意味着更大的僵化性。了解了规则与标准的这些区别与特征，接下来我们以此为基础对其进行成本收益分析。

二、规则的信息费用问题

规则形式的法律命令，要求在法律颁布时就要设定具体的事实要件及法律后果，而不只是提供一个裁判者事后裁量的抽象原则。因此，规则的制定或立法成本一般要高于标准的制定成本。哪怕是最简单的

---

❶ Louis Kaplow, "Rules versus Standards: An Economic Analysis", 42 *Duke Law Journal* 577, 597 (1992).

❷ Russell B. Korobkin, "Behavioral Analysis and Legal Form: Rules versus Standards Revisited," 79 *Oregon Law Review* 32 (2000).

法律制度的信息费用问题

规则也往往意味着更高的制定成本。即使像"时速不得超过60公里"这样简单的限速规则，一个负责任而非恣意的立法者必须要获取和衡量多种信息，诸如路况、气候、车流量、车型、司机技术等才有可能把握速度同事故的函数关系，从而设置一个合理的"时速"。如果不能有效地获得必要的信息，立法的质量就会大大降低。由于信息能力不足，无法获得和评估相关信息，导致我国的立法者不合理地依赖新闻媒体所传递的信息，制定了许多没有效率的甚至无法实施的法律。❶ 这些显然要比简单地宣布"不得超过合理速度行驶"需要支付更多的信息费用，后者的信息费用几乎为零。更何况与标准相对应的通常并非如此简单的规则，而是对行为予以细致区分的复杂规则体系。立法者必须事先对差异多样的行为进行恰当的"类型化"处理，并分别设置相应的法律后果。越复杂精确的区分，所需考量的因素越多，规则制定的信息费用越高。简陋的区分虽然降低了信息费用，但却会导致规则的精确性下降，带来更为严重的威慑过度或威慑不足的损失。由此影响信息费用与不精确威慑损失的一个重要变量就是行为的同质性或异质性。当行为的同质性很高时，我们可以进行更少的区分，选择相对简陋的"类型化"处理。这不但能够降低信息费用，而且由于行为的高同质性，类型化处理所导致的过度威慑或威慑不足的问题也相对较小。❷ 反之，如果行为的异质性很高，要降低精确性的损失，就必然要进行更为细致的区分，这自然就意味着法律制定成本的大大增加。当行为间的异质性极高时，事先制定规则就变得极为困难，因为此时不但恰当类型化的信息费用很高，而且任何的类型化处理都会导致严重的精确性损失。此时事后的具体问题具体对待，个案化的处理方式就成为更好的选择。同时需要特别说明的是，立法过程并非一个探寻"真理"的认知过程，而是涉及资源配置与利益争夺的公共选择过程。如此一来，立法者不但会因为认知不同与信息交流上的障碍而争论不休，还会因争权夺利的策略行为而产生庞大的交易（决策）费用。这一费用的大小与立法机构成员的数量、法案通过的同意比例

---

❶ 吴元元：《信息能力与压力型立法》，载《中国社会科学》2010年第1期。

❷ Russell B. Korobkin, "Behavioral Analysis and Legal Form: Rules versus Standards Revisited," 79 *Oregon Law Review* 37 (2000).

(简单多数还是绝对多数)、立法者偏好的异质性密切相关。❶ 减少立法机构成员的数量、降低同意的比例，有助于减少决策费用，但会带来代议价值的损失和投反对票的群体的福利损失增大。❷ 相对于对利益进行直接、具体、明确、刚性界定的规则，人们更容易就抽象原则达成协议。如此降低立法成本的一个选择就是减少法律中的明确规则代之以更多的抽象标准，这实际上是减少需要达成协议的具体问题的数量，将困难问题留给法院事后解决。❸ 代议机构立法过程中存在的高昂交易费用，也是导致行政分支承担起越来越多的立法工作的重要原因所在。

　　事先赋予内容尽管导致了很高的规则的制定成本，但事后的适用成本却因只需确定事先设定的相关变量是否存在，无须重新考量相关因素的属性及权重而大大减少。而且由于规则的制定成本为一次性投资，尤其当该法律涉及的行为与案件具有多发性，出现的频率很高时，这一事先的具体化投入能够有效地避免事后的重复性投资，从而获得巨大收益。❹ 具体化、可预测性强的规则为行为人提供了明确的指引，降低了理解法律的信息费用，从而人们能够以更低的成本使自己的行为符合法律的要求，以避免承担不利的法律后果。❺ 需要补充说明的是，并非所有的违法行为都是不可欲的，尽管违法行为会给他人带来损失，但若对于部分人而言，该行为的收益足以弥补给他人带来的损失，则此时该行为就符合卡尔多—希克斯标准，是有效率的。我们不应该遏制此类行为，除非有特别的理由将违法行为人的收益排除出社会福利的统计范围，刑法中存在许多此类情况，如我们就不承认强奸犯变态性心理的满足构成一种社会收益。❻ 最常见的一类有效率的违法行为就是"有效率的违约"，若履约需花费 20 万元的成本，却只会

---

❶ Isaac Ehrlich and Richard A. Posner, "An Economic Analysis of Legal Rulemaking," 3 *Journal of Legal Studies* 267 (1974).

❷ ［美］波斯纳:《法律的经济分析》，蒋兆康译，法律出版社 2012 年版，第 806 页。

❸ ［美］波斯纳:《法律的经济分析》，蒋兆康译，法律出版社 2012 年版，第 807 页。

❹ Louis Kaplow, "Rules versus Standards: An Economic Analysis", 42 *Duke Law Journal* 585 (1992).

❺ Louis Kaplow, "Rules versus Standards: An Economic Analysis", 42 *Duke Law Journal* 563 (1992).

❻ Isaac Ehrlich and Richard A. Posner, "An Economic Analysis of Legal Rulemaking," 3 *Journal of Legal Studies* 271 (1974).

给对方带来 10 万元的收益，则应该允许债务人通过支付违约赔偿退出契约而不是强制履行。诸多侵权行为也属于有效率的侵权，我们允许其从事此类行为尽管需要支付损害赔偿，侵权法的目的在于阻止，也仅仅阻止无效率的侵权行为而非所有的侵权行为。从效率的角度看，对于"有效率的违法行为"课以等同于其导致损失的责任是没有意义的，因为这并不会改变行为人的选择，却需要付出额外的司法成本。但若不课以责任，所有的违法者都会宣称自身收益超过了给他人带来的损失因而是有效率的，以此来逃脱法律责任。司法机构要想区分"真正有效率的违法行为"与"伪装的有效率的违法行为"，就必须了解所有行为人的独特的效用函数，显然他们没有能力准确地获得此类信息。如此一来，不加区分地对所有违法行为课以责任，就成为一种具有自动"筛选"功能的替代机制，具有不同效用函数的行为人可以利用私人信息自行判断违法是否有效率、是否值得从事，从而阻止无效率的违法，但允许有效率的违法行为发生。规则对相关行为法律后果的明确规定，使得行为人能够以较低的成本权衡利弊，提高了这一"筛选机制"的效率。与此相关，由于大多数人在大多数情况下都属风险厌恶类型，规则还因提高了法律命令的确定性而降低了人们的风险负担，从而提高了社会福利水平。当然规则降低行为人服从法律的信息费用的功能会随着自身复杂程度的增加而不断降低。为了提高规则的精确性，需要考量更多的因素，对调整对象进行更为细致的区分，最终有可能使规则体系变得十分繁杂，从而加重了人们理解法律的信息成本。当规则的复杂性超过一定限度，人们很难决定自己的行为到底归哪一规则管辖时，即使从理论上说规则的内容仍然是事先确定的，但对于行为人而言却因高昂的信息费用而变得不可预测、不再确定，此时人们会选择对复杂规则保持"理性的无知"。精确性只有在能够为人们事先预测到时，才能带来行为控制上的改进。如我们上面分析的，规则还会因漏洞、矛盾、例外、边缘意义等情形的存在而导致自身确定性降低，从而增加了行为人服从法律的信息成本及法律风险，带来不恰当的激励后果。

对于法官而言，依据内容确定、封闭的规则裁判，不但缩小了司法调查的范围，也在相当程度上避免了对既定事实进行法律定性以决定是否以及承担何种责任的沉重负担，因为规则已在事先做了明确的规定。如此依据既定规则"批量"处理案件的模式就大大降低了法官为个案"寻找有效结果的信息成本"❶。不但如此，确定的规则依据也为判决提供了更强有力的权威性、合法性支持，既有助于人们接受服从，又减少了为提高判决权威性、合法性而进行司法论证或修辞的需求及成本。此类论证或修辞无助于产生更有效率的裁判方案，仅仅在于增强既定方案的说服力。纠纷发生后除了诉诸法庭外，还可以通过私下和解的方式予以解决。后者无须进入审判程序，不但能够避免司法开支，且一般可以减少私人的诉讼花费（如律师费用、自身的时间、精力等），因此是一种更为低廉的纠纷解决方式。如此一来，提高案件的和解比例就是十分可欲的。明确具体的规则提高了裁判后果的可预测性，使得纠纷双方能对诉讼的胜（败）诉几率与责任大小拥有更为一致的预期，从而缩小了双方为和解而进行讨价还价的范围，节省了谈判费用，使和解变得更为容易更有吸引力。❷ 当案件频繁发生时，规则降低纠纷解决成本的功能就尤为重要。此外，需要特别强调的是，内容明晰的规则使得人们能够以更低的成本对执法及司法官员的行为进行监督控制，这对于防止权力异化为公民自由与社会福利的破坏者是至关重要的，正因为如此，"法治"更为偏好规则。当然由于规则的确定性也只是相对的，因此其在实施阶段的这些优势也都是有限的。当规则体系变得十分复杂难以理解，或者存在漏洞、模糊之时，这些收益就会大大减少甚至不复存在。

　　依据效率准则，应该将权利配置给对其更为珍惜、评价更高的一方，然而因信息费用的障碍法律经常会作出错误的配置，且即使配置初始是正确的，也可能随着情势的发展，变得不再有效率。但如果交易费用不是太高，人们可以通过交易的方式来纠正初始配置的错误，将权利转移到评价更高的人手中。此时如果通过具体的规则来界定权利，权利边界将相对明晰确定，这有助于降低谈判费用（相当程度上都是信息问题引起的），使得权利交易更为便利。反之，通过模糊的标准来界定权利，由于权利边界不清晰，人们不能确定自己或他人到底拥有什么，自然不会去进行交易，此时人们会投入大量资源争夺未

---

❶ [美] 波斯纳：《法律的经济分析》，蒋兆康译，法律出版社 2012 年版，第 807 页。
❷ Isaac Ehrlich and Richard A. Posner, "An Economic Analysis of Legal Rulemaking," 3 *Journal of Legal Studies* 265（1974）.

清楚界定的处于公共领域的"权利"。[1] 这些成本投入大多只具有分配性后果，而不会有生产性后果，且争夺的结果未必是有效率的，即使产生有效率的结果，其成本也远远超过了权利边界明晰情况下的交易成本。此时重要的是通过规则清晰地界定权利，而不是界定本身是否正确。这就是我们通常所说的产权明晰是市场经济必要前提的道理所在。如果交易费用很高，人们无法通过交易的方式来纠正错误的初始配置，那确定、刚性、难以改变的规则就意味着其存续期间的低效率的资源使用。此时若配置权利的是标准而非规则，由于标准具有抽象性和裁量性，则可以通过法官依据具体情势对标准进行不同的解释来调整权利配置，改进效率提高社会福利水平。

社会现象不仅是多样的、差异的，而且是不断变动的。具体、刚性的规则尽管因其确定性和可预测性在一定时点上大大节省了服从成本和实施费用，但随着时间的流逝、事物的变化，其误差损失会越来越大。规则的刚性特征使得自身很难通过法律解释作出调整以适应变化了的情势。如此，要校正误差，就只能修改规则，而频繁地修改规则不仅意味着高昂的立法成本，还会降低规则的确定性和可预测性，使得规则原本的优势不复存在。通常而言，精确性越高、内容越具体翔实的规则就越容易变得过时，因此静态条件下的高精确性往往意味着动态形势下的低精确性。[2] 法律所指涉的问题越具有流变性，此类问题就越严重，规则调整的收益就会越小，而成本却会变得更大。因此在变异性很大的领域，应该减少规则的适用，代之以能够通过解释逐步调整从而更具灵活性和适应性的标准。下面我们来看标准的成本收益问题。

三、标准的信息费用问题

由于标准未事先设定具体内容，具有开放性，法官拥有较大裁量空间，可以事后引入新信息依据特定情形来选择有针对性的处理方案。因此适用标准处理案件更便于具体问题具体对待，从而减少规则"批

---

[1] Russell B. Korobkin, "Behavioral Analysis and Legal Form: Rules versus Standards Revisited," 79 *Oregon Law Review* 41 (2000).

[2] Isaac Ehrlich and Richard A. Posner, "An Economic Analysis of Legal Rulemaking," 3 *Journal of Legal Studies* 278 (1974).

量"处理案件的误差损失。当案件的差异性很大,任何概括都不可避免地导致严重误差损失时,标准具体问题具体对待的功能就更为重要。同样,在调整对象具有很强的变异性时,刚性的规则就容易"过时",而容许法官根据变动的情形决定其具体内容的标准则更具适应性。然而事后赋予具体内容,意味着法官在某种程度上承担起立法者的任务,相对于适用既定的规则,通常需要考量和权衡更多的因素,也就面临着更为高昂的信息费用。尽管通过把决定具体内容的工作留给法官节省了立法成本,但由于立法成本是一次性的投资,而事后裁量所增加的裁判成本却会在每个案件中重复发生。❶ 这些重复发生的成本总量往往会大大超过所节省的立法成本与案件处理精确性提高而减少的误差损失之和。因此只有当调整对象的异质性或变异性十分严重,任何一般性概括都会带来明显的误差损失,具体问题具体对待的收益十分巨大,从而使得其节省的成本超过了重复性投入的成本时,标准取代规则才是可欲的。或者是该法律所调整的行为与案件出现的频率很少,事先一次性投资的未来收益十分有限,而事后的重复性投入又不甚严重时,标准也同样可取。

尽管标准更便于具体问题具体对待,从而提高案件处理的精确性,但如果此种精确性不能为行为人事先预见到,那这一事后的精确性也无助于改进人们的行为。事实也正是如此,由于标准的具体内容需法官事后裁量决定,就使得人们通常很难事先依据标准作出有效的预测,即使能够预测其信息费用也会大大增加,人们需要更多地研读已有的判例或进行成本更高的法律咨询,❷ 从而提高了服从法律的成本。当事后的精确性无法以合理成本事先为人所知时,此种事后投入就不可能带来行为改进方面的收益,只会成为一种纯粹的成本。❸ 规则存在的威慑不足或威慑过度的问题不但没有因为事后的精确性改进而减少,反而由于可预测性的降低变得更为严重。为了规避由于标准的不确定

---

❶ Louis Kaplow, "Rules versus Standards: An Economic Analysis", 42 *Duke Law Journal* 573 (1992).

❷ Louis Kaplow, "Rules versus Standards: An Economic Analysis", 42 *Duke Law Journal* 571 (1992).

❸ Louis Kaplow, "Rules versus Standards: An Economic Analysis", 42 *Duke Law Journal* 592 (1992).

性带来的法律风险，人们通常会将自己的行为限制在明显不可能违法的领域，远离边缘地带，从而无效率地阻止了部分可欲的行为。当然也有可能行为人过度自信，错误地认为自己的行为符合标准的要求，而从事许多不应该从事的招致惩罚的无效率行为。❶ 对于已经发生的纠纷，由于标准使得诉讼结果更加不确定，这自然会加大和解的难度，也使得双方的诉讼开支大大增加，从而使得纠纷解决的总成本大大增加。❷ 当然，如果标准的具体化所依据的是众所周知的道德习俗，也有可能比复杂的规则更容易理解和把握，法官的裁量成本也不会太高。

当我们说适用标准能够更为精确地处理案件时，暗含着一个必不可少的前提——法官既是负责任的又是有能力的。为了寻找有效的解决方案，法官必须发现和衡量所有必要的相关因素，而且努力保持客观公正，显然这仅仅是一个想象的法官形象。实际上限于高昂的信息费用，法官通常也只能考虑有限的因素，❸ 而且也不可避免地会犯错误。❹ 这样一来，标准改进裁判精确性的功能就要打上相当大的折扣。然而导致裁判背离精确性的不仅仅是能力，还有法官的徇私枉法，其至后者更为关键。而更广泛的裁量权必然意味着监督控制变得更为困难，寻租空间加大，权力专断的问题会十分严重，而防止权力专断一直都是人类寻求有效的社会治理所必须面对的核心难题。明确的规则通常要比模糊的规范更有助于控制法官的行为，评价一个法官是否违背规则或是否准确地解释了规则，要比判断法官的自由裁量是否恰当容易得多、所需信息费用更少。考虑到这些因素，规则反而可能更为精确更具适应性。

四、寻求有效率的组合

标准与规则的成本/收益问题是极为复杂的，往往在一个方向降低

---

❶ Russell B. Korobkin, "Behavioral Analysis and Legal Form: Rules versus Standards Revisited," 79 *Oregon Law Review* 38, 46 (2000).

❷ Isaac Ehrlich and Richard A. Posner, "An Economic Analysis of Legal Rulemaking," 3 *Journal of Legal Studies* 265 (1974).

❸ Louis Kaplow, "Rules versus Standards: An Economic Analysis", 42 *Duke Law Journal* 594 (1992).

❹ Russell B. Korobkin: "Behavioral Analysis and Legal Form: Rules versus Standards Revisited," 79 *Oregon Law Review* 38–39 (2000).

成本的同时又在另一个方向增加了损失。我们很难脱离具体的环境简单地说哪一种形式的法律命令更有效率，而只能努力分析它们各自的成本收益因素及与之密切相关的变量，得出一些具有大致倾向性的结论。更为准确也更有实践价值的结论只有在特定的条件下具体问题具体分析方能获得。但这并不意味着一般性讨论没有价值，它不但能够帮助我们从整体上理解法律形式的效率问题，也为更有针对性的个案研究提供了框架性指引，尽管简陋、存在误差损失，却也因此节省了理解与交流的信息费用。概括地说，规则的主要收益在于降低了不确定性，节省了法律的服从和实施成本，更有助于防止权力滥用；其成本则主要是因其不可避免地要忽略一些差异性和变异性而导致的误差损失。标准的主要收益在于容许具体问题具体分析，且其具体内容可以通过法律解释逐步调整，从而提高了裁判的准确性和适应性；其成本则主要是法律的服从和实施需要更多的信息费用，同时对权力的监控变得更为困难。而调整对象的差异性、变异性及发生的频繁程度，则构成不同条件下影响规则与标准成本收益的重要变量。根据上面的分析，所涉对象的差异性越小、越稳定、发生的频率越高，越适合用规则进行调整；反之，标准可能是更好的选择。

长期以来，我国立法工作中奉行着一项原则，那就是"宜粗不宜细"。邓小平在1978年12月13日的讲话中曾指出"现在立法工作量很大，人力很不够，因此法律条文开始可以粗一点，逐步完善"。[1] 后来，陈丕显又在1988年3月31日的《人大常委会报告》中明确表示："法律要简明扼要，明确易懂，不能太烦琐，一些具体问题或细节问题，可以另行制定实施细则等行政法规，这样做符合我国地域大、各地发展不平衡的国情，也便于群众掌握。"该原则体现在从实体法到程序法、从民事法到刑事法再到行政法的各个法律领域中。对此学界较为一致的认识是，该原则是特定形势下的权宜之计，对于我国法制的"文革"后重建起了重要的推动作用；但也因此降低了立法质量，导致大量法律过于笼统、原则，不具有可操作性，结果或者停留在纸面上，或者被行政、司法等部门通过制定细则予以修改，或者为徇私

---

[1] 《邓小平文选》（第2卷），人民出版社1994年版，第147页。

法律制度的信息费用问题

枉法提供了空间，应该予以反思和抛弃。❶ 支持该原则的理由主要是我国幅员辽阔、政治经济发展不平衡、地方差异大；我国正处于社会转型时期，各方面发展变化比较迅速；再加上改革开放之初立法经验不足、能力不够等。❷

通过上面的分析，我们认为如果"宜粗"代表更为标准化的法律命令，而"宜细"则意味着更为规则化的法律命令；那么在有重大差异或变化很快的领域选择"宜粗"就不应该仅仅是一项权宜之计，而是科学的有效率的立法原则，尤其在我们这样一个社会快速发展变化的转型时代。在这样的领域耗费巨大的立法成本制定具体细致的规则不但会导致大量的误差损失，而且规则很快就会落后于发展变化了的形势，从而产生新的立法压力。频繁的立法不仅带来更多的立法成本，也使得法律更加不确定，破坏了人们的合理预期及法律权威。当然此种立法原则应该严格限于更适合标准而非规则调整的领域，也就是具有严重异质性和变异性的领域。超出了这一限定，"宜粗"就不再是可欲的立法原则。尤其在涉及公民基本权利与自由的领域，由于这些权利和自由的内容都相当稳定，此时就应该用明确的规则来限定政府的权力，避免模糊标准下公权力的不恰当扩张。对于大多数人都有可能违反的禁令，采用明确具体的规则形式，可以降低法律服从和实施成本，减少因错误认知而发生的违法行为及责任承担，降低人们的法律风险及为规避风险而进行的自我过度限制，更好地实现法无禁止皆自由。同样对于大多数人都可能从事的行为，设定从业资格的法律也应该选择明确的规则，以降低人们的申请成本，及减少审核部门的寻租空间。相反，对于发生频率很小、具有高度异质性和变动性的领域，采用具有更大裁量空间的标准，不但能够节省立法成本，避免法律的不稳定性，且能够具体问题具体对待，获得治理上的巨大精确性收益。

然而需要特别强调的是，正如上文所分析的，更具标准特征的法律命令要想在执行中获得良好的效果，需要既负责任又有能力的执法及司法机构，尤其是后者。显然我国目前的执法与司法机构离这一条件还很远，行政权力没有得到有效制约、存在大量腐败；对司法权力

---

❶ 曲玉萍、刘明飞：《反思"宜粗不宜细"的立法观念》，载《长春师范学院学报》2006年第3期。

❷ 朱广新：《物权法立法思维之批判》，载《现代法学》2006年第4期。

的约束也同样有限，且法官群体素质不高、欠缺专业训练和制定公共政策的知识。❶ 正是这些原因导致了法律实施中的大量问题，这是转型社会在治理上遇到的普遍难题，为此有学者主张发展中国家在推进法治的过程中应更多地选择规则而非标准。❷

标准的适用通常需要掌握更多的信息，如果信息费用很高，或者司法机构欠缺信息能力，那就很难通过标准进行治理，法律就必须更多地采用规则形式。❸ 人类社会早期，人们的认知水平很低，对外部世界的规律缺乏了解，发现、核实、保存、交流相关信息的技术十分欠缺，甚至没有能力负担必要规模的专职司法机构，因此信息费用十分高昂。❹ 这就意味着在早期社会，人们只能更多地依赖规则而非标准来进行社会治理，而且规则都十分具体、简单甚至是机械性的，仅需考量很少的事实即可得出很少存在争议的决定。法律史的研究也印证了这一点，已发现的早期社会的法令主要都是由具体的特殊规则构成的。"一般性原则乃至一般性规则都属于发达的法律。法律的初始阶段只有具体或特殊的规则。"❺ 早期社会的法律，不仅仅是规范初级行为的实体规范，还是具体、确定具有高度形式化、机械性特征的特殊规范，其规范裁判行为的程序法令也是高度形式化和机械性的，❻ 如从鳄鱼潭中走过，未被吃掉者就是清白的，否则就有罪；或者以证人的数量来判断证据的证明力等机械性的审判规则。形式化与机械性提高了法律命令及纠纷解决的确定性，最大限度地减少了争议，大大节省了法律服从和实施的信息费用，这是人类在欠缺信息能力的情况下，对早期社会高昂信息费用的唯一可能的回应。尽管其必然会伴随精确性上的损失，但在同质性很高且发展缓慢的不发达的早期社会，降低私人决策及法律实施中的信息费用显然要远比追求治理的精确性

---

❶ 有关我国法官素质、知识及法学教育的一个良好分析可参见苏力：《道路通向城市——转型中国的法治》，法律出版社 2004 年版，第三、六章。

❷ [德] 沙弗尔：《"规则"与"标准"在发展中国家的运用》，李成钢译，载《法学评论》2001 年第 2 期。

❸ [美] 波斯纳：《法理学问题》，苏力译，中国政法大学出版社 2002 年版，第 57－58 页。

❹ [美] 波斯纳：《正义与司法的经济学》，苏力译，中国政法大学出版社 2002 年版，第 207 页。

❺ [美] 庞德：《法理学》，邓正来译，中国政法大学出版社 2004 年版，第 384 页。

❻ [美] 庞德：《法理学》，邓正来译，中国政法大学出版社 2004 年版，第 390 页。

法律制度的信息费用问题

紧迫得多。随着社会的不断发展,人类的认知水平有了提高,信息技术有所发展,也有足够的剩余供养适当规模的专职司法人员,在诸多领域信息费用逐步降低,此时机械性、形式化的误差损失才变得重要起来。人们开始越来越多地引入更注重实质、更为抽象的衡平法和自然法来弥补原有的高度形式化的规则的缺陷。❶ 更具一般性的规则及抽象的标准是随着司法机构处理信息能力的提高而逐步引入的,这是法律制度对变化了的信息环境的回应。

与标准相比,规则的另一优势是降低对权力的监控成本,防止权力专断,而且形式化和机械性越高的规则越有助于此,如鳄鱼应该不会贪赃枉法,以证人多少决定胜败也避免了裁判官的恣意,一条胳膊的赔偿金也是明定而没有商量的。因此更多地依赖规则而不是标准也反映了在防止权力专断上的努力,反过来这也是在权力未得到有效约束时的必然选择。即使随着审判方式由机械的神裁向理性的人裁转变,证据标准的机械性不断减弱,容许更多理性裁量时,对实体规范的形式化依赖也仍然存在,甚至变得更为严重。这一倾向在我国的法律制度中也表现得十分明显。尽管我国幅员辽阔,地区差异大,但各代刑律却无一不是尽可能地确定罪行与刑罚间一一对应的数量关系,几乎排除了量刑的余地。❷ 然而以明确细致的规则来防止权力专断的做法尽管有效,却也是十分有限的。即使机械的神裁规则也依然存在贪赃枉法的可能,如在施行鳄鱼审的地方,人们就发现了通过贿赂看守鳄鱼潭的僧侣事先喂饱鳄鱼,而逃脱惩罚的事例。❸ 对于大量规范初级行为的实体规则而言更是如此,即使规则事先设定了具体的事实及法律后果,然而这些事实的调查与核实过程依然为权力专断提供了空间,这才是法治不发达的社会最为关键的问题,而非法律规则自身的漏洞与不健全。如前面分析的,规则也不可避免地存在漏洞、冲突、例外、僵化等问题,这自然就意味着法律实施者的裁量处理,显然没有理由相信裁量者会主动保持客观公正。为了克服这些问题,减少僵化性损失及枉法裁判的空间,就势必需要制定更为具体细致、更加复杂的实体规则,这就导致了实体法的细则化倾向。我国古代在已经十分机械

---

❶ [美]庞德:《法理学》,邓正来译,中国政法大学出版社2004年版,第414页。
❷ 季卫东:《法治秩序的建构》,中国政法大学出版社2000年版,第59页。
❸ 吴丹红:《法律的侧面》,对外经济贸易大学出版社2009年版,第4页。

化的法典之外，还存在大量的附例，清代附例多达两千条，而且每隔三五年就要"修例"；然而"有定者律例，无穷者情伪"，无法从根本上消除僵化性问题。❶ 且更不能解决徇私枉法的关键问题，也就是故意地曲解法律和歪曲事实。为了减少徇私枉法，要制定更多更为机械性的规则，而这往往又导致了法外酌情的压力，随之而来的是更多的因事成例，不断的恶性循环，却无助于消除权力专断。这也是尽管我国古代实体法律十分细则化，我们却仍然会认为政府与官吏拥有巨大裁量权为传统制度显著特征的原因所在。这一问题在我国当下的法治建设中，依然十分严重。尽管在"宜粗不宜细"的原则下，许多法律制定得较为笼统、原则，但行政分支、地方人大及司法部门却制定了大量的实施细则，然而并没有因此有效地减少权力专断与司法腐败，把对权力的约束仅仅寄托在制定更为细则化的法律上是极其危险的。正如波斯纳所言，"大量的精确性规则再加上法官畏惧有权势的诉讼者，这种现象在那些努力争取现代化的社会中很是普遍。过分依赖规则适用实际上也许反映的是一种最后的努力，即想以此来阻挡个人化正义的浪潮，而从规则向标准的转移也许反映了社会对法官有能力超越个人正义的确信在不断增长"。❷

在这种情况下，我国古代为了限制官员滥用权力，又设置了层层监督与复核机制，允许当事人不断地向更高级别的官员寻求救济。君主为了防止官员威胁自己的统治及徇私枉法过分压榨百姓，设置了极为发达的权力监督机制。"分相权、分朝官之权、分外官之权，除分兵、民、财、法诸权外，在明代司法之权也由刑部、都察院、大理寺等'三法司'分掌，兵权则由兵部、五军都督府及非常设总兵分掌。甚至出现监察之监察、特务之特务：先设锦衣卫以监视百官，又设东厂以监视锦衣卫，再设西厂，最后又设内行厂并锦衣卫及东西厂皆归其监视之"，❸ 对于地方官吏更是不断派出或明或暗的巡视员。尽管这种制度安排在消除对皇权威胁方面取得了很大的成功，却始终无法阻止官僚集团的整体腐败。究其根源在于，皇帝作为最终的监督者，信

---

❶ 季卫东：《法治秩序的建构》，中国政法大学出版社 2000 年版，第 60 页。
❷ [美] 波斯纳：《法理学问题》，苏力译，中国政法大学出版社 2002 年版，第 399 页。
❸ 秦晖：《传统十论——本土社会的制度、文化及其变革》，复旦大学出版社 2003 年版，第 192 页。

法律制度的信息费用问题

息能力十分有限,所有的监督信息都来自于官僚集团,皇帝显然没有能力对其进行有效的筛选和鉴别。为了弥补抓获上的不足,许多皇帝都用极其残酷的方式来惩处贪官污吏,如明太祖朱元璋就曾对犯官"剥皮实草",但却还是哀叹贪官越杀越多,明朝的贪腐之风甚至较前朝更烈。❶ 可见对于官吏而言,尽管刑罚严酷,但考虑到很小的抓获概率,贪腐的预期刑罚远小于收益。而现代民主制度成功的一个重要原因就在于将政务官的监督任务更多地交给选民与公共舆论,他们不但要承担法律责任还要承担政治责任。只要丧失了民众的信任,即使没有违法的证据,也不可能再连任甚至必须辞职,以此来降低监控成本,提高监控力度。

在缺乏正当程序的情况下,为了降低监控成本,还会倾向于结果责任,只要判决出现问题就要追究责任,而不会豁免由于能力不足或证据欠缺等非故意、非渎职的错误,因为将其区分开来的信息成本十分高昂。❷ 所有这些叠屋架床、依靠更为复杂具体的细则化实体规则来防止权力专断的做法,最终很可能会导致法律繁炽,为善者动辄得咎、处处掣肘,而作恶者却难以受到有效约束的后果。需要特别说明的是,这样一些问题在我们目前的法治建设中仍然以不同的形式存在着。如我们熟悉的法官"错案追究制度"就带有严重的结果责任的色彩。法官为了规避责任风险自然会倾向于更多地将案件提交审委会决定,更多地向上级法院请示等,这既加重了司法成本,又损害了审判的独立性与当事人的上诉权。而正在推进实施的"纪委巡视员常驻制度",则必须考虑如何防止巡视员成为凌驾于原有官员之上的"幕后官员",及巡视员与驻所官员的勾结,反而削弱纪委监控能力的问题。

任何一个法律体系都是由规则与标准共同构成的。好的法律秩序不能仅仅通过简单的规则多一点还是标准多一点获得。规则与标准都有自己的优势和不足,既可能良性互补,也可能恶性互动。除了根据不同适用领域和对象选择不同功能的法律命令形式外,我们还需要一个实现两者良性互补的制度安排。到目前为止,人们所找到的最为成功的制度就是正当程序。简单地说,现代正当程序的基本要素可以简单概括为:任何人不能成为自己的裁判;允许当事人自我辩护;裁决

---

❶ 参见梁治平:《法辨》,中国政法大学出版社 2002 年版,第 117 页。
❷ 苏力:《法律与文学》,三联书店 2006 年版,第 213 页。

必须说明理由；决定必须依据法定的方式、步骤、时间进行，要具有透明性等几个方面。❶ 程序性规则对决定的形成过程做了十分形式化和刚性的规定，以减少规避的可能，但却允许人们在透明程序下对实体性问题进行探讨和辩论。进入程序之始，有关实体问题的结果是不确定的，但经由程序得出的结果却具有拘束力。❷ 由于对程序的违反很容易发现和核实，人们可以把对官员的监控由难以发现和评价的实体问题转移到程序问题上，从而大大降低了监控所需的信息费用，这就避免了对结果责任的依赖。而法官也只要不违背程序就通常可以将自己从结果责任中解脱出来。这样一来，既为实质性问题的探讨和裁量提供了空间，又通过高度形式化和透明的程序为权力行使提供了强有力的约束，促成了既负责任又有能力的裁判者。如此正当程序就为规则与标准的良性互动提供了制度性前提，可以有效地消除规则的僵化与裁量的不负责任，实现优势互补，获得更高水平的治理收益。我们可以通过一个简单的模型（图2❸）来描述规则与标准的恶性互动、一般互动及更高水平的优势互补。

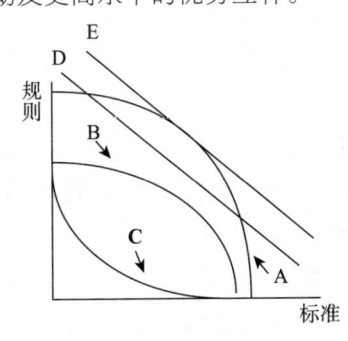

A曲线代表正当程序产生高度负责任的统治者的情况下的标准与规则组合，D曲线代表统治者一般负责任情况下的规则与标准组合，C曲线代表统治者严重不负责任时的规则与标准组合。平行线D和E代表等控制收益水平曲线，E要高于D。

图2

高度形式化的程序容许实体法律的自由裁量，而自由裁量的实体法律又必须服从高度形式化的程序规则，如此规则与标准的关系得以有效协调，实质正义与形式正义得以平衡。在正当程序的前提下，我们能够更好地发挥规则与标准的互补优势，在更高的层次上实现法律控制的误差损失与信息费用之和的最小化，获得有效率的法律形式。

---

❶ 参见季卫东：《法治秩序的建构》，中国政法大学出版社2000年版，第11－13页。
❷ 季卫东：《法治秩序的建构》，中国政法大学出版社2000年版，第18页。
❸ 该模型参考了周天玮对法治与人治下规则与自由裁量权互动均衡的建模，周天玮：《法治理想国——苏格拉底与孟子的虚拟对话》，商务印书馆2000年版，第201－202页。

第二章　司法证明的信息费用问题

　　法律被创制出来以后只有能够被准确实施时，才能达成其更好地进行社会控制的目的，这就涉及司法的准确性问题。更为准确的说，法律的准确实施涉及守法、执法、司法的整个过程，但后者显然居于支配地位，其对前者起着重要的规制作用，如司法准确性上的提高必然为改善执法质量提供激励，因此我们围绕司法的准确性展开讨论。法律精确性的追求最终有赖准确的司法予以实现，然而纸面上法律的精确性并不必然带来司法上的准确性，精确性不足但高确定性的法律可能更容易被准确地实施。如前面分析的，"标准"形式的法律命令，通过允许法官自由裁量，追求具体问题具体对待的更高个案精确性，但却容易因法官能力欠缺或不负责任，而作出错误的裁决。相反，对于"不满14周岁，不负刑事责任"的规定，法官却很容易做到准确实施，尽管从法律控制的精确性上考虑，我们很难说13.9周岁跟14周岁相比在认知能力上有多大差别，更不能说后者一定高于前者。正因为如此，在很多情况下，考虑到实施中的问题，具有僵化性的规则可能最终反而比标准更易获得治理上的精确性，尤其在法官能力不足或者权力没有受到有效约束时。对于法律的准确实施而言，第一步是要确定案件事实，也就是到底发生了什么。而且许多看似是法律的问题，最终都能够通过转化为事实问题予以解决，如过失是一个法律概念，是否构成过失好像是一个典型的法律评价问题；但在波斯纳看来，依据汉德公式 $B < PL$，考虑事故的预防费用是否超过了其能够避免的预期事故损失来决定是否构成过失时，这实际上就是一个纯粹的事实问题。❶下面的讨论将集中关注法律实施中的事实问题，也就是如何更可靠地重新再现过去的司法证明问题，这显然要取决于人们的认知

---

❶　[美]波斯纳：《证据法的经济分析》，徐昕译，中国法制出版社2004年版，第106页。

水平、信息技术及能够用于案件再现的资源。

一、准确性的成本与收益

尽管我们承认准确地发现和确认事实，从来都不是司法的唯一目标，但这却是决定法律社会控制功能实现程度的不可或缺的关键变量。作为社会控制方式的法律要努力阻止不可欲的反社会行为，保护和激励可欲的行为，而这就要求准确地赏善罚恶，对于法律而言尤其是后者更为重要。依据理性选择理论，对于行为人而言，其是否从事某一行为取决于该行为的预期收益与预期成本，只有当预期成本超过预期收益时，才能阻止人们从事不可欲的行为。一项违法行为的预期成本由该选择面临的预期惩罚（既包括民事的也包括刑事的）及因此而放弃的最好的合法行为的收益组成。这就是我们通常所说的，社会治理不仅需要法律惩罚，还需要发展经济改善就业环境的道理所在，即提高从事违法行为的机会成本。而准确的发现、捕获与判决则是维持足够的预期惩罚水平，保持法律威慑力的关键变量。而误判不论是错误的开释还是错误的惩罚无辜者，都会导致预期惩罚成本降低，削弱法律的威慑力，在其他条件不变的情况下，导致不法行为增多。[1] 错误开释率越高，意味着犯罪被惩罚的概率越小，则预期惩罚成本越小，法律威慑力降低。而无辜者存在被错误定罪的可能也同样会降低犯罪的预期刑罚成本。对于这一问题，波斯纳有一个清晰有力的公式：假设真正有罪的人受到惩罚的概率为 P_g，无辜者被错误惩罚的概率为 P_i，法定刑为 S，那么犯罪的预期惩罚成本 $EC = P_g S - P_i S = (P_g - P_i) S$；如果惩罚是随机的，$P_g = P_i$，则犯罪的预期惩罚成本就等于零，法律就不再具有威慑力了；准确性对于法律威慑力的影响并非仅限于刑法，而是"适用于那些将威慑不法行为作为一项重要目标的所有法律领域"[2]。通过 $EC = P_g S - P_i S = (P_g - P_i) S$ 这一公式，我们能够看出 S 不变的情况下，$P_g - P_i$ 的值越大，也就是有罪者被定罪的概率越大，则无辜者被定罪的概率越小，司法的准确性越高，威慑力越大，因此我们可以用 P_g 与 P_i 的差值来表征和测度司法的准确性。准确性

---

[1] Louis Kaplow, "The Value of Accuracy in Adjudication: An Economic Analysis," 23 *Journal of Legal Studies* 310 (1994).

[2] [美] 波斯纳：《证据法的经济分析》，徐昕译，中国法制出版社2004年版，第39页。

不足所带来的损失,在不同的领域会有所不同;而且准确性的损失不仅仅是法律威慑力的降低,还包括没有行为改进效益甚至是负效益的惩罚成本,最明显的如对无辜者的监禁甚至是剥夺生命等纯粹的开支和损失。❶ 这就是我们向往的"不枉不纵""不放过一个坏人,也不冤枉一个好人"背后的经济学逻辑。

就具体案件而言,错误开释仅仅是放过一个坏人,其可能继续从事反社会行为,但这还有可能通过未终结的司法行为予以弥补;而错误惩罚则不仅仅放过了坏人,还无效率地惩罚了好人,因此后者的损失显然要大于前者。这可能是人们从直觉上更为厌恶错误惩罚的原因所在。错误开释仅仅是导致威慑力下降,不法行为增多,而错误惩罚则不但意味着威慑力下降,还会伴随着没有任何收益的惩罚成本,尤其在刑罚领域,惩罚往往意味着绝对的纯粹的社会财富损失。因此错误惩罚的损失有可能超过了错误开释,而这又可能是人们更加恐惧惩罚无辜,主张"与其杀无辜,宁失不经"(《周礼·秋官》)或"疑罪从无"的原因所在,当然这仅仅是可能而已。不增加司法投入的情况下,在降低错误惩罚概率的同时往往会增加错误开释的数量,❷ 因此我们很难说最终哪一类错误的成本更大,到目前为止,人们还没有办法获得可靠数据来准确比较误放和误罚的复杂社会成本,但倾向性的比较与推测还是可能的。❸ 布莱克斯通曾主张宁可错放十个有罪的人,也不冤枉一个清白的人,但如果不冤枉一个清白的人需要错放十一个有罪的人呢,人们需要在这两种错误的成本之间进行平衡。❹ 有效率的结果是两种错误的成本之和最小化。

任何一个社会要想维系必要的秩序,确保成员的生存与发展,都必须保证对反社会行为的必要威慑力,而这就需要在发现、捕获、惩

---

❶ 有关准确性不足在民事及刑事领域带来的损失问题可参见〔美〕波斯纳:《法律的经济分析》,蒋兆康、林毅夫译,中国大百科全书出版社1997年版,第719–722页。

❷ 美国司法环境下的一个无辜者被定罪概率与真正有罪者被定罪概率的函数关系可参见 Posner, "An Economic Approach to Legal Procedure and Judicial Administration," 2 *Journal of Legal Studies* 411 (1973)。

❸ Posner, "An Economic Approach to Legal Procedure and Judicial Administration," 2 *Journal of Legal Studies* 413 (1973)。

❹ 〔美〕大卫·D. 弗里德曼:《经济学语境下的法律规则》,杨欣欣译,法律出版社2005年版,第2页。

罚此类行为方面拥有一个最低的准确度。由于过去不可能完全再现，人们只能通过对相关信息材料的搜集、甄别、评价来有限度地还原过去到底发生了什么，这自然需要支付高昂的信息费用。如此一来，对还原过去的准确性的追求就不能脱离信息费用的约束。从效率的角度出发，最佳的准确度应该是追求准确性的信息费用同剩余误差损失之和的最小化，也就是准确性提高带来的边际收益等于因此而增加的边际成本之时。❶ 当然，有人会指出影响司法准确性的因素除了信息能力外，还有裁判者是否负责任的问题，如果裁判者滥用权力、徇私枉法，即使不存在信息障碍也会产生严重错误的判决。然而，对裁判者的监控与制约，本质上也是一个信息费用的问题，所以司法的准确性问题最后还是可以简约为信息费用同误差损失之间的关系，我们可以用下面的简单模型（图3）来给予大致的描述。

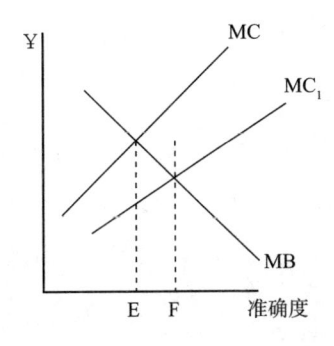

图3中横轴表示准确度，MC代表提高准确性的边际信息费用，MB代表因准确性提高而获得的边际收益，那么两者交点所对应的E点就是该条件下的最佳准确度。当社会发展，信息能力提高，边际成本曲线移至MC_1时，相应的最佳准确度也应该提高到F点。

图3

司法过程的信息费用与准确性从根本上说与特定社会的认知水平、信息技术（主要有搜集、勘验、核实、保存、传递等）、司法机构与成员的能力及负责任性等密切相关，而具体到制度层面，则与证明的方式、证明标准及获得与核实证据的程序相关。当然反过来，这些制度也是在特定信息费用环境下追求适当准确性的方式，而且会随着社会发展、信息技术的提高而不断调整，以获得不同的准确度。下面，我们即以此为基本分析框架，分别看一下信息费用同证明方式、证明标准及证明程序的关系。

---

❶ Posner, "An Economic Approach to Legal Procedure and Judicial Administration," 2 *Journal of Legal Studies* 400 (1973).

二、证明方式

人类社会早期，认知水平有限，对自然及社会现象间的因果关系存在很多错误的理解，科学技术落后，再加上没有足够的社会剩余供养必要的专职司法机构及人员，因此信息费用极为高昂。波斯纳分析总结了初民社会的法律制度（当然此时的法律尚未同道德、宗教相分离）应对高昂信息费用的一些方式，包括法律的私人实施，主要以复仇的方式，后来随着社会剩余的增多逐步容许赔偿机制，原因很大程度上在于没有能力供养专职的司法机构；集体责任或者说是特殊的连带责任，受害人的亲属有责任为其复仇，而且复仇的对象不仅限于伤害者本人，而是伤害者亲属群体中的所有人，这有助于提高报复的可信性及避免了寻找伤害者的成本，也为亲属群体监控内部成员提供了激励；高度形式化和机械性的法定赔偿额度，避免了衡量损失的信息费用；普遍的严格责任制度，回避了过失认定上的难题，节省了信息费用；不承认隐私权等。[1] 尽管随着社会的不断发展，法律制度也经历了重大变迁，但这些制度却以不同的形式长期存在于各个法律体系中，甚至在现代法律制度中仍然能够找到它们的大量变种。

然而，血亲复仇的代价极为高昂，古代社会又曾长期依赖"神证"法来裁决案件实施惩罚。在人们自身难以发现真相，又存在普遍神灵信仰的情况下，求助于神明告知就成为再自然不过的选择；反过来，神明信仰本身也是当时人类回应高昂信息费用，寻求社会治理的一种结果。人们还会通过不同的方式来加强神的权威性和可靠性，如有关地狱天堂及轮回或子孙报应的观念。即使在现世侥幸逃脱了惩罚，但由于神会将债务延续到死亡之后，甚至是来生或子孙后代，因此也不能怀疑神罚的可靠性。即使在法律同宗教分离之后，神明也是一种重要的法律或规范实施方式。在科技发达的现代社会，也依然没有完全消亡，由于信息费用的障碍，人的监控总是有限度的，人们仍然不得不求助于无所不能的神明的帮助。即使没有宗教信仰的地方，我们也会经常看到人们诉诸超自然的救济方式，笔者家乡的人们在难以证

---

[1] ［美］波斯纳：《正义与司法的经济学》，苏力译，中国政法大学出版社 2002 年版，第 198–210 页。

明自己无辜或对方有不正义行为时，经常说的就是"老天爷在看着呢"，意味着虽然由于缺少证据无法实施现实的救济，但上天总会给予关照的。神的监控是无处不在且不需要任何费用的，因此在人的监控不足时，神明就是一种有效率的甚至是唯一的选择。

具体地说来，神证法主要有两种形式，即"神誓法"与"神判法"。❶ 尽管不同的地方会有所不同，但"神誓法"的基本方式是，在事实不清时，由控辩双方依据法定的形式和内容在神灵面前起誓，以证明自己所陈述的是事实。在起誓过程中，出现了错误或口吃等现象的一方会被判败诉，神以此种方式告知人们真相。在有些案件中，还需要"助誓人"发誓证明当事人的证言是真实的，有时可能会由"助誓人"的数量来定胜负。"助誓人"一般是当事人的亲属或友人，只是根据当事人的品行来决定是否发誓，没有必要知晓案情。在现代人看来，"神誓法"是极为荒唐的，且容易错误地放走真正的枉行者。然而在人们普遍敬畏神明的环境中，却具有信息甄别的功能。"当不拥有信息的参与人选择的行动使得拥有信息的参与人以暴露该信息的方式行动时，信息甄别就发生了。"❷ 如果人们真的相信神的裁判和惩罚，真正的枉行者在起誓时就会因心理压力而容易出错，从而被甄别出来。❸ 由于古代社会没有隐私权，人们处于关系紧密群体中彼此熟悉，"助誓人"的引入能够更好地利用邻里关系来增加信息的供给。反过来，"助誓法"的产生与功能也依赖于此种关系紧密群体的特定信息环境。这一点能够为其存在与消亡的历史所印证，西方证据学家已指出，在中世纪欧洲许多商业发达的城市或地区，"神誓法"与"助誓法"就不怎么起作用。❹ 同样由于害怕神的惩罚，人们可能一般不会去违心地充当"助誓人"。尽管有人会批评平时"品行"好未必就不会做下"枉行"，但也必须承认，抽象层面上讲，"品行"的好坏同从事"枉行"的可能性是存在密切的负相关的，"品行"越好的人

---

❶ 本书有关"神证"的资料主要来自何家弘：《司法证明方式和证据规则的历史沿革——对西方证据法的再认识》，载《外国法译评》1999 年第 4 期。

❷ [美]道格拉斯·G. 拜尔、罗伯特·H. 格特纳、兰德尔·C. 皮克：《法律的博弈分析》，严旭阳译，法律出版社 2004 年版，第 131 页。

❸ Robert Bartlett, *Trial by Fire and Water*: *The Medieval Judicial Ordeal*, Oxford University Press, 1986, p. 160.

❹ William Andrew Noye, *Evidence*: *Its History and Policies*, 1991, p. 10.

从事"枉行"的可能性更小。现代社会人们也通常会根据"品行"来帮助圈定或排除嫌疑人，尽管不总是可靠，但通常却是有效的捷径。即使从自利的角度看，已积累起更多的声誉资产的人从事"枉行"的机会成本会相对较大，因而可能更少从事"枉行"；当然也会存在相反的情况，他可能以为凭借自己的好名声更容易逃脱制裁。在无法获得更多信息的情况下，"品行"得到更可靠证明的人胜诉就是一种错判概率较小的选择。"在其他因素无法比较的条件下，疑案的判决应当有利于'抽象错判概率'较小的一方当事人以最小化未来同类案件的错判损失。"❶ 且此种制度下，人们为了一旦遇到麻烦时能够找到更多的"助誓人"，很可能会在平时多做好事积累好的"品行"，而这无论如何都是有助于社会福利的。且还必须让邻居了解自己的"品行"，因此要更多地暴露而不是隐藏私人信息，而这又降低了相互监控的成本，增加了信息供给。

如果说"神誓法"对被指控的人有利、容易错误开释，我们认为只有人们对神灵的信仰和恐惧减弱，或认识到神灵一般不介入誓言真伪的判断时，才会出现这种情况。当然一个因"神誓法"而逃脱了惩罚的人，可能（也仅仅是可能）会不再相信它的效力，而更多地从事枉行。与此相反，"神判法"则往往对被指控者不利，或者是对纠纷双方的一种随机或必然的惩罚，更有可能错误地惩罚无辜。同样，"神判"的方式也多种多样，但仍然具有本质的相似性，如把人投入水中看是否下沉或上浮，让人接受热铁、开水、沸油的灼烫，让人走过鳄鱼潭看是否被吃掉，在神灵的注视下决斗等。这几种方式的结果通常会对被指控者不利，且即使通过了考验也往往要付出很大的代价。当然，也因此而被认为容易错误地惩罚无辜。但由于被要求接受"神判"的人有时是经过一定选择的，如通常是"那些名声不好的被告人，那些被指控犯有投毒、杀人等恶劣罪行的被告人，那些难以让人信赖或者无法找到'助誓人'的当事人"。❷ 在英格兰的一段时期规定，只有经村子中"12名地方骑士或'自由合法之男性'被授命提出谋杀、盗窃或纵火的指控"才不得不进行"水的裁判"。❸ 这样的筛选

---

❶ 桑本谦：《疑案判决的经济学原则分析》，载《中国社会科学》2008年第4期。
❷ 何家弘：《新编证据法》，法律出版社2000年版，第48—49页。
❸ [美]博西格诺：《法律之门》，邓子滨译，华夏出版社2002年版，第497页。

程序，有助于降低惩罚无辜的概率，再加上当时人们生活在密集社区，没有隐私、彼此熟悉，更有助于降低错误的指控，除非是故意的陷害，或人们对因果关系存在错误的认识，如我们熟悉的对所谓的女巫的恐惧。但就后者而言，某种意义上更像是法律本身对因果关系的错误承认，而不是司法的准确性问题。同时，由于神裁的结果往往不利，或者说即使通过了神裁也往往要付出沉重的代价；由于当时人们对神的真实信仰，我们以为更重要的是后者；还会迫使人们一开始就努力避免陷入麻烦或远远避开可能会引起指控的领域和行为，用我国古人的话说，就是要避免"瓜田李下"之嫌。如此一来，更进一步降低了错误惩罚的概率及案件纠纷的总量，尽管这也意味着由过度威慑而导致的一定损失。对于"决斗"的方式，人们还通常会认为其更有利于强者，不仅会导致不公，还会产生错误的激励，人们更多地把时间和精力投入到决斗技术的提高，而不是物质财富的生产上。但当时的人们通过一些规则来努力消除双方的实力差距，以防止此种机会主义行为。如给予受挑战者选择武器的权利，双方距离很远且用精度不高的手枪，或者精确度高但距离很近等。❶ 由此使得伤害成为一种纯粹的运气或必然的结果，这有助于限制挑战者的机会主义行为；❷ 而潜在的被挑战者则应该事先努力绕开麻烦，对挑战者的激励则是通过维持良好声誉以避免因"懦弱"形象而在未来受到侵害的动机来提供的。现代的法律制度在相当程度上仍然保存了这一功能，只不过是通过法庭上的"文斗"，而不是以前的"武斗"，这一点我们在下面的章节还会有进一步的讨论。

"神证"法的另一特征就是结果的高度确定性，一旦形成结果，人们就必须接受，这是神的意志，纠纷就到此为止。这一点对于在生产力十分落后，物质财富匮乏的古代社会，快速低成本地解决纠纷极为重要，在这样的社会，和平与稳定可能比正义更为重要。"神证"的另一个功能可能是约束裁判官的行为，排除自由自量空间，这也意味着一种负担与责任的降低。当然此种约束也是有限度的，如我们上

---

❶ Warren F. Schwartz, et al., "The Duel: Can These Gentlement Be Acting Efficiently?", 13 *Journal of Legal Studies* 321 (1984).

❷ [美] 埃里克·A. 波斯纳:《法律与社会规范》，沈明译，中国政法大学出版社 2004 年版，第 243 页。

法律制度的信息费用问题

面提到的"鳄鱼审"中，就有通过贿赂看守，事先喂饱鳄鱼，从而逃脱惩罚的例子。欧洲在"神明"裁判的后期，为了应对"神判"带来的大量无罪判决，进一步规定一些面临严重指控的嫌疑人即使通过了"神判"考验也必须离开领地。❶"神证"法只是在特定历史条件下，对特定信息环境的一种特定的不完美的回应，事实上也不可能存在完美的回应。它在特定的信息环境下，以能够负担得起的成本，获得了适度的准确性。随着认知能力、信息技术、生产力水平的提高，此种证明方式的错误及损失越来越严重，其不可避免的要被其他的证明方式所替代，当然这是一个十分漫长的过程，期间不可避免的会有多种证明方式的长期并存混合使用。

随着社会的变化，人们不再信赖"神证"的效力，发现事实、裁决案件的权力逐步由神收归到人的手里。当然这也是一个争权夺利的过程，而非纯粹地寻求有效率的证明方式，实力界定权力。简单地说，以"人证"为主的证明方式大致可以分为"以陪审团为主的审判方式"及"以专职司法官员为主的审判方式"，从证据上看，经历了以"口供"为主到以"物证"为主的变化，❷ 从证据判断上看则经历了由"法定证据"到"自由心证"再到"公开心证"的变迁。❸

在英国，"神明裁判"的消亡是同"陪审团审判"的兴起密切相关的，当然这是一个漫长的过程，两者曾长期共存和竞争。最初的陪审团同现代的陪审团有着重大差别，一开始是作为"知情陪审团"而出现的。❹ 陪审团成员主要是最有可能知晓案情的邻居，从现代角度看更像证人。他们在法官的指导下宣誓和说出所了解的案件事实，并作出决定。发誓对案件一无所知的人，会被其他愿意提供情况的人替代。而且他们所讲的及据以作出判决的事实并不要求是必须亲身经历的，道听途说也可以作为证据，他们还可以主动调查取证。由此我们能够看出，此种审判方式留存着很深的"助誓法"的印记，其主要依

---

❶ William Andrew Noye, *Evidence: Its History and Policies*, 1991, p. 11.

❷ 何家弘：《司法证明方式和证据规则的历史沿革——对西方证据法的再认识》，载《外国法译评》1999年第4期。

❸ 相关研究参见程春华、黄斌：《从法定证据到公开心证——民事诉讼中发现真相与抑制主观随意性之间的历史抉择》，载张卫平主编：《司法改革论评》（第3辑），中国法制出版社2002年版。

❹ 何家弘：《新编证据法》，法律出版社2000年版，第60页。

靠不存在隐私空间的人们之间的相互了解来获得判决所需要的信息，自然就是知情人的陈述也就是"口供"。这样一来，此种方式就只能适用于关系紧密，人们能够充分相互了解的狭小群体。因此它尽管在城市很早就消亡了，但在英国的一些小村镇，却一直保留到19世纪后期。❶ 对于缺乏证据保存与鉴定技术，而邻居又几乎知道你的全部事情的古代社会来说，依靠邻人的证言来裁判案件是一种非常理性的选择，因此其以不同的形式广泛存在于古代社会，而不只是个别地方的特例。我国《礼记·王制》就曾记载："疑狱泛与众共之，众疑赦之，必察大小之比以成之。"

与英国不同，伴随"神明"裁判的消亡，欧陆国家发展起来的是以职业司法官为主的纠问式审判模式。❷ 一个原因可能是英国采取的是巡回法官制度，而欧陆国家相对而言存在更庞大的职业官吏集团。❸ 此种模式下，先由预审官员进行调查，相当重要的部分就是通过刑讯获得口供，当然法律对刑讯的方式和程度是有限制的，尽管经常会被违反。信息技术落后、缺乏获得物证手段的情况下，逼取口供就成为获得事实真相的主要方式，中外皆然。预审结束后，由法官依据预审获得的证据，主要是被告的口供和其他证人的证言，作出裁决。人们很容易就会意识到，此种方式容易导致司法官员滥用权力、法外刑讯逼供，从而带来大量的错判。为了抑制司法官的主观任性，人们发展出了高度机械性的"法定证据制度"，如："有了完整的证明就必须作出判决；没有完整的证明就不能作出判决；最好的完整证明是两个可靠的证人，其证言内容的统一是认定被告人有罪或无罪的结论性证明；无论多么可靠，一个证人证言只能构成半个的证明，而且其本身永远不足以作为裁判的依据；如果除了证人证言之外还有另外半个证明，那就足以作为判决的依据，其他可以构成半个证明的证据包括通过刑讯获得的供述、商人账册中的记录、专门为一方当事人的诚实性或其主张之事实所做的誓言、能够证实前半个证明的传闻证据或名声证据；任何两个半个证明加在一起都可以构成完整的证明；其他证据可以构成四分之一或者八分之一的证明；两个或四个相应的证据相加可以等

---

❶ 何家弘：《新编证据法》，法律出版社2000年版，第61页。
❷ 何家弘：《新编证据法》，法律出版社2000年版，第71页。
❸ [美]理查德·派普斯：《财产论》，蒋琳琦译，经济科学出版社2003年版，第170页。

于半个证明。"❶

从中我们能够看出既有与"助誓法""知情陪审团"相通的重视邻人证言的因素，又有与"神判"法的机械性或确定性一致之处。法定证据规则既有减轻法官裁量负担，亦有抑制其恣意任性降低监控成本的功能，且预审官要成功指控就必须去获得法定形式的证据，这对其而言同样是一种约束。古代纠问制中，常被人诟病的一点就是在预审（主要是刑讯）阶段，并不告知嫌疑人被指控的罪行及证据，从而使得被控者无从辩解。然而从信息经济学的角度看，这一做法存在信息甄别的功能，在不知道自己被控何罪的情况下，若有限制的刑讯获得的口供同前期证据相吻合，则被告人为真正犯罪人的可能性就极高，甚至是确定无疑的；尽管有供述但却没有与指控吻合的供述，则应该的确不是所指控罪行的犯罪人。相反，事先告诉其被控罪行及部分证据，尽管可能利于提出有针对性的反证，但也有可能在刑讯之下被迫依据指控虚构自己实际没有犯下的罪行，从而最后被错误地定罪惩罚，我国近年来引起巨大震动的几大冤案如"杜培武案""佘祥林案""赵作海案"等都存在这种情况。

有学者说中国文化是一种"早熟"的文化，❷ 抛开其原本的含义，从我国与西方相比很早就放弃了"神证"而代之以"人证"这一点来看倒是十分贴切，当然主要是指中原文化圈。这可能同人们的认知状况、生产力水平及更具规模的政府组织有关，尤其是后者，我们很早就形成了相对古代西方更为发达的政府和官僚系统，为官员主导的裁判方式提供了前提。当然，相关超自然的惩罚，尤其是轮回报应观念，也仍然长期地发挥着重要的社会控制功能。但限于物证技术的不发达，必然也长期依赖口供及不可避免的刑讯。所谓"据供定罪"，这里既包括被告的口供亦包括证人证言，而且在大多数案件中都要求获得被告的供述，"断罪必取输服供词"，强调被告的心服口服。❸ 从另一个角度讲，重视案犯的最终供述，讲究"认罪服判"，这也是在不存在

---

❶ 何家弘：《新编证据法》，法律出版社 2000 年版，第 14 页。

❷ 有关论述可参见梁漱溟：《东西文化及其哲学》，商务印书馆 2003 年版，第 202 - 203 页。

❸ 参见祖伟：《中国古代"据供辞定罪"刑事证据首要规则及理据解析》，载《法制与社会发展》2008 年第 1 期。

正当程序及其他客观标准的情况下，检验案件处理是否正确的一种方式和努力，尽管可能会走向事物的反面。当然刑讯逼供的方式和程度也是法律所明确规定的，如《唐律·断狱律》第 8 条规定"诸应讯囚者，必先以情审查辞理，反复参验；犹未能决，事须讯问者，立案同判，然后拷讯"，第 9 条规定"诸拷囚不得过三度，数总不得过二百，杖罪以下不得过所犯之数。拷满不承，取保放之"。只是由于信息费用的障碍无法有效监控官吏行为，实践中存在着大量法外逼供。合法刑讯空间的存在为人们掩盖非法刑讯提供了便利，增加了监控难度。这可能就是现代社会中，尽管人们承认在一些案件（尤其是黑社会犯罪）中，适度地刑讯能够极大提高办案效率甚至可能是唯一破案方式，却仍然一概禁止的非意识形态理由所在。而"五声听狱"，实际上也就是察言观色，本质上是一种有一定心理学依据的原始的信息甄别技术，❶ 尽管准确性有限，且容易滥用。现代的测谎技术跟其有相通之处，尽管科技含量更高，但准确性也仍然有限。❷ 我国古代特别强调官员的道德和能力，包青天就是一个理想的化身，这应该是对信息技术不足的又一回应方式。❸ 当然，古今中外都流传着许多伟大人物利用高超的智慧来查明案件真相的故事。如《灰阑记》中两个妇人争夺幼儿，包拯命令用石灰撒一个圈，把孩子放在里面，两个妇人各执一臂，看谁能把孩子拉出来，谁就是孩子的生母，结果亲生母亲必然不忍心拽疼拽伤自己的孩子，由此区别开来。这个故事同《圣经》中记载的所罗门国王假装要将孩子一刀分成两半分给争夺的两个妇人，从而导致亲生母亲为挽救孩子性命而主动放弃，从而显现出来的故事极为一致。❹ 这里面反映的是富有智慧的裁判者，在特定条件下所采用的极其微妙的信息甄别技术。在缺乏出生记录、血型及 DNA 技术的情况下，人们只能寄希望于裁判者此种高超的甄别办法，以获得真实的信息。然而此种技术是高度个人化或情景化的，其成功取决于很多

---

❶ 参见苏力：《法律与文学》，三联书店 2006 年版，第 142 页。
❷ 吴丹红：《法律的侧面》，对外经济贸易大学出版社 2009 年版，第 73 - 75 页。
❸ 参见苏力：《法律与文学》，三联书店 2006 年版，第 213 页。
❹ 对这两个故事的分析可参见苏力：《法律与文学》，三联书店 2006 年版，第 199 - 200 页。

法律制度的信息费用问题

具体微妙的因素，难以传授和普及，更不可能制度化。❶ 而且其成功不仅有赖高超的智慧，也取决于裁判者近乎不受限制的权力，这种权力是十分危险甚至恐怖的，正如苏力所言：我们既不能保证只有"好人"才能获得这种权力，亦不能保证"好人"每一次都会正确地运用智慧。❷

为了抑制官员的恣意，降低监控成本，人们又不得不更多地诉诸严格（或结果）责任，只要最终发现"刑名违错"就予以惩戒，而无须区分故意、过失，抑或难以避免的错误，这就避免了区分的信息费用。且即使如此，仍然会因高昂的信息费用，只能获得很低的抓获率，如此为了保持威慑力，就必然要提高相应犯罪的法定刑，以使得预期犯罪成本足够大。❸ 同样也必然要允许人们不断地提起重新审查的请求，以开启更高级别的官员监督下级官员并纠正错误的程序，然而此种叠床架屋的制度设计永远也不可能克服谁来监督监督者的问题，因此其只能在有限的时间内取得一定限度的成功，不可避免地每隔二三百年就会因整个官僚集团的严重腐败而导致官逼民反天下大乱。可能正是由于存在这些能够在一定时期一定限度内监控官员的制度，及对人的品行和能力的过分重视和依赖——所谓"明君贤相"的政治理想和模式，使得我们没有西方那样高度机械性的"法定证据规则"。基于此，我们同意西方学者有关我国古代法律具有"反形式主义"特征的论断。❹

法定证据规则在一定意义上可以看做是对相关证据形式及证明力的特殊的不可辩驳的推定或者说拟制，以此来避免法官裁量的信息费用及可能的恣意。除了这些有关证据形式的法定规则外，还存在大量我们现在看来可能很荒谬的对两个事实间因果关系的法律推定或者说是假定，或者说即使没有直接的法律规定，人们在实际中也会广泛认同此类因果联系。如初民社会，有的部落中，只要适龄男子和女子单

---

❶ 吴元元：《神灵信仰、信息甄别与古代清官断案》，载《中国社会科学》2006年第6期。
❷ 参见苏力：《法律与文学》，三联书店2006年版，第207页。
❸ 参见苏力：《法律与文学》，三联书店2006年版，第215页。
❹ [德] 马克斯·韦伯：《儒教与道教》，王荣芬译，商务印书馆1995年版，第154 – 158页。

独在一起，不论时间多短，都会被认定发生了性关系。❶ 尽管这么做会不可避免地存在错判风险，但只要因此节约的信息费用超过了预期错判损失就是有效率的，❷ 更何况该假定还会促使人们尽可能地避免陷入此种境地，从而进一步减少了指控的总量及错判损失。这与不利后果的概率很高或者说即使胜诉也要付出沉重代价的某些"神明"裁判具有相同之处。或者说，"神明"裁判本身也是一种特殊的法律推定。与此同样道理和功能的是，我国古代社会长期存在的有关"男女授受不亲"之类的"瓜田不纳履，李下不整冠"的训诫；这都是古代社会对高昂信息费用的回应。此种迫使人们远离"河边"的制度，也必然会因过度威慑而导致一些损失，但这些损失同因此而避免的社会冲突及其解决费用相比可能是值得的。以我国传统社会为例，在普遍早婚、允许合法歌妓、一夫多妻、大家庭族居等环境下，没有夫妻身份的倾心男女自由相处所获得的愉悦收益（尤其存在替代选择的情况下），同可能引起的纷争、乱伦等严重后果相比可能是微不足道的。随着社会环境的变化，此类"一刀切"及过度威慑的损失会变得越来越严重，同时随着信息能力的提高人们也能够以更低的成本进行更准确的区分和控制，当成本收益对比发生逆转时，自然应该代之以更有效率的选择。事实上也是这样的，显然现代社会人们更重视或者说更有条件重视青年男女自由交往的价值，我们应该庆幸生活在这样一个时代。尽管如此，现代法律制度中仍然存在着大量不可辩驳的推定，更不用说可辩驳的推定，典型的例子即各国针对与不满法定年龄的幼女发生性关系者的法定强奸规定——无论行为人是否知道、是否能够知道及受害人是否自愿都推定为知道和具有强迫性而构成"强奸"。❸

　　随着认知水平的提高、信息技术的发展、专职司法机构的发达及更有效的约束权力滥用的制度的出现，人们逐步放弃机械的法定制度

---

❶ Max Cluckman, *The Ideas in Barotse Jurisprudence*, Manchester University Press. 1965, p. 223.

❷ 有关推定的经济分析可参见桑本谦：《推定与汉德过失公式》，载《广东社会科学》2003 年第 3 期。

❸ 详细分析参见苏力：《最高法院、公共政策和知识需求》，载苏力：《道路通向城市——转型中国的法治》，法律出版社 2004 年版。

规则，而诉诸自由心证及更多地依赖物证。物证技术尤其是现代科技证据使得我们能够在一定程度上摆脱对口供及刑讯的依赖，且有机会更为准确地获得案件事实。美国就曾利用 DNA 技术纠正了大量错案，释放了许多被无辜定罪服刑的人。❶ 然而需要予以强调的是，科学证据的功能仍然有其限度。一方面，科学对因果关系的揭示本身就有可能是错误的，即使因果关系正确，运用技术进行事实鉴定的过程也仍然存在出错的可能甚至是徇私舞弊，已获得巨大信任的 DNA 检测亦是如此，已经出现了成功质疑 DNA 检测结果的案例。❷ 另一方面，技术的推广应用还要受到成本的制约，只有运用一项新技术所增加的成本小于其带来的收益时，新技术的引入才是可欲的。当然从整体及发展的角度看，技术的进步已大大提高了人类的信息能力，导致了信息费用的降低，进而使得法律与司法有了重大变迁，这也是我们的分析所展示的情景。为了防止自由心证的滥用，又要求法官公开心证的过程与理由，以降低人们获得监控信息的成本，具体体现在公开审判、说明理由等制度上，从而演变至今天的公开心证制度。同时借助禁止刑讯逼供、沉默权、律师帮助等一系列程序性制度来约束侦查阶段的权力行为。此类程序制度有效的关键在于其透明性，也就是信息的可得性。

信息构成监控的基础，无论对于普通人还是政府或官员，古代社会为了增加信息供给，降低信息成本还广泛地采用连带责任，最为典型的就是我国古代的"保甲""连坐"制度。❸ 尽管在充满流动性、匿名性的现代社会，通过邻里监控降低发现不法行为信息费用的做法已经不再有效，或者说其收益将不足以弥补成本。但在很多领域也依然存在连带责任，如我们熟悉的共同危险行为中的连带责任。几个孩子一起从楼上往下扔瓶子，其中一个击中了行人，在无法分辨出究竟是谁扔的瓶子造成伤害的情况下，由共同危险行为人承担连带责任。目的在于避免因信息不足而导致的裁判困难，及为相关行为人主动提供

---

❶ 吴丹红：《法律的侧面》，对外经济贸易大学出版社 2009 年版，第 16 页。
❷ 吴丹红：《法律的侧面》，对外经济贸易大学出版社 2009 年版，第 13 页。
❸ 对这一问题的详细分析参见张维迎、邓峰：《信息、激励与连带责任——对中国古代连坐、保甲制度的法和经济学解释》，载张维迎：《信息、信任与法律》，三联书店 2003 年版。

信息形成激励。

至此我们通过信息费用这一关键变量为司法证明方式及相关问题提供了一个解释。我们承认这一解释是不全面的、仅是一种可能的解释。说不全面是因为我们忽略了制度形成与变迁中的实力因素，也就是通常所说的制度反映的是强势阶层的利益和观念。然而，即使如此，任何一个社会要想维持必要的秩序也必须有一个具有威慑力的法律制度，也必然要妥善处理法律威慑力及其运作成本的平衡问题。虽然有的法律明确规定了不平等的内容，但要想维持法律的功能，就必须保证法律规则的准确实施，即使从统治阶层的利益考虑也是如此，而这就必须要对法律实施的信息费用进行有效的回应。因此"不全面"尽管是缺点，却不妨碍其构成一种解释，甚至不妨碍其解释力。说仅是一种可能的解释，在于我们承认一些具体制度的成因可能很复杂，我们这里仅做了有限的分析，甚至经济学在有些领域仅有有限的解释力，但也不能因此而简单地拒绝经济学的解释。说经济学的解释仅是一种解释的同时也意味着其他的解释也仅仅是一种而已，除非是理论的大杂烩，但这样的大杂烩反而会损害理论的解释力。不同进路的解释构成了竞争，哪一种解释更有竞争力取决于其简约性、适用的广泛性及说服力等多种因素，只有经过比较才可能得出结论。因此我们此处的这一不全面虽仅是一种可能的解释，仍然是有价值的。下面我们来探讨信息费用同证明标准、正当程序的关系。

三、证明标准

"神明"裁判基本上是只要经过特定仪式即可径直得出结论；法定证据则是寻找法定形式的证据并机械地根据其证明力计算出结果。"自由心证"则需要裁判者对证据链条所反映的事实可能性进行衡量。尽管我们也能够较为容易地对很多案件事实达成高度一致确信，但从认识论的角度讲，绝对的客观真实是不可能获得的，我们只能依据对特定程度的可能性的确信来作出判决。"法律并不考虑法官通过何种途径达成内心确信；法律并不要求他们必须追求充分和足够的证据；法律只要求他们心平气和、精神集中、凭自己的诚实和良心，依靠自

法律制度的信息费用问题

己的理智,根据有罪证据和辩护理由,形成印象,作出判断。"❶ 从效率的角度看,争议事实也不应该追求100%的完全证明,试图排除其他一切可能,当然这也是不可能做到的,尽管我们也经常会对一些案件事实达成无疑义的共识。只要事实成立的概率高到进一步提高证明程度所需追加的信息成本超过了因概率提高而避免的预期错判损失即可。尽管表述有差异,但目前各国普遍施行的证明标准为:民事责任的成立一般要求优势证据原则,用数量来描述也就是胜败双方的诉讼请求的可能性之比为51/49;而刑事责任的成立则要求是超出合理怀疑的证明,美国法官给其赋予的有罪概率空间为0.75~0.90。❷ 显然刑事责任的证明标准要高出民事责任很多,这同我们的直觉一致。原因在于民事错判的结果主要涉及财富的再分配,若不考虑威慑力降低的错误激励,可以说不存在社会净成本;而刑事错判的结果除了减损威慑力外,还可能意味着由政府支付成本剥夺无辜者的自由或生命,这是非常严重的社会净损失,为了降低这一净损失,有必要支付更高的信息费用、适用更为严格的证明标准。

近年来一系列死刑误判案件激起了人们对提高证明标准,尤其是死刑案件证明标准的要求,最新的由最高人民法院、最高人民检察院、公安部、国家安全部和司法部联合出台的《关于办理死刑案件审查判断证据若干问题的规定》对此做了回应,强调"最严格"的标准。然而无论理论界还是实务界对证明标准的复杂后果还缺乏社会科学(区别于道德哲学)层面的必要的研究和认识,相关建议和讨论存在着一些误区。❸ 一个极为关键的问题就是误判不仅仅包括对无辜者的错误定罪,还包括错误开释。尽管就单个案件而言,惩罚无辜的损失要超过错误释放的损失,如前面所分析的,但制定政策所关注的应该是整体误判损失。波斯纳提出的标准是追求犯罪损失及惩罚成本(既包括对无辜者的,亦包括对真正有罪者的惩罚)的最小化。❹ 十分棘手的

---

❶ 《法国刑事诉讼法典》,余叔通、谢朝华译,中国政法大学出版社1997年版,第132页。
❷ [美]波斯纳:《证据法的经济分析》,徐昕译,中国法制出版社2004年版,第84页。
❸ 对这一问题的批评和分析可参见陈虎:《死刑案件证明标准改革之理论误区》,载《法学论坛》2010年第2期。
❹ Posner, "An Economic Approach to Legal Procedure and Judicial Administration," 2 *Journal of Legal Studies* 410 (1973).

是提高证明标准以降低无辜者被定罪概率的同时也增加了真正有罪的人逃脱惩罚的机会,需要指出的是这不仅仅是在法庭上被错误释放的人增多,还包括更多的因警察及起诉部门缺少足够多的证据而不得不放弃抓捕或指控的人。证明标准的提高意味着侦控部门要花费更多的成本搜集更多或更有证明力的证据才能确保成功控诉,而审判阶段也要花费更多的成本进行更为充分的证据展示与辩论,这当然有助于降低无辜者被定罪的风险。但在司法资源不增加的情况下,侦控部门只能将资源集中到较少的更有胜诉把握的案子上,法院也只能审理更有限的案子,这自然也就增加了真正有罪的人逃脱指控及定罪的机会。因无辜者被定罪率下降而带来的收益,通常不足以弥补与之相随的有罪者定罪率下降而增加的损失。有学者依据美国的情况,经假定条件下的推算得出,在一定程度上提高"排除合理怀疑"的证明标准,可能会导致"被错放的真正罪犯的数量与被错误定罪的无辜者的数量之间的比率增加一倍左右"。[1] 要减少犯罪及惩罚成本就要在一定的预算约束下寻求最高的威慑水平。根据前面的分析,犯罪预期惩罚成本等于$(P_g - P_i)S$,若法定刑不变,要想提高威慑力减少犯罪就要提高$(P_g - P_i)$,也就是有罪者定罪率与无辜者被定罪率的差值。既定约束下$(P_g - P_i)$最大时,就获得了最有威慑力的司法准确度,证明标准的调整应努力寻求这一点。

当然在有足够财政收入时,也可以在提高证明标准的同时,增加司法投入来努力做到降低无辜者的错误定罪率,但又保持足够的真正有罪者定罪率,从而提高准确性。不过这一进路必然要受到财政预算水平的约束,尤其是在考虑是否增加司法投入时,应该不只是考虑所要占用的税收份额,同时需考虑这一投入的机会成本。我们曾提到,除了保证足够的刑罚威慑外,还可以通过发展经济改善就业以提高犯罪的机会成本来减少犯罪。更何况根据波斯纳的研究,证明标准达到一定程度后,为降低无辜者被定罪的错判概率而进一步提高,给真正有罪者的定罪率产生的影响,可能很难通过增加司法投入来予以弥补,

---

[1] [美]布莱恩·福斯特:《司法错误论——性质、来源和救济》,刘静坤译,中国人民公安大学出版社2007年版,第81、86页。

即使可以做到，代价也通常极为巨大，因而可能是没有效率的。❶

能够提高证明标准减少无辜者被定罪率，而又同时保持甚至提高定罪率的另一可能途径是社会信息技术的进步与成本的下降。如果信息技术有了很大发展，如声纹、指纹、视网膜、DNA 等技术的快速发展，使得科学证据的可靠性大大提高且相对于传统方式而言更为快捷和便宜。人们能够以更低的成本在个案中获得更高可靠性，从而减少了无辜者被冤枉的可能，同时也能够更容易地寻找、确认更多案件的真正犯罪人，从而保持甚至提高了有罪者的定罪率。此时证明标准的提高使得 P_g 与 P_i 的差值扩大，从而提高了法律的预期惩罚成本和威慑力，获得了更高的准确度。这也是现代社会大量抛弃像"只要青年男女独处就会被认定为发生性关系"此类法律假定的重要原因之一。如此看来，并非由于道德水平提高使得我们更懂得尊重自由和隐私了，而是现代技术使得我们有能力更为宽容、更有条件在行使一些自由时不致被错误定罪。一个社会的最佳证明标准同该社会所拥有的信息技术水平密切相关，信息技术的提高、信息成本的下降使得人们有能力、有必要提高证明标准。❷

通过前面的分析，我们能够看出，证明标准不等同于准确度，我们不能简单地认为前者的提高必然也意味着后者的增加，由于证明标准会导致影响准确度的两个变量 P_g 与 P_i 同方向变动，因此最终结果可能反而降低准确度。只有在提高证明标准的同时也意味着准确度的增加时，证明标准的提高才是可欲的。由于证明标准是否最佳取决于与错判相关的成本收益考量，而不同案件错判损失是不一样的，这就意味着证明标准的确定应该具体案件具体对待，而不应该确定统一的民事或刑事证明标准。对此的解释是，裁判者要想正确地确定证明标准，就必须准确掌握相关误判概率、损失、证明成本及边际变动等信息，显然这通常是不可能的、不经济的，裁判者没有能力负担由此产生的信息费用。❸ 因此事先设定一个标准就是更可行的选择，而且有

---

❶ Posner, "An Economic Approach to Legal Procedure and Judicial Administration," 2 *Journal of Legal Studies* 414 (1973).

❷ 桑本谦：《疑案判决的经济学原则分析》，载《中国社会科学》2008 年第 4 期。

❸ Micgael L. Davis, "The Value of Truth and the Optimal Standard of Proof in Legal Disputes", 10 *Journal of Law, Economics, and Organization* 350 – 351 (1994).

助于降低监控裁判者的信息费用。况且作为一种标准本身也存留了自由裁量的空间,如上文中提到美国法官对"超出合理怀疑"的赋值是 0.75~0.90,这可能是为什么我们会说"自由心证"的原因所在。另外,法律本身也针对不同的案件进行了一定程度的区分,而非简单的民、刑两个标准,如民事欺诈案件的证明标准就要高于"优势证据原则",尽管低于"超出合理怀疑",原因在于此类案件的误判会给无辜者带来额外的声誉损失,类似于刑罚,尽管通常不如后者严厉。❶

以上的讨论一直有一个假定,那就是警察和检察官始终努力排除无辜者,寻求把真正的有罪者送进监狱,而不仅仅是追求胜诉率。如果检察官加强甄别,很少起诉无辜者,那么即使证明标准较低也不会有太多无辜者被错误定罪,相反如果不进行甄别,则会有很大比例的无辜者被定罪。❷ 然而对于警察和检察官而言,最为利益相关的可能不是惩罚多少真正有罪的人,而是衡量他们工作的破案率和成功起诉率。我们国家的相关部门甚至对此规定了相应的数字指标,尽管这有助于衡量成员的工作成绩,降低内部监督成本,提高工作激励。但也会迫使他们把更多的资源投到更有可能胜诉的案件上,而更有可能胜诉的案件未必就是尽可能排除了无辜者的案件,反而可能是被告欠缺辩护资源的案件。❸ 而且可能会导致侦控过程中过分重视对被告不利的证据而忽略甚至隐瞒对被告有利的证据,尤其当侦控权力没有受到良好制约时。若此时提高证明标准,增加指控难度,相关人员很有可能会在压力的驱使下,采用非法手段(如刑讯逼供),获得必要的证据,这不但违法,而且降低了证据的可靠性(如屈打成招),提高了无辜者被冤枉的可能性。我国近年来的一系列重大冤案中都不同程度地存在基于破案压力而非法逼供的因素。更严格的证明标准的适用,会不可避免地导致确保定罪的替代性机制产生,典型的就是刑讯。❹如果权力腐败严重,有罪者会被故意放纵,而无辜者却要成为替罪羊,

---

❶ Posner, "An Economic Approach to Legal Procedure and Judicial Administration," 2 *Journal of Legal Studies* 415 (1973).
❷ [美]波斯纳:《法理学问题》,苏力译,中国政法大学出版社 2002 年版,第 271 页。
❸ [美]波斯纳:《法理学问题》,苏力译,中国政法大学出版社 2002 年版,第 260 页。
❹ [美]达马斯卡:《比较法视野中的证据制度》,吴宏耀等译,中国人民公安大学出版社 2006 年版,第 305 页。

那证明标准的提高并无助于问题的改善,反而可能会为非法脱罪提供了机会。这一问题的解决更多地有赖于正当程序对权力的约束。

四、正当程序

赋予嫌疑人程序性权利,通过正当程序来约束侦控部门的权力,是减少无辜者被定罪率的另一途径,尤其是对于蓄意的打击陷害而言,可能是唯一的抵制方式。因为此时即使证明标准再高,若侦控手段和范围不能被有效约束,也总有办法获得足够的"证据"。因此若正当程序的引入大大改善了原有的权力滥用局面,则有助于迫使侦控部门将资源更多地投入到可能真正有罪的嫌疑人身上,而不是为了胜诉率不恰当地盯着好欺负的人。由此,一定限度的正当程序,既有助于降低无辜者的定罪率,又有助于提高真正有罪者的定罪率,从而提高了准确性和办案质量。但随着嫌疑人程序性权利的增多,尽管使得无辜者更有能力抵制错误定罪,但也为真正的有罪者提供了更多的逃脱机会,从而同样面临着有罪者被定罪率与无辜者被定罪率同方向变动的难题,同样要对两种成本进行权衡。[1] 当考虑是否给予嫌疑人一项新的程序保护时,不仅要考虑 P_i 的降低,还必须同时考虑 P_g 的变化,若两者的差值不变或加大时,则既为无辜者提供了更好的保护,又保持甚至提高了法律的威慑水平,就是有效率的。但若两者差值变小,则意味着法律威慑力的降低,这会导致犯罪数量与损失以及惩罚成本的增加,因此必须考虑增加保护的收益是否可以弥补这一损失。

然而在传统道德理论家看来,正当程序不仅是为了提高司法的准确性,而是有着独立的价值,如被告人的参与、对嫌疑人甚至是罪犯人格与尊严的保护等,也就是公正本身的意义而非获得更大准确性的工具价值。我们赞同其否定式判断,但却不完全认可其肯定式陈述。若排除了约束政府权力、减少徇私枉法、提高司法准确性的收益,仅仅是嫌疑人的尊严很难为代价高昂的程序权利提供有说服力的支持。我们不可能喜欢一个为了照顾一部分人(相当一部分还是真正有罪的人)的自尊,而花费巨大资源去提高犯罪数量的制度。不要忘了犯罪数量的增多,不仅意味着更大的犯罪损失,还意味着更多的刑罚,后

---

[1] [美]波斯纳:《法理学问题》,苏力译,中国政法大学出版社 2002 年版,第 274 页。

者显然同支持正当程序的初衷相背反。况且程序的所谓独立价值背后也都有着效率基础,如被告人的参与是为了更好地甄别侦控部门的错误信息,以避免误判和防止徇私枉法;尊重嫌疑人、不法外施刑同样有助于阻止权力滥用,降低无辜者被冤枉的可能,及避免累加的不相称的惩罚以维护刑罚的边际威慑力,防止犯罪人破罐子破摔等。也许有人会说,主张程序正义的人从来没有考虑过这些功利后果,但经济学的解释是不以人的主观意图为前提的。之所以说"不完全"赞同,是因为正当程序在实践中可能会成为人们效用函数的一部分,也就是人们对正当程序本身有某种偏好,此时其本身的存在就有助于提高人们的福利水平,这一影响独立于它导致的其他后果。❶ 但这仍然不意味着有关程序正义的公平观念,能够为政策制定和制度变革提供独立的评价标准和解释,只不过是说在以效率或社会福利水平来评价指导政策制定时,应该把人们的这一偏好纳入福利的计算中。尽管我们不认可此种有关程序的道德理论对政策和制度具有独立的解释力,但却不否认其有助于甚至是更有助于形成一种珍视程序正义的意识形态,道德理论往往更富修辞魅力,可以降低听众理解接受相关思想的信息成本。进而有助于更好地推动制度改革及对程序正义的坚守和维护,以遏制程序实施中的"机会主义"与"工具主义",即只在程序符合相关部门利益时才予以适用,否则就借口"实质正义"予以抛开,这一问题在我们当下是极为严重的。有价值的理论未必一定是科学的、有解释力的理论,我们从"工具主义"的立场出发,赞同此种理论的一系列结论,支持程序具有独立的价值,"程序优先、程序神圣",尽管不同意其论证。

之所以同意司法程序的目标不只是提高准确度,是因为相当多的程序规定不是为了追求准确性,与之相反,恰恰是对准确性追求一种限制。并非所有与案件相关的信息(哪怕是真实的信息)都能够进入司法程序,更不用说作为定案量刑依据。司法程序不但不寻求与真相相关的所有信息,反而对案件信息做了强制性筛选,这就是我们通常所说的法律事实与一般意义的案件事实的区别。原因在于"倘若与案

---

❶ [美]路易斯·卡普洛、斯蒂文·萨维尔:《公平与福利》,冯玉军、涂永前译,法律出版社2007年版,第324页。

件相关的所有信息都可以进入司法程序，审判工作就要承担极度高昂的信息费用"，❶ 为了使司法程序能够以合理的成本运作，强制规定了信息可以进入的条件及审查时间。司法程序必须在提高准确性和信息费用之间寻求平衡，也就是信息费用与误差损失之和的最小化。

正当程序在约束政府权力上的成功也主要有赖于通过透明性降低人们获得政府行为信息的成本。如限制侦查阶段人身控制的时间、律师介入陪同、侦押分离等有助于将侦查部门对行为人的控制置于可见和受监督的状态下，以防止刑讯逼供。审判公开、判决说明理由且必须以法庭辩论结果作为依据等则有助于人们获得审判的信息，以降低监控成本，更好地防止腐败。尽管我国法律和司法解释中也有"禁止刑讯逼供"及"非法证据排除"的相关规定，但却欠缺与透明性相关的刚性程序约束，以至于实践中未能有效执行，导致了一大批冤假错案。新出台的《关于办理刑事案件排除非法证据若干问题的规定》尽管对相关问题进行了更为细致具体的规定，但仍无法避免地存在裁量空间，如公诉人有关审前供述合法的证据是否"确实、充分"，是否有"必要"通知讯问人员到庭等问题。若没有相关透明程序的配合，其将在实践中被有效执行，还是只会催生出新的"虚置"办法，还很不好说。

需要说明的是，以上我们所讨论的主要是责任承担者的确定问题上的准确性，没有包括责任大小及授予未来权利或资格方面的准确性。❷ 且关注的是事实的发现与证明维度，下面我们来看法律解释维度。

---

❶ 桑本谦：《法律论证的神话》，载桑本谦：《理论法学的迷雾——以轰动案例为素材》，法律出版社 2008 年版，第 90 页。

❷ 对这些问题的分析可参见 Louis Kaplow, "The Value of Accuracy in Adjudication: An Economic Analysis," 23 *Journal of Legal Studies* 307–401 (1994)。

第三章 司法方法的信息费用问题

上文中对司法准确性的讨论所关注的是确定到底发生了什么，也就是事实发现与核实过程中的信息费用及其制度回应。其中隐含着一个假设，那就是一旦事实被确定，就可以直接作为小前提，然后再以具体的法律规则作为大前提，经演绎推理得出司法判决。事实上法律或司法的此种确定性是广泛存在的，这一点可以从人们在相当程度上能够就法律的意义达成共识，从而在其指引下有效地进行合作、避免冲突与纠纷，以及即使纠纷发生，绝大多数也能够通过和解的方式予以处理（降低和解成本的一个重要变量就是双方是否对判决结果存在较为一致的预期）得到印证。然而同样存在的还有法律的不确定性，主要包括法律含义模糊有多种解释、规则之间存在冲突、没有可适用的法律或者适用明确法律的后果将是难以容忍的非正义等。无论是哪种情况，法官都必须对案件进行审理给出裁判结果，而不能借口"材料不全"拒绝裁判，而且还要努力确保结果的合法性、合理性、可接受性、正当性，至少是要经得住法律职业共同体的评判。这就需要一套司法技术、知识来给予帮助，以尽可能"好"地履行职责完成工作任务。为讨论的简单，我们将这一整套的东西标签为司法方法，尝试从信息费用的角度给予解释和评价。

一、几种解释方法

为了解决疑难案件中法律的不确定性问题，法律解释理论有针对性地开出了一系列具体的解释方法，并努力寻求规范这些解释方法使用的元规则。我们将法律解释看做是法官解决疑难案件的工具，区别

法律制度的信息费用问题

于从哲学解释学的意义上看即使简单案件的处理中也存在的"解释"。❶尽管不同的学者有不同的分类与界定，但人们对几种主要的解释方法及其排序还是存在相当程度的一致，大体包括文义解释、体系解释、意图解释、目的解释、社会学解释等。❷除了简单案件中直接依据条文的演绎推理外，排在第一位的是文义解释，若文义解释获得了明确的结果且没有足够的理由反对，就应据此作出判决；若文义解释的结果为复数或同正义严重冲突，则应进一步采用体系解释，考虑法律的整体结构、上下文来做进一步的解释；若此方法仍然不能解决问题，则应该进一步尝试意图解释，探寻立法者或法律之意图；再不行则继之以法律目的的解释（对目的与意图的区分存有争议）；最后才是社会学的解释，也就是通过对不同解释可能导致的后果进行预测与衡量，进而作出选择。❸但正如桑本谦所指出的，这样一个排序并不像人们希望的那样具有指令性意义，而仅仅是对法官行为的一种描述，其依据在于这些方法在司法中出现的概率。❹

也就是说这些解释方法使用的频率及由此而来的排序并不是法律或解释理论事先规定的结果，而是制度约束下的法官在实践理性的指引下寻求履行职责达成任务的有效工具的结果。这一排序是不同成本与功效的解释方法在司法市场上竞争而来的。尽管不同环境下的法官角色与职责有所不同，如初审法官更多地解决纠纷，上诉法院的法官（典型的是美国最高法院）更多地释明法律甚至是制定政策，但其基本工作就是利用法律裁决案件，寻求具有合法性、正当性与可接受性的判决。在简单案件中，演绎推理就能很好地将法律的形式正义与个案的实质正义（或者说"规则之治"与纠纷解决）统一起来，且成本极为低廉，因此直到遇上障碍（疑难案件）法官都应该也自然会选择这一推理方式，除非存在不正当干预。法官对这一最具形式化的推理

---

❶ 苏力：《解释的难题：对几种法律文本解释方法的追问》，载《中国社会科学》1997年第4期。

❷ 梁慧星：《民法解释学》，中国政法大学出版社2000年版，第十一章；陈金钊主编：《法律方法论》，中国政法大学出版社2007年版，第四章。

❸ 梁慧星：《民法解释学》，中国政法大学出版社2000年版，第239－241页，陈金钊：《法治与法律方法》，山东人民出版社2003年版，第249－256页。

❹ 桑本谦：《法律解释的假象》，载桑本谦：《理论法学的迷雾——以轰动案例为素材》，法律出版社2008年版，第64页。

第三章　司法方法的信息费用问题

方式的背离通常是被迫的而非自愿的。正因为如此麦考密克才特别强调："尽管一些博学之士一直认为法律并未为演绎推理留有余地，甚至认为逻辑在法律活动中根本就没有用武之地，但是本书依然坚信，某种形式的演绎推理是法律推理的核心所在。当然，这并不意味着法律推理完全或只能借助演绎推理进行，或者完全排他性地使用一种演绎方式。"❶ 文义解释与体系解释可以统称为文本解释，它将所需信息限定在正式的法律文本内，如霍姆斯所言"我们不问立法者的意图是什么，我们只问这一法规对使用普通语言的人意味着什么"。❷ 意图解释与目的解释则意味着法官需要诉诸正式法律文本之外的资料（如立法史资料），来寻求立法者原意或法律目的或特定条款的目的。社会学解释所需的信息则更多，不但要获得必要的信息对不同解释方案的法律后果进行预测还必须进行权衡比较。依据信息的来源与范围，桑本谦将文本解释称为简单解释，将后两种解释称之为复杂解释，前者更具有形式主义的特征，而后者则更倾向于实质合理的追求。❸ 国外学者阿蒂亚与萨默斯则直接将法律推理区分为形式推理与实质推理，前者的依据为权威性法律，后者则是超出法律的"道德的、经济的、政治的、习俗的或者其他社会因素"，并依据同样的逻辑对法律解释进行了形式性与实质性的区分。❹ 当然形式性与实质性的分布是具有连续性的，并非简单的一分为二，我们这里所讨论的文本、意图、目的、社会学解释，显然自左向右形式性不断减弱而实质性逐渐增强，解释所需的信息成本也不断增加。

当然法官对解释方法的选择，不仅仅要看其自身的解释成本，还要看这一解释的功效，于此我们假设法官努力把工作做好。阿蒂亚与萨默斯从实用的角度总结概括了形式推理或解释的几个重要优势。首先，形式推理对形式性依据的强调为司法过程建立了一道屏障，排除了大量未被纳入法律的实质性依据，避免了将辩论引向争议巨大难以

---

❶ [英] 麦考密克：《法律推理与法律理论》，姜峰译，法律出版社 2005 年版，前言第 1 页。

❷ Homes, "Theory of Legal Interpretation," 12 *Harvard Law Review* 419 (1899).

❸ 桑本谦：《法律解释的假象》，载桑本谦：《理论法学的迷雾——以轰动案例为素材》，法律出版社 2008 年版，第 64 页。

❹ [美] 阿蒂亚、萨默斯：《英美法中的形式与实质》，金敏、陈林林、王笑红译，中国政法大学出版社 2005 年版，第 1、13 页。

法律制度的信息费用问题

形成共识的政治与道德哲学讨论,从而为终局性决定的作出提供了条件,也降低了决定的信息成本。这同孙斯坦有关司法应追求"理论不全的共识",也就是人们经常会对具体的解决方案形成共识,但对其背后的依据与理论基础却分歧依旧的思想,❶ 极为一致。其次,形式推理将法官的依据更多地限制在既定法律领域,缩小了实质性裁量的空间,既有助于降低论证成本,也有助于将错误风险最小化,法官通常缺乏正确裁量,尤其是预测与评价后果所需的有效知识和信息,此时尊重立法者的判断就是更好的选择。最后,形式化推理或解释对法律文义的尊重还有利于提高法律的稳定性与可预测性,从而降低了人们服从法律的成本。简单地说,也就是公共善品"法治"的获得与效率从整体上为形式推理的正当化提供了实质性依据。❷

除此之外,更为形式化的解释也有助于限制法官的自由裁量权,降低监控法官的信息成本,有效地阻止徇私枉法行为;当然反过来这对法官也是一种保护,有助于其抵制外来干预,保持司法独立。此外依赖权威性法律文本,如宣称"是法律而不是我要处死你的亲人",也有助于增强判决结果的合法性与权威性,减轻法官对判决进行正当化论证的负担,最终降低裁判与执行成本。如果说形式推理或解释的其他优势某种程度上都具有公共善品的性质,法官会因无法获得其全部收益而动力不足,从而需要制度与司法意识形态的激励的话,那这一优点则是正常情况下每个法官都会看重的,以最小的成本获得最大的服判后果。也正是如此,对推理或解释的形式主义倾向才在竞争中成为主流的、官方的、正统的司法意识形态,即使在遭到现实主义法学的批判后也依然如此,这也是我们现在的解释方法排序的由来。

然而这一排序只是对法官行为习惯的描述与总结,其规范作用仅仅是指导意义的而非指令意义的。解释本身并不能为何以选择此种解释而非另一解释,何以后位的解释替代前位的解释提供正当性支持。"禁止机动车入内"是否包含了消防车或救护车进入,从根本上说既不取决于其文义,也不取决于立法者的原意,而是取决于不同解释的后果。当然这一后果并非个案后果,而是指不同选择对未来行为人的

---

❶ Cass Sunstein, "Incompletely Theorized Agreements", 108 *Harv. L. Rev*. 1733 (1995).

❷ [美]阿蒂亚、萨默斯:《英美法中的形式与实质》,金敏、陈林林、王笑红译,中国政法大学出版社2005年版,第21-24页。

可能激励以及对既有法律稳定性与预测性的可能破坏。哲学解释学已瓦解了完全客观意义上的原初意图，更何况法律往往是拥有不同目的和利益诉求的人妥协的结果，很可能不存在一个统一确定的原初意图。立法史的资料中很可能充满相互冲突的观念与利益诉求。❶ 况且即使我们能够确定法律的立法原意，但由于社会政治、经济、价值观念都已经有了极大的变化，又有什么理由让这些原初的意图来决定我们当下的行为。当然对原意的一个替代就是假定立法者面对今天的情形会作何处理，但这实际上是把我们当下的价值观念借助原初立法者的口说出来而已，不同的人会得出不同的答案；这同庞德假定"我们自身处在立法者的位置上"❷ 只是说法不同而已。况且，即使有条件让立法者出庭为相关法律的立法意图进行说明和作证，但这却可能导致把在立法程序中没能成功写入法律的意图重新塞进法律的危险。❸

并非解释决定了结果，而是结果决定了解释，正如拉德布鲁赫所言："解释追随着结论——它们的结论，在确定结论之后，才选出解释方法。所谓解释的方法实际作用是对已发现的创造性补充内容进行事后的理由说明，而且不论创造性补充如何表述，总会有这个或那个，类似或相反的推论，可以说明理由。"❹ 决定结果的是有关后果的功利性权衡而非解释本身，后者只是把对这一后果的权衡进行了打扮装饰，使其看上去好像通过探求法律的真实含义而获得，解释主要是策略性的而非智识性的。❺ 说某一判决是依据某一解释方法得出的，只是在事后给这一判决贴上的容易辨认的标签。正是看到了这一点，麦考密克才将在疑难案件中为获得演绎推理的大小前提而做的努力直接界定为以后果主义论辩为核心的证明，协调性论辩与一致性论辩主要是对后果论辩进行修辞和限制，❻ 也就是"对各种裁判可能性进行仔细辨

---

❶ Easterbrook, "The Role of Original Intent in Statutory Construction," 11 *Harvard Journal of Law and Public Policy* 63 (1988).

❷ Pound, "Spurious Interpretation", 7 *Columbia Law Review* 381 (1907).

❸ [美] 波斯纳：《法理学问题》，苏力译，中国政法大学出版社 2002 年版，第 340 页，注 13。

❹ [德] 拉德布鲁赫：《法学导论》，米健、朱林译，中国大百科全书出版社 2003 年版，第 107 页。

❺ 桑本谦：《法律解释的假象》，载桑本谦：《理论法学的迷雾——以轰动案例为素材》，法律出版社 2008 年版，第 67 页。

❻ 张伟强：《麦考密克法律论辩理论的经济学解读》，载《政法论丛》2008 年第 4 期。

法律制度的信息费用问题

别,通过考量各种裁判规则可能引发的情势来决定作出哪一种判决","通过对均为判决所容忍的不同'命题'所可能造成的一般后果进行权衡来得出结论"。❶ 但这绝不意味着解释过程没有价值,决策固然重要,事后的正当化修辞与论证也同样重要,就像产品的生产与销售一样,缺一不可,这一点我们稍后再谈。

除此之外,解释过程对于最终的判决结果也具有一定的"智识性"贡献,只不过这一贡献并非获得法律真义意义上的,而是提供有助于预测和评价后果的信息意义上的。由于今天的判决会影响未来人们的行为,法官尤其是上诉法院法官的工作不仅仅是解决纠纷,当他们在复数的判决方案中选择一个时,哪怕仍然在文义的射程之内,也具有了政策制定的意义,无论我们是用解释还是"法律续造"来予以包装,都无法改变他们事实上处于"立法者"的角色。为了确保所做的选择能够带来好的结果,要知道这一结果绝非个案结果,而是涉及对人们未来行为的激励以及对既有法律的稳定性的损伤程度,对于不同判决方案可能导致的此种一般性后果进行预测和评价,远不是一件容易的事。即使现在有了预测能力较强的社会科学主要是经济学的帮助也同样如此,较好的后果预测与评价功能应该是经济学"侵入"法律及法院的重要原因所在。此时既有的法律、立法资料、先例等就成为一个方便且极有价值的信息库。尽管笔者把法律称为形式性依据,但这只是一个有效的标签而已,并不意味着法律本身没有实质性的考量。相反,法律只不过是对一部分实质性因素及其分量予以了事先的整合处理,并排除了其他的实质性因素。❷ 当我们直接依据法律进行形式推理时,隐含的是对立法者事先的实质性评价的接受和运用。尽管在疑难案件中这些立法者的评价不再合用,但仍然可以也应该是重要的信息源,尤其当法官又欠缺后果预测与评价的相关知识与信息时,司法克制、形式主义相当程度上反映了法官对自身知识与信息局限的一种清醒认识与回应。在无法确定可能的后果与风险时,尊重立法者或既有先例的判断就是明智和恰当的选择。

在波斯纳看来,法条无法决定结果,以及根据后果难以验证共同

---

❶ [英]麦考密克:《法律推理与法律理论》,姜峰译,法律出版社2005年版,第147页。

❷ [美]阿蒂亚、萨默斯:《英美法中的形式与实质》,金敏、陈林林、王笑红译,中国政法大学出版社2005年版,第6页。

创造了一个只能由法官的自由裁量来予以填补的开放领域。❶ 若后果容易验证，法官的自由裁量权将不复存在。尽管难以预测和评价，但在疑难案件中，法官还必须努力进行预测和评价，争取好的结果。自欺欺人、伪装甚至是真诚的误认为是从既有法律中寻得结果，尽管有着必不可少的修辞效果，可以用来事后正当化结果，但对于正确决策的作出毫无帮助。明确地意识到此时的"立法"角色，可能更有助于促使法官更为审慎、努力地搜寻学习预测与评价所需的知识和信息（如社会科学），以求尽可能作出好的决策，"法官必须如同立法者那样思考"❷。我国最高法院因没有明确意识到自己拥有的"政策制定"角色或缺乏有效的信息与知识，而作出了许多导致他们可能也不想见到的后果的"恶"的司法解释。❸

还有一种为法律人所青睐的推理方式就是类比推理。特别是演绎推理遭到了严重的批评后（我们同麦考密克的观点一致，不完全赞同此种批评），人们转而把类比推理作为一种更具代表性和价值的独特的法律推理方法，并将其称之为"类型化"的思维方式，❹ 以区别于演绎的模式。简单地说，类推也就是寻找待决案件与已决案件的相似性，尽管存在差异但若关键要件存在着较高的重合度，则就可以根据已决案件的规则或方案来处理待决案件。❺ 然而问题在于，类似也就必然意味着不同，打比方本身并不能替代论证。在我们熟悉的拉德布鲁赫的关于禁止狗入内是否可以允许熊入内的例子中，可以有两种解释或类推。一种是狗与熊都是动物，甚至熊比狗还要巨大危险得多，因此类推禁止入内；但同样可以有相反的推论，熊绝对不是狗，在动物分类中甚至不同属一科，因此对狗的禁令并不适合于熊。我们之所以选择前者而非后者，根本的原因不在于狗与熊的相似度，而在于何种选择的后果是我们想要的。只是在这里我们凭借直觉就可以对后果

---

❶ [美] 波斯纳：《法官如何思考》，苏力译，北京大学出版社2009年版，第8页。
❷ [德] 舍费尔、奥特：《民法的经济分析》，江清云、杜涛译，法律出版社2009年版，第14页。
❸ 侯猛：《中国最高人民法院研究》，法律出版社2007年版，第122－123，126页。
❹ 代表作有 [德] 考夫曼：《类推与"事物本质"——兼论类型理论》，吴从周译，台湾学林文化事业有限公司1999年版。
❺ 王文宇：《类推适用与法律解释》，载王文宇：《民商法理论与经济分析》（二），中国政法大学出版社2002年版，第239页。

法律制度的信息费用问题

问题达成共识,也就没有进一步论证的必要了,甚至意识不到这一潜在的论证。普通法上的一个著名例子是,石油同野兔、狐狸一样具有流动性,在确定归属权上是否应该类比适用后者的"捕获规则"。类比只是以较低的成本帮我们发现一条可能有用的规则,该规则是否能够或应该用于眼下的案件则最终取决于该规则适用的后果。显然对石油采用"捕获规则",将会导致对资源的无效率开采,因此普通法没有采用这一规则。由此类推本身并不具有确定性,既可以用于证实,也可以作为反证,甚至在疑难案件中它更多地用于后者,关注的是差别,是对规则的限制而非扩展。❶ 当然也更不具有决定性,它更多的是提供信息而非权威,"以一切可能得到的信息,包括先前判决中的信息为基础作出决定",属于发现的逻辑而非证实的逻辑。❷ 这一点同其他的解释方法一样,具有决定性的只有对后果的预测与评价,只是这一后果也包含了对法律自身稳定性与确定性的考量。

概括地说,法官对解释方法的排序体现的是信息成本由小到大及从高度的形式性逐步趋向实质性,这既符合法官自身的成本收益核算,又符合我们对司法的要求,这一激励相对于司法功能的实现是极为重要的。更为形式化的解释或推理有助于减少法官决策的信息成本及监控法官的信息成本,有助于维护法律的稳定性和确定性,降低人们服从法律的成本,减少纠纷,提高和解率及降低个案和解成本。其缺点在于可能损害实质正义,导致社会控制的误差损失。更为实质化的解释与推理有助于提高社会控制的实质合理性,降低误差损失,但却需要更高的信息成本,且会降低法律的确定性与可预期性,增大法官滥用权力的危险,进而导致社会交往成本上升。可欲的选择是追求"司法的交易费用与误差损失之和最小化"。❸ 这两者之间的平衡点会随着环境的改变而不同,若信息技术低下、司法机构的资源与能力不足、限于交往程度与发展速度形式化判决的误差损失不是太严重,那么均衡点就应该更倾向于形式化的推理方式。这就是历史上曾长期奉行司法的严格的形式主义或条文主义,讲究逐字逐句地解释法律或合同,

---

❶ [美] 波斯纳:《法理学问题》,苏力译,中国政法大学出版社 2002 年版,第 123 页。

❷ [美] 波斯纳:《法理学问题》,苏力译,中国政法大学出版社 2002 年版,第 100、116 页。

❸ 桑本谦:《理论法学的迷雾——以轰动案例为素材》,法律出版社 2008 年版,第 66 页。

只关注明确表达的东西，而不问真实意志的原因所在，这被称为"严格法"时代。❶ 近现代以来法律解释上的实质化转向，则是司法机构发达、信息技术进步以及社会发展与交往深入导致形式化的误差损失日趋严重的结果，但尽管如此，形式主义或法条主义仍然是正统的司法哲学与意识形态。从根本上说，在疑难案件中，法官面临着一个开放的领域，各种解释方法（后果解释除外）自身并不能作为法官寻得的决策性依据，但却能够为法官决策提供有价值的信息和不可或缺的说服性修辞。

二、论证与修辞

司法的一个重要目标就是要使得当事人"服判"，以解决纠纷，达此目标有权力"压服"和话语"说服"两种方式，前者依靠的是司法权背后的武力威慑，后者依靠的是对判决的论证、修辞。❷ 两者都有代价，司法通常会混合使用两种方法也就是利害情理并重，努力以最小的成本来达成目标。一种错误的观念是误认为现代文明国家的司法只追求说服，而不再用"压服"的手段，且这应该是法律发展的目标。在能够以合理成本说服的情况下自然应该选择说服，但由于诉讼意味着利益的对立，很多时候败诉的一方即使"心服"也没有动力在口头和行为上服判，况且还有很多情况下限于成本，司法必须在有限的辩论程序后作出终局裁判，只能进行有限度的论证说服，因此还不得不依靠权力压服，代表武力的法警从来没有离开过法庭。于此我们主要讨论司法判决的说服问题。

说服的方式亦有两种，一种是提供信息与知识，利用经验的、统计的、社会科学的知识与材料进行演绎推理；另一种则是通过信息的编码与传递方式来影响人们的接受度。❸前者具有增加与决定相关的信息与知识的意义，我们称之为论证；而后者则是诉诸非逻辑的、非科学的、非经验的诱发信仰的信息传递方式，不会改变信息的质量，我

---

❶ ［美］庞德：《法理学》，邓正来译，中国政法大学出版社 2004 年版，第 394 页。
❷ 桑本谦：《法律论证理论的神话》，载桑本谦：《理论法学的迷雾——以轰动案例为素材》，法律出版社 2008 年版，第 91 页。
❸ ［美］波斯纳：《超越法律》，苏力译，中国政法大学出版社 2001 年版，第 572 页。

们称之为修辞。❶ 由于人们接受和理解信息需要花费成本,具有信息与知识含量的论证未必一定能够获得说服效果。而后者尽管没有改变既有信息含量,但一系列修辞有助于降低人们的接受成本,反而有可能获得听众的信任,尽管这一信任可能是错误的。听众对新信息或观点的接受成本同新论点与自己先前信念的距离、自身对先前观念的确信程度以及言说者的可信度密切相关;距离越短、确信度(顽固程度)越低、可信度越高、接受成本与说服成本越低。❷ 修辞尽管不改变信息的真理性却影响着人们对信息的接受成本,如波斯纳所言"它可以让真理听起来就像真理,但是它也可能让虚假听起来像是真理,并诱发错误的信仰,并且,它还可能让真理听起来像是虚假,并因此诱发错误的不信"。❸

正是由于修辞可能导致错误的信与不信,所以除了文学领域外,人们通常对很明显的修辞抱有戒心,害怕其"矇人",但修辞并没有因此而消失,反而会对修辞做进一步的修辞。一方面在很多领域还不存在确定的可靠的知识,另一方面即使存在可靠的真理性知识,基于高昂的信息成本,人们也很难予以接受和理解,但生活却迫使人们不断地在这些领域进行决策与合作,此时人们就不得不利用修辞来传递观点、意见,进行说服形成共识作出决定。正因为如此,修辞的价值才被重新发现和重视,有了以佩雷尔曼等为代表的修辞学的复兴。❹ 注意是"修辞学"的复兴而非修辞,现实中修辞从来就没有消失过。当然修辞学的复兴,并不意味着在修辞中重新发现了前人所没有发现的价值和优点,而只是说尽管科学和理性研究取得了长足的进展,日益成为可靠的知识,但并没有因此而消除修辞,甚至"理性主义也感染了修辞的病毒"。❺ 用修辞的方法使人们接受科学与理性,从说服的

---

❶ [美]波斯纳:《超越法律》,苏力译,中国政法大学出版社2001年版,第604页。
❷ Larry Percy and Jon R. Rossiter, *Advertising Stategy: A Communication Theory Approach*, Praeger, 1980, p. 162.
❸ [美]波斯纳:《超越法律》,苏力译,中国政法大学出版社2001年版,第606页。
❹ 有关新修辞学的论述可参见[比]海姆·佩雷尔曼:《旧修辞学与新修辞学》,杨贝译,载郑永流主编:《法哲学与法社会学论丛》(8),北京大学出版社2005年版。
❺ Peter Goodrich, *Legal Discourse: Studies in Linguistitcs, Rhertoric and Legal Analysis* 110 (1987). 转引自[美]波斯纳:《超越法律》,苏力译,中国政法大学出版社2001年版,第574页,注6。

角度来看，这是十分理性的选择。司法必须在有限的程序内作出通常会涉及生死、自由及重大利益分配的决定，其判决结果的客观性、确定性就显得极为重要。然而在法律中人们通常只能获得交谈意义上的客观性，也就是基于共识的客观性，很难获得像科学领域那样可以通过观察实验再现的客观性，更不用说本体论意义上的客观。❶ 在存在共识的简单案件中，直接适用法律予以演绎证明即可获得具有说服力的客观的判决。但在就可适用的法律规则或事实定性存在严重分歧时，判决结果的客观性与说服力就成为一个大问题。上面的分析中我们谈道，此时对于决策具有决定意义的是有关后果的评价与预测，然而这一预测与评价是极为困难的，更何况结果还很难予以验证，即使有了社会科学的帮助依然如此。此外，即使社会科学的工具提供了较为明确的答案，限于信息成本，也很难向利益攸关的当事人解释清楚。此种情景下要追求判决的说服性，就不得不诉诸修辞，这也是为什么修辞在法律领域十分繁荣，很多修辞学家都极为关注司法论辩的原因所在。此时修辞无所谓好坏，而是不得不用的使判决获得可接受性的说服工具。❷ 甚至可能如理查德·威斯伯格说的那样："判决意见中所使用的语言和修辞比判决结论更加重要，因为它们决定着所要得出的结论的对错。"❸

依据上面的界定，我们将司法过程中根据共识法律的演绎推理，以及利用社会科学、统计数据、经验材料进行的可证伪意义上的后果预测与评价归类为论证，它们能够带来新的信息和知识。而将除此以外的加强判决说服性、可接受性的或文字或言辞或仪式的运用统称为修辞，其本身不能为结论提供新的支持性信息与知识，只是诱发人们对既有结论的接受。实际上，三段论式的演绎推理因其简捷有效富有逻辑性，成为一种强有力的说服方式，只要人们对推理前提存在共识。因此在某种程度上逻辑也可以说是一种修辞，且是非常强有力的修辞工具，这也是为什么演绎推理依然是法律推理核心方式（参见前面有关麦考密克的引证）的原因之一。甚至科学也因其巨大成功和权威而具有了强大的修辞效果，一听到与"科学"沾边的叙事可能就会获得

---

❶ [美] 波斯纳：《法理学问题》，苏力译，中国政法大学出版社 2002 年版，第 9 页。
❷ [美] 波斯纳：《超越法律》，苏力译，中国政法大学出版社 2001 年版，第 600 页。
❸ 朱景文主编：《当代西方后现代法学》，法律出版社 2002 年版，第 287 页。

人们的接受，因此我们应该警惕和抵制对"科学"的滥用。于此我们主要说的是能够用于后果预测和评价的社会科学理论，因信息成本过高往往难以被普通听众理解，更何况很多情况下社会科学理论的预测能力还很有限，且后果也很难验证。有关法律修辞的具体技巧十分繁杂细致，甚至有很大一部分诀窍还是"无言之知"，而且既可以用于加强合法判决的说服力，也可以用于掩盖修饰非法的判决。❶ 对此我们不做详细具体的介绍，而只是从信息费用的角度讨论司法修辞的关键特征及部分理论问题。

司法不同于学术探究，它必须为相关利害冲突提供明确的裁决，而非无休止地探求真理。在这一过程中最具权威性和说服性的依据就是经正当程序（现代社会也就是民主程序）而制定的法律。通常而言，即使人们对法律本身及据以制定法律的理论或事实存在分歧，但只要这一法律还没有达到不能容忍的程度，如纳粹的法律，其在被废止之前就是最具权威的解决纠纷的依据，即使结果存在很大的实质合理性上的缺陷也依然如此，而且人们还不断地强化这一基本的法治意识形态。从这个意义上看，法律及依据法律的判决可以说是一种"理论不全（或未完全理论化）的共识（或协议）"。这是人类降低共识成本，达成合作与集体行动的有效方式。这也是为什么简单案件的判决，一般无须额外的论证修辞就具有很强的权威性、说服力和可接受性的原因所在。从另一个角度说对法律权威的强调本身就是一种修辞。当然这并不是说权威本身就是修辞，本质上权威是对高昂信息费用的一种替代机制。商品（政策、观点、判决方案也可以看作特殊的商品）依据其质量是否能够被购买者低成本鉴别，划分为"检验品"与"信任品"，❷ 就后者而言，检验的信息费用很高甚至根本无法验证，人们对产品的判断就只能依赖对产品来源的判断与信任，如品牌、商誉、专家认证等。而政策、观念、判决方案很大程度上都是"信任品"，听众往往没有能力直接检验其质量，只能更多地依赖提供者的权威。权威有助于获得信任、降低说服成本、促成合作，也是一种回应高昂

---

❶ 有关司法修辞方法的一个全面论述可参见洪浩、陈虎：《论判决的修辞》，载《北大法律评论》2005 年第 5 卷第 2 辑。

❷ ［德］舍费尔、奥特：《民法的经济分析》，江清云、杜涛译，法律出版社 2009 年版，第 481 页。

信息费用的有效的简化机制。尽管如此，为形成、加强权威而进行的不增加知识含量的包装修饰则是一种修辞。

司法的效力很大程度上都依赖权威，甚至曾主要依赖权威，如神明裁判。司法对权威的依赖不仅限于对法律条文本身权威的强调，还体现在从法律制定到法律实施整个过程的权威营造。审判中对权威的塑造或修辞体现在法庭的建筑、装饰、布局，法官的服饰、称号、法槌，标准化的仪式、程序，宣判的言辞语调（或义正词严或中肯严肃或意味深长充满悲悯等）各个环节与层面。❶ 正式的审判过程充满了戏剧、表演元素，有着很强的"剧场化"效应。"司法活动在以'剧场'为象征的建筑空间内进行，将法律与建筑两者的审美特性融为一体，使法律原则和规则的刚健质朴和简洁对称的风格凝固成建筑的雕塑形态，这无疑会增强法律的庄严肃穆之美，从而内化人们的法律精神，唤醒人们对法律的信仰和尊敬。"❷ 福柯对审判仪式加强判决权威与服从的意义给予了十分精当的描述："标准化程度极高的法庭仪式规范了被告的行为，使被告在严整划一的程式面前极其温顺、敬畏。它利用的实际上是人们'向标准看齐'的这一心理惯性。在这种情形下，对法律未来判决性的信仰和支持来自对法院严格遵守程式、一视同仁的感觉。"❸ 伯尔曼亦特别强调仪式对于维系法律信仰的意义，就像宗教仪式一样。❹

尽管所有这些有助于加强判决权威与可接受性的修辞在疑难案件的审判中依然存在，而且还会变得更加重要，但由于对法条的含义或事实的定性不存在共识，判决最大的权威来源面临着客观性危机。为了克服这一危机，人们动用了各种解释方法，不惜严刑拷打来强迫沉默的法律开口，❺ 并将法律由正式文本含义扩展到立法者的原意或法

---

❶ 洪浩、陈虎：《论判决的修辞》，载《北大法律评论》2005年第5卷第2辑。
❷ 舒国滢：《从"司法的广场化"到"司法的剧场化"——一个符号学的视角》，载《律师文摘》2002年第1辑。
❸ 转引自谢鸿飞：《疑难案件如何获得合法性》，载陈兴良主编：《刑事法评论》(3)，中国政法大学出版社1999年版，第290、291页。
❹ ［美］伯尔曼：《法律与宗教》，梁治平译，中国政法大学出版社2003年版，第21-22页。
❺ ［德］拉德布鲁赫：《法学导论》，米健、朱林译，中国大百科全书出版社2003年版，第106页。

法律制度的信息费用问题

律自身隐含的目的,由规则到原则以至创造出"整体性法律"❶ 的概念。然而即使如此,一般原则上的共识并不必然意味着具体问题处理方案上的一致性。不但存在未完全理论化的共识(协议),亦存在未完全具体化的协议(理论),❷ 能够就原则达成共识但未必对原则的具体适用也能达成一致,更何况原则本身也是一个是非不断的领域。且如我们上面所分析的,解释自身并不能决定对解释的选择,其不具有决定性,尽管有助于法官发现信息对判决进行反思审视,但其本质却并非智识探究,反而更多的是一种修辞策略。尽管科学的权威很高,但对于划分利益配置权利来说,却通常只能是作为证据,而不能替代法律成为权威性依据。如此一来,维护及拯救法律的客观性、确定性(也就是权威)就成为诸多理论的重要目标,当直接的拯救不可行时,那就尽可能地予以掩盖。这样一来,具有修辞功能的各种解释方法或理论就成为法官不可或缺的工具或策略。说判决方案尽管不是来自明确的法律,但却是从法律的隐含意义、目的、立法者原意等地方寻得的,总比承认是自己裁量哪怕是依据可靠的社会科学理论与经验数据得来的要权威得多。这就是为什么解释方法及"解释"概念尽管不具有决策功能,但始终没有被法官放弃,并使得众多理论家着迷的原因所在。解释具有为司法所必需的十分有效的修辞功能,大大降低了法官的说服成本与听众的接受成本,赋予了判决很强的权威性与说服性,降低了执行成本。

当然对"法律"的依赖反过来也是对修辞的一种限制。尽管司法过程及判决充满了修辞,但大家要在法律之内或尽可能地围绕法律并运用法言法语来进行论辩,而语言本身就具有规范意义。法律规则的一大优点就是大大缩小了法律修辞的领地。❸ 因此,尽管我们可以说法律或司法充满了修辞,但却不能说法律或司法就是修辞。无限制的修辞不但会被滥用,成为徇私枉法的伪装掩饰,且本身也会大大提高决定形成的成本。司法中的许多证据规则与程序都具有限制修辞的目

---

❶ 这是德沃金相关理论的核心概念,代表作为〔美〕德沃金:《法律帝国》,李常青译,中国大百科全书出版社1996年版。

❷ 〔美〕孙(桑)斯坦《法律推理与政治冲突》,金朝武等译,法律出版社2004年版,第39页。

❸ 〔美〕波斯纳:《超越法律》,苏力译,中国政法大学出版社2001年版,第599页。

的与功能,尽管不可能予以排除。规则平等的对抗制的一大功能就是"震慑不诚实的修辞",由于说谎很容易被对方反驳和戳穿,"竞争的言者就更可能限定自己说一些有道理的或者至少是似是而非的要点"。❶ 这样就有助于减少谎言、欺骗、错误并大大节省法庭论辩的时间和成本。

除了权威外,另一重要的修辞进路就是"伦理感染",诉诸社会公众广为熟悉、认同的与普遍遵守的社会规范一致的道德原则、价值观念。运用道德原则、社会价值观念来解释法律增强判决的说服力,这在疑难案件中是极为普遍的。这就涉及了司法审判中社会科学(主要是经济学)与道德理论两种不同知识各自的作用及关系问题。

三、作为司法知识的道德理论与社会科学

当判决方案不存在获得共识的法律规则予以支持时,人们通常会求助于法律原则进而是更为一般性的道德原则,很多情况下能够在法律或道德原则的帮助下取得共识作出决定。尽管从根本上说支配性的力量仍然是先于及隐含在这些法律或道德原则背后的后果衡量,但仍然可以说这些判决是遵循这些原则而得出的。这些判决很多情况下不但获得较强的认可,且从后果上看也是有效率的。但这并不意味着道德原则中蕴含了有关案件的客观、确定的法律答案,更不是说道德理论是解决疑难案件的有效知识。道德理论的重要目标在于为人类行为寻求终极意义上的正义标准或道德公理,由此公理逻辑地推导出所有协调一致的道德与法律规范。自然这样一个公理也可以为疑难案件提供客观确定的答案。然而这一理论进路的成就却非常有限,且看不到成功的可能。道德也是人们对生存环境的一种回应,是一种社会控制方式,并不存在与日月星辰一般客观的普世的道德公理;况且即使存在,但若我们不能确定,也同不存在一样;唯一普遍存在的是道德情感。❷ 更为致命的是,即使道德理论为人们提供一条终极道德律令,

---

❶ [美]波斯纳:《超越法律》,苏力译,中国政法大学出版社2001年版,第576页。
❷ [美]波斯纳:《道德和法律理论的疑问》,苏力译,中国政法大学出版社2001年版,第7、14页。

其本身也无法有效地解释人们为什么会依据道德行事。❶ 从根本上说遵守道德的动力来自道德之外，道德情感是人类进化的结果，而道德规范则是社会博弈的结果，绝非道德理论提供或来自某一道德公理。❷ 道德情感与道德规范都是人们适应环境促进合作的工具。一项具有广泛共识和认同的道德观念及规范的生命力并非来自更高的价值标准，而是来自其潜在的增进合作提高社会福利的功能。"我们的道德本能和直觉的本源还可能主要建立在它们促进个人福利的倾向上。"❸ 当然道德的这一效率功能是整体意义上的，并非指在每一个具体情境中都会获得好的结果，这就是人类无法避免道德悲剧的根本原因所在。从长远来看，一项道德规范只有有助于提高社会福利或效率才能存在下去，否则将会逐渐消亡，其中的一个方式就是无法改变低效率道德规范的群体，在生存竞争中被拥有更有效率的道德规范的群体征服。只不过道德一旦形成往往很难改变，即使在已变得没有效率后也会长期存在，尤其当获得社会强势利益集团的维护时，更是如此。

然而这并不是说人们在遵从道德的时候都会事先进行功利计算，不存在纯粹的个体意义上的道德行为。道德之所以为道德很大程度上在于其执行除了社会谴责、规避等非正式惩罚外，相当程度上有赖于道德感或者说将行为规范内化的公平正义观念本身，一旦违反，内心就会不舒服。道德的这一特征使得其在很多领域成为不可替代的或者更具优势的社会控制方式，因为其一定程度上无须外在的监控，不需要信息成本。这在信息费用极为高昂的环境下尤为重要，就像无所不在的"上帝之眼"一样，这是一只无须他人监控的"良心之眼"。因此经济学家反对的只是道德理论，从来都不是道德情感与规范本身，反而认为其是维系社会的不可或缺的控制方式。

长期以来，法律中的很多问题都在用道德理论予以阐释，法律同道德重合的领域就更不用说了。然而这些表面上是道德问题的法律，

---

❶ ［美］麦特·里德雷：《美德的起源——人类本能与协作的进化》，刘珩译，中央编译出版社2004年版，第149页。

❷ ［美］波斯纳：《道德和法律理论的疑问》，苏力译，中国政法大学出版社2001年版，第6-8页。

❸ ［美］路易斯.卡普洛、斯蒂文.萨维尔：《公平与福利》，冯玉军、涂永前译，法律出版社2007年版，第9页。

本质上都有潜在的功利因素，都可以通过社会科学予以更好的解释。如大家熟悉的刑法中对"预谋杀人"和"激愤杀人"的区别对待，尽管各国采用了不同的表述，但相同的是前者的刑罚要重于后者。这也十分符合我们的道德直觉，长期以来人们一贯地用道德理论予以解释，也就是前者的主观恶性要远大于后者，更具可谴责性和可罚性。然而这某种程度上只是对一个规定性事实贴上一个简单的标签而已，并没有提供多少新知识。社会科学的解释是，前者对惩罚更为敏感更具可威慑性，加重刑罚能够更好地威慑此种犯罪；且预谋犯罪更注重毁灭证据和隐藏从而抓获率更低，同样的法定刑在乘以抓获概率后所得的预期刑罚就会偏轻。而"激愤杀人"对惩罚更不敏感，提高惩罚严厉度并不能明显地提高威慑力；且其抓获概率通常为1，法定刑通常就是预期刑罚不存在折扣；另外"激愤杀人"还具有威慑他人挑衅行为的收益；综合这些因素自然应该适用较前者要轻的刑罚。❶ 于此道德直觉与规范同功利权衡的结果一致，但支配性的力量还在于后果的功利权衡。再如通常被认为是主观的和道德的"过失"标准则可以通过汉德公式予以客观化。正是"由于公平观念往往符合有利于提高福利的社会规范，所以追求公平常常会提高个人福利也就不足为奇了。"❷这也是很多情况下有关公平正义的道德观念能够指引人们作出有效率的判决的根本原因所在。致力于提供道德规范系统的道德理论同社会科学（主要是经济学）一直在竞争对疑难案件的指导权，而且在表面上似乎是占据着上风，一个重要原因就在于许多道德原则符合效率准则。然而这并不意味着道德原则、公平观念可以成为脱离社会福利或效率的独立的政策评价标准与依据，尤其在两者冲突之时，恰恰相反，唯一的标准应该是社会福利，道德或公平观念仅在构成个人福利的函数意义上有价值。❸

事实上道德理论的价值还要远小于道德观念、原则本身。尽管存

---

❶ 桑本谦：《法律论证理论的神话》，载桑本谦：《理论法学的迷雾——以轰动案例为素材》，法律出版社2008年版，第97页。

❷ [美] 路易斯·卡普洛、斯蒂文·萨维尔：《公平与福利》，冯玉军、涂永前译，法律出版社2007年版，第13页。

❸ [美] 路易斯·卡普洛、斯蒂文·萨维尔：《公平与福利》，冯玉军、涂永前译，法律出版社2007年版，第84页。

法律制度的信息费用问题

在共识的道德原则通常能够为案件的解决提供一些指引,但疑难案件中更多的是人们对原则本身也存在分歧,或对原则的具体化存在分歧。道德理论层面上的分析论辩无助于达成共识。对此,查尔斯·拉摩尔提供了一个可以获得贝叶斯统计学家认可的观点:在深层次道德问题上,论辩不但无助于解决分歧,反而通常会加深分歧。❶ 在现实中共识性强的道德规范很多都是其后果容易被经验事实所验证甚至能够被人们的日常行为所"体验"的行为规范,而争论不休的道德分歧则往往是所涉及的问题,科学尚没有给出明确的答案。安乐死问题上的巨大争议,很大程度上在于还不存在能够保证"安乐死"不会被滥用的技术与制度,对"安乐死"的后果难以预测和评估。❷ 死刑存废的争论则主要在于尚不能有效地评估其威慑效果。西方"堕胎"问题的争论也很大程度上在于尚无法精确地计算堕胎禁止与否所挽救或牺牲的婴儿数量及对妇女健康的不同影响。这并不是说社会科学为这些问题提供明确的答案能够立刻彻底地消除道德分歧,只是说社会科学的进路为解决这些争议提供了一条出路。若经验数据明确表明禁止堕胎不但没能挽救婴儿,且导致了严重的堕胎黑市,给女性健康造成了巨大伤害,那相信人们会在这一法律问题上获得答案,尽管仍然会有人一提起堕胎就有罪恶感和厌恶感。而且我们相信从长期来看,社会科学的答案也有助于人们道德的转变与新共识的形成。"在不了解事实的情况下,道德争论会进行得最为激烈;当人们缺乏可以客观重复的知识时,他们就会退守,依赖根植于个人心理和教养的直觉和个人经验。"❸ 当然这也是一种理性的应对环境的方式。在波斯纳看来,运用经验性调查来检验道德主张的功能性辩解,是指出道德法典内在矛盾之外的唯一的道德批判方式。❹ "科学话语趋向于合流,而道德话语则趋向于分流。"❺ 由于道德辩论无助于形成共识,那么面对疑难案件,

---

❶ Charles Larmore, *The Morals of Modernity*, Cambridge University Press, 1996, p.173.
❷ [美] 波斯纳:《道德和法律理论的疑问》,苏力译,中国政法大学出版社2001年版,第153页。
❸ [美] 波斯纳:《法理学问题》,苏力译,中国政法大学出版社2002年版,第439页。
❹ [美] 波斯纳:《道德和法律理论的疑问》,苏力译,中国政法大学出版社2001年版,第25页。
❺ [美] 波斯纳:《道德和法律理论的疑问》,苏力译,中国政法大学出版社2001年版,第74页。

道德理论就没有能力成为决策依据。决策还是只能依据对后果的权衡作出，显然社会科学在预测和评价结果方面更具优势，能够成为指导司法决策的更有效的理论工具，尽管其本身也并非完全确定、可靠。❶有助于后果预测和评价的较为有效的社会科学理论是自 20 世纪六七十年代以来逐步形成的。但这并不意味着法官只有在近些年才通过权衡后果进行决策，事实上法官一直以来都在进行后果权衡，尽管没有系统可靠的理论指导，但效果还不错。如波斯纳所言，普通法相当程度上是有效率的，是以效率为根据不断发展而来的。❷ 科斯也是通过研究普通法的判决而创造了影响巨大的交易成本理论。法经济学中著名的汉德公式更是在现代法经济学诞生以前最先由法官提出的。❸ 当然这并不是说理论不重要，有理论通常要比没有理论好，更何况还是极有价值的理论。这也是在美国许多法经济学家被任命为法官及成为法官需进行法经济学培训的原因所在。❹

社会科学是一种更好的司法决策理论，但这并不意味着法律的道德解释或道德话语不再有用，应该从司法中予以清除。恰恰相反，道德规范或表述若同有效率的经验判断相一致，那将是更为简洁有效的表达及传递交流经验性判断的方式。"'实然判断'上升为'应然判断'的结果是，降低了判断的精确度，但也降低了判断的信息传递成本。"❺ 已知的诚实信用行为几乎都带来社会福利的增加，若今后还是每一次都具体地陈述诚信带来了什么具体后果，极为烦琐复杂，一个有效的替代就是直接上升为：行为应该遵守诚实信用原则。如此人们思考某件事是否应该做时，无须再去从事复杂的利害计算，只要看它是否符合某一道德原则（如诚实信用或禁止谋杀）就行了，这不但大

---

❶ 对于社会科学与道德哲学在解决疑难案件中的可能价值，国内亦有学者以近年来的一系列"热点"案件为例进行了分析，结果显示了道德理论的苍白无力与社会科学的强大解释力及决策指导能力，详见桑本谦：《理论法学的迷雾——以轰动案例为素材》，法律出版社 2008 年版；当然我们承认这也只是一种解释而已。

❷ Posner, "A Reply to Some Recent Criticisms of Efficiency Theory of the Common Law," 9 *Hofstra L. Rev.* 775–777 (1981).

❸ [美] 罗伯特·考特、托马斯·尤伦：《法和经济学》，史晋川、董雪兵等译，格致出版社 2010 年版，第 325 页。

❹ 柯华庆：《合同法基本原则的博弈分析》，中国法制出版社 2006 年版，第 3 页。

❺ 桑本谦：《法律论证理论的神话》，载桑本谦：《理论法学的迷雾——以轰动案例为素材》，法律出版社 2008 年版，第 98 页。

法律制度的信息费用问题

大降低了思维成本和交流成本,还有助于阻止机会主义行为(直截了当地告诉孩子"说谎不对"可能要比从经济学和进化理论的角度向他解释这一原则的起源与功能,更有助于道德的养成,尽管更为准确的是"有时候说谎也是对的、不可避免的")。但其最根本的依据还在于支撑该道德原则的经验判断,尽管人们可能不再意识得到它。

于此也就涉及我们熟悉的"实然"与"应然"或"事实"与"价值"的两分问题。所谓实然就是事物本身是什么,而应然是指应该怎么做。很多哲学家都认为两者不可沟通,我们无法经由"是什么"推出"应该怎么做"。然而从经济学上来看却完全不是这么回事。尽管我们同意"应该怎么做"同"是什么"是有区别的,也有区别的必要,但当我们追问"为什么应该这么做""为什么这一规范性要求应该成为我们的道德观念或正义感"时,我们只有从"实然"的角度才能对此作出有效的回答。根据前面我们所讨论的道德情感与规则都是演化的结果,如此"这些原本被认为是'应然'的东西,事实上都有它进化的依据,可以被科学地分析,因此也是一个'实然'的过程。……我们必须对'应然'本身作出'实然'的解释"。❶而传统的道德哲学则认为应然性问题只有通过诉诸效力更高的应然命题予以解决,直至一项终极规则。然而当我们追问这一"终极规则"的理由时,他们只会回答说这是不证自明,不能继续追问的。如此一来,道德哲学既不能为人们遵守道德规范提供知识上有说服力的解释,亦不能激发"情感性召唤"。❷尽管如此,获得共识支持的道德原则、观念却因其简单和"容易激发公众的情感共鸣"能够以低成本获得认同和接受,从而使得道德解释成为法官或解释学者经常甚至是下意识使用的正当化其判决的修辞手段,就如同可能并不存在或者"没用"的"立法者原意"的功能一样,从降低信息成本的角度看这是十分有效率的。❸社会科学理论做得说不得,道德话语说得做不得。甚至做得

---

❶ 汪丁丁、罗卫东、叶航:《人类合作秩序的起源与演化》,载《社会科学战线》2005年第3期。

❷ [美]波斯纳:《道德和法律理论的疑问》,苏力译,中国政法大学出版社2001年版,第50页。

❸ 桑本谦:《法律论证理论的神话》,载桑本谦:《理论法学的迷雾——以轰动案例为素材》,法律出版社2008年版,第98页。

越多的越有赖于修辞的保护和支持。美国最高法院为典型的政策法院,自由裁量是不可避免的且空间很大,但正是在这里法条主义受到了"最断然"的赞扬。❶ 社会科学是有效的决策知识,而道德话语则是有效的正当化修辞知识;修辞有助于降低判决的接受成本。

正因为如此,虽然同"严格法"时代相比,现代法律与司法容纳了更多的自由裁量,但法条主义或形式主义依然是正统司法意识形态。也同样因为如此,波斯纳才认为美国的大多数法官至少在面对疑难案件时是实用主义者,要看他们做了什么而不是说了什么话,此时的决策不可能离得开对后果的功利权衡;当然也会存在完全受意识形态支配的法官。❷ 对后果的权衡也必然包含着对法律稳定性的考量,即使实用主义的法官并不会一感觉法律不顺手就改弦更张;"只有在极端的案件中,法官才有理由忽略立法的决断",且"如果把足够的强调放在审判的系统性后果上,那么法律实用主义就同法律形式主义合二为一了"❸。如此一来,标签就显得更加贫乏无力,一个法条主义的裁判很可能是基于实用主义的理由而作出的,或者是出于保持法律稳定,或者是担心判决被推翻等。法官到底裁量多一点还是法条主义多一点,不仅取决于案件还取决于具体的环境,如英国的法官就比美国更多形式主义。❹ 就我国当下的情况而言,一个不十分准确的说法是:对于下级法院我们希望更多的法条主义,以有效控制法官滥权,提高法律确定性与可预测性,为和解提供便利,以改善大量简单案件涌入审判程序的现状(原因可能在于判决结果缺乏可预测性及执行难);对于高级法院尤其是最高人民法院而言,我们希望能够依据上诉法院的方向进行改革,并努力获取担当上诉法院而非上级法院的不可或缺的知识,最主要的是社会科学知识。❺

---

❶ [美] 波斯纳:《法官如何思考》,苏力译,北京大学出版社2009年版,第38页。
❷ [美] 波斯纳:《法官如何思考》,苏力译,北京大学出版社2009年版,第13页。
❸ [美] 波斯纳:《法律、实用主义与民主》,凌斌、李国庆译,中国政法大学出版社2005年版,第79、87页。
❹ 相关比较分析可参见阿蒂亚、萨默斯:《英美法中的形式与实质》,金敏、陈林林、王笑红译,中国政法大学出版社2005年版;波斯纳:《英国和美国的法律理论及法学理论》,郝倩译,北京大学出版社2010年版。
❺ 苏力:《最高法院、公共政策和知识需求》,载苏力:《道路通向城市——转型中国的法治》,法律出版社2004年版,第148–150页。

第四章　侵权制度中的
信息费用问题

确定侵权责任存在与否时，是否考量行为主体的主观意图对于法律运作的信息费用影响重大。主观意图的观察与核实成本极为高昂，甚至有些信息根本不可能被行为主体之外的人发现，更不用说在法庭上予以证实。法律通过过失责任与严格责任两种方式来应对这一问题。

一、传统理论的反思

侵权制度主要通过过失与严格责任两种方式来确定责任归属，决定将损失留在原处，或转移给何者承担。对它们的解释构成了侵权，以及整个法学理论的重要部分。传统民法学一直采用两种不同的难以勾连的进路来应对这一问题。最为典型的解释是过失责任的依据在于"自由意思""道德上的可非难性"；而严格责任的理由则主要是与道德无关的危险控制与损害分担，如：企业能够更好地控制和分散风险；受害人一般没有能力预防等。[1] 尽管可能是不自觉的、无意识的甚至是不情愿的，但后者实为一种经济学进路。法经济学更为规范一点的表述是：应该将风险分配给能够以更低成本进行控制和预防的一方，对于无法预防的风险则应考虑配置给能够以更小成本进行保险的一方，从而为事故的有效预防提供恰当的激励，实现社会损失的最小化。这里涉及对侵权法功能的认识，传统民法学中存在一个未曾论证的共识：侵权法的首要任务在于弥补受害者的损失，而对损害的预防则只是权利救济的"副产品"。[2] 然而司法实践与社会科学理论都表明对于填补损失而言，

---

[1] 参见王泽鉴：《民法学说与判例研究》（2），中国政法大学出版社1998年版，第145、162页。

[2] 我国许多民法学者将侵权法定位为权利救济法，首要功能是填补损失。参见王利明：《侵权责任法制定中的若干问题》，载《当代法学》2008年第5期。

侵权责任制度是非常没有效率的;在此方面效果更好、成本更低的是相关商业的或社会的保险制度。❶ 以至于在一些领域开始尝试以无过失保险制度来替代侵权责任制度。❷ 如此一来,就需要为侵权责任制度继续存在寻找新的理由。实际上,侵权责任制度的主要功能在于其通过施加责任(也就是惩罚)为行为主体进行有效的事故预防提供激励,从而减少社会损失。❸ 因此侵权责任制度的首要任务是事故的事先预防,而且一直以来都是,事后的填补损害才恰恰是"副产品"。

正是基于对有关风险控制与分散的认识,有学者主张将危险责任(也就是严格责任)直接表述为"风险责任"。❹ 传统民法学者在接受对严格责任的经济解释(通常还会附加一些看似非经济学的理由)的同时,仍然坚持过失责任的道德解释。尽管也承认"无过失就无责任"的正当性更多的在于避免单纯的损失转移带来的成本,但依然坚持过失责任的根基在于道德上的可非难性。❺ 然而仅仅指出对于某些侵权行为人们会产生道德上的愤怒,并不分析其产生的根源,这甚至很难称得上是一种解释。而且对于"过失"的界定,无论是法律规定、司法实践,还是学说理论主要采用的是一种客观标准。过失标准是以"具有平均才能、智力正常的具有理智的人"为参考对象确立的,而不考虑每一个个体的特殊情况。❻ 这在《德国民法》中体现为"怠于社会生活上必要之注意者,是为过失";在普通法则中体现为"合理人(也就是理性人)"之概念。❼ 其强调的是社会交往所要求的

---

❶ See Richard A. Posner, "A Theory of Negligence", 1 *Journal of Legal Studies* 30 (1972).

❷ 美国部分州自20世纪70年代开始尝试采用补偿车祸受害者的"无过失汽车保险计划",当然亦有学者从事故预防的角度反对以此取代侵权责任制度。参见[美]罗伯特·考特、托马斯·尤伦:《法和经济学》,张军等译,上海三联书店、上海人民出版社1999年版,第639–647页。

❸ [美]斯蒂文·萨维尔:《事故法的经济分析》,翟继光译,北京大学出版社2004年版,第344页。

❹ 叶金强:《风险领域理论与侵权法二元归责体系》,载《法学研究》2009年第2期,第55页。

❺ 这方面的讨论详见叶金强:《风险领域理论与侵权法二元归责体系》,载《法学研究》2009年第2期,第46、51页。

❻ [德]舍费尔、奥特:《民法的经济分析》,江清云、杜涛译,法律出版社2009年版,第154页。

❼ 参见邱聪智:《从侵权行为归责原理之变动论危险责任之构成》,中国人民大学出版社2006年版,第55、58页。

一般人之注意能力，同道德理论所强调的个体实际的"自由意思""主观可非难性"不相一致。如此一来，道德理论不仅不能解释整个侵权法的归责问题，甚至其对过失责任的解释也非常软弱无力。无论理论上还是实践上，道德理论不但不能澄清问题，反而经常遮蔽模糊问题。其遮蔽了过失责任的真实依据，也使严格责任问题变得更为模糊复杂。如传统民法理论也时常用"公平正义""谁获益谁负担"等充满道德色彩的话语来补充论证严格责任的正当性，❶ 不仅同其认为严格责任为"无道德非难时之责任负担"的观点不协调，且将严格责任本身及其同过失责任的关系进一步复杂化了。对于一个问题的解释并非越多越好，有效的解释有一项就够了，正如"不要不必要地增加实体或基质"的"奥卡姆剃刀"❷ 原则所揭示的，过多的解释不但浪费反而会遮蔽问题的本质。

过失责任的根基为何；为什么会采用客观化的"过失标准"；过失责任与严格责任有什么样的不同与联系；为什么在相当长的历史时期人们主要采用严格责任（民法学者将其特别称为"结果责任"），直到17、18世纪过失责任才逐步盛行，到19世纪后期严格责任再度兴起；❸ 乃至为什么人们会对过失侵权产生道德愤怒，而对无过失侵权却一般不会。对于这些问题我们需要一个有别于道德话语和意识形态的，融贯一致而又简约的解释。法经济学为此提供了新的理论资源与分析工具。如上所述，侵权责任制度的首要任务在于通过课以责任为行为主体进行事故预防提供激励。然而不仅事故损失是一种成本，事故预防（提高注意水平、减少行为水平）也同样需要成本。因此我们所需要的并非不计成本的事故预防而是有效率的事故预防，我们所要避免的并非所有事故，而是能够以合理成本避免的事故。如果在事故预防上追加100元，所带来的事故减少从而避免的损失不少于100元，那这追加一投入就是有效率的；如果其所能避免的损失小于100元，这一追加投入就是没有效率的。事故的最佳预防应该是最后1元的投

---

❶ 参见王泽鉴：《民法学说与判例研究》（2），中国政法大学出版社1998年版，第162页。

❷ [美]梯利：《西方哲学史》，葛力译，商务印书馆1995年版，第239页。

❸ 参见王泽鉴：《民法学说与判例研究》（2），中国政法大学出版社1998年版，第143、151页。

入恰好能够带来1元的事故损失避免,也就是事故预防费用与事故损失之和最小。如果再考虑到对事故损失以保险的方式进行分散所需的费用,以及侵权责任制度自身运作产生的成本(律师、法庭、警察、调查取证、诉讼、执行等费用)。那么侵权法的目标或任务就应该是由事故损失、事故预防成本、保险费用及制度运作的行政成本之和组成的社会损失最小化。❶ 无论过失责任还是严格责任制度均致力于实现社会最佳预防,其达成目标的能力及运作成本决定着两种归责方式的选择。过失责任制度下人们仅对有过失也就是在注意水平上的投资未达到社会最佳程度的事故承担责任,从而激励行为主体达到社会最佳注意水平。严格责任制度下如果事故的预防费用低于事故预期损失,人们自然会继续提高预防程度,这有助于减少其赔偿责任;但当再追加的预防费用超过预期事故损失时,人们将选择事后支付损失赔偿而不是进行得不偿失的事前预防,从而实现社会最佳预防。如果设计良好的过失责任与严格责任制度在引导人们进行事故预防上都能实现社会最佳,剩下的就是它们自身运作所需的行政成本问题,哪种制度运作的行政成本更低,哪种制度就更有效率、更可取。影响它们达成目标能力及行政成本的决定性变量就是信息费用。为了讨论的简单,下文中时常暗含一个假设:事故本质上由单方引起的,只有加害人的行为影响事故的风险,而受害人的行为不能影响事故的风险;且事故只给受害人带来损失,譬如坦克撞上了帐篷。当放松假设条件时,可能会改变我们讨论的结论,但支配结论的分析逻辑是不变的。设定假设带来的局限,同其在理论表达上所节省的信息费用相比可能是微不足道的。我们首先来看过失责任制度。

二、过失责任制度

法律对过失的一种描述是,对他人事务没有尽到像对自己事务一样的谨慎水平。❷ 此种标准要求行为人对他人可能遭受的损害所付出

---

❶ Guido Calabresi, *The Costs of Accidents: A Legal and Economic Analysis*, New Haven: Yale University Press, 1970, p. 340.

❷ 在民法学中这被称为"具体的轻过失",源于罗马法,是根据具体人的特殊条件对"抽象轻过失"所负责任的一种减轻,后者是指未尽到"善良家长"的注意义务,为客观化的过失标准。参见周枏:《罗马法原论》(下册),商务印书馆2002年版,第696–698页。

的关心和注意同对自己可能遭受的损害所付出的一样。这实质上就是经济学所说的外部成本内在化的一种富于道德和修辞色彩的表述。作为理性人，对于可能伤害自己的事故，自然会进行有效率的预防，以求个人成本也就是预防费用与事故损失之和最小化，提高注意水平至社会最佳程度。但若不用对因自己行为给他人带来的损害承担责任，他在行为时就不会进行预防，因为事故损失由他人承担，对其而言这是一种外部成本。而受害者又不能以比行为人更低的成本进行预防，这样就会导致事故预防远离效率位置。要求他像关心自己一样关心他人，否则就要对其给他人带来的伤害承担责任，这就使得此种外部成本内在化为行为人自己的成本，从而激励他对这部分事故也进行有效率的预防，以求得社会成本的最小化。由此法律上所界定的"过失"，本质上就是一个经济学的定义，也就是通过外部成本内在化，迫使行为人在所有事故上采取合理注意措施，实现有效率的预防。

对过失标准简单而又准确的描述是边际意义上的"汉德公式"。❶ 假设 B 为提高注意水平的追加成本，P 为注意水平提高后事故概率的减少值，L 为事故一旦发生导致的损失，最佳注意应该是 $B = PL$ 之时，也就是最后一单位金钱的谨慎费用，恰好带来一单位金钱的事故损失减少，此时事故预防成本与事故损失之和最小化，也就是社会成本最小化。如果 $B < PL$，则应该进一步提高谨慎水平，此时表明行为人没有达到最佳注意标准，存在过失，应该对事故损失承担责任。如果法律制定良好，法定谨慎标准恰好等于每个人的最佳注意标准，而且能够很容易地确定人们是否达到了法定标准，我们能够合理地预测每个人都会采取法定水平的注意（这是符合其自我利益的），从而也就不再会有过失的存在。然而与我们的预测相反，实践中始终存在大量有过失的案件。这说明一方面我们的法定标准可能并非每个个体的最佳注意标准，另一方面我们并不能很容易地判断人们是否达到了法定注意水平，其原因都在于高昂的信息费用。

我们先来看第一个方面。不同的人施加注意的能力是不相同的，然而法律并没有根据每个人特殊的预防能力确定适合于不同个体的特

---

❶ 参见［美］波斯纳：《法律的经济分析》，蒋兆康译，法律出版社 2012 年版，第 240 页。

殊的合理注意标准，而是根据通常的一般人的注意能力为所有主体设定统一的过失标准，体现为"善良家长""善良管理人""理性人"的法律概念。这也就是上文中提到的过失标准的客观化。假设避免一种事故的平均成本为100元，该事故带来的损失为110元。对于不可能以低于120元的成本避免事故（或者说是达到法定注意水平）的人而言，他们会选择承担事故责任而不是遵循法定注意标准，其构成法律认定的过失，尽管就其本身的特殊情况而言，他不可能以合理成本达到法定要求。除非放弃所从事的行为否则就要被认定为有过失，对其而言这本质上是一种严格责任。假设对于事故预防，优秀司机的最佳时速为100公里，蹩脚司机的最佳时速为50公里，法定限速标准为80公里，超过80公里就会被认定为过失。这样一来，就会导致优秀司机害怕被判为过失而开车过慢，蹩脚司机却因不用担心承担责任（只要不超过80公里）而开车过快，从而带来无效率。准确地区分司机到底是优秀的还是蹩脚的，进而适用不同的限速标准，有助于消除此种无效率，然而这需要高昂的信息费用，这一区分带来的好处可能不足以弥补区分的成本。为了节省信息费用，法律将千差万别的个体予以类型化，根据每一类群体中的典型个体的成本来确定适用于该群体的注意标准，而不是根据每一个个体的特殊情况确定标准。类型化的最佳程度应是，进一步精确区分带来的好处，恰好等于其区分成本。此外，执行统一的客观化的过失标准，人们在进行决策时只需简单地了解什么是法定注意标准即可，能够合理期待其他主体也会遵循这一标准，而没有必要花费高昂代价了解每一个体的特殊情况。我们只需确定交通信号灯是绿色还是红色就可以作出决定，而没有必要知道对面的行人是否特别鲁莽。这样就大大降低了社会生活中所需的信息费用，促进了社会合作。❶ 这也正是民法学所说"过失客观化""违法视为过失"❷ 的经济学理由。

---

　❶ 参见［德］舍费尔、奥特：《民法的经济分析》，江清云、杜涛译，法律出版社2009年版，第183页。

　❷ "违法视为过失"是指只要违反法律或判例所确定之义务，就判定存在过失，是过失客观化的高度发展，如德国法中的"社会安全义务"、日本民法的"忍受限度论"及英美法的"Negligence per se"。详见邱聪智：《从侵权行为归责原理之变动论危险责任之构成》，中国人民大学出版社2006年版，第77－90页。

法律制度的信息费用问题

过失责任制度下，行为人仅对没有达到法定注意标准的行为承担责任。如果法定注意标准低于社会最佳注意标准，行为人只要达到法定注意标准就可以免责，其必然选择仅达到法定注意标准以实现个人成本最小化，而不会采取符合社会最佳注意程度的预防措施，从而导致事故预防水平偏低。同样，如果法院不能成功确定过失加害人没有达到法定标准，行为人可以轻易逃脱责任，即使法定标准同社会最佳注意标准一致，也不能激励加害人进行有效率的事故预防。因此过失责任制度的有效运作需要成功确定什么是社会最佳注意标准，以及发现判断行为人是否达到法定注意标准。这就需要有足够的信息来分析评估与汉德公式相关的变量（事故发生概率、事故损失、预防费用）及其变化。然而无论对行为主体还是法官来说，获取和评估这些信息都是十分昂贵的。

有学者指出，法官在确定过失标准时，通常并不会套用汉德公式进行精确计算，而是参考案件情景下普通人的一般做法及道德习俗等，并据此批评汉德公式及经济分析的解释力。我们赞同其陈述的事实，但不认可其批评。由于根据汉德公式进行精确计算所需信息的成本极为高昂，参考普通人的一般行为方式及道德习俗就成为克服信息费用难题的有效替代。对成本/收益逻辑的遵循并不意味着法律每时每刻都要进行有意识的计算，反而"时常要求法律规则有意识地避免进行明确的参考成本/收益分析"，❶而是径直遵循日常道德习俗与行为习惯等。反对经济分析的理由仍然是经济学的。显然，道德习俗并不拥有决定力量，对其的参考主要出于节省决策成本的经济考量，这就决定了其适用范围。当其同有效率的注意标准相去甚远时，法律及法官并没有义务也不应该受其拘束。❷ 与此相同，信息费用也为司法运作中为什么经常依据行业标准、职业惯例来判断是否存在过失提供了有效的解释。至于什么样的业内习惯是经常被遵循的、有效率的，这将又是一个经济分析的问题。

注意有多种维度，有些是可以观察和为第三方所核实的，有些则

---

❶ [美]理查德·A.爱波斯坦：《简约法律的力量》，刘星译，中国政法大学出版社2004年版，第134页。

❷ [德]舍费尔、奥特：《民法的经济分析》，江清云、杜涛译，法律出版社2009年版，第190-191页。

第四章　侵权制度中的信息费用问题

只是行为人的私有信息，不能被第三方核实。如可以较为容易地发现和证实是否超速，却不容易确定司机观看反光镜的频率。对于不能被发现与核实的注意维度，行为人不加以注意或欠缺注意，不会被发现和认定存在过失，不用承担责任，自然他们就不会在这些方面花费成本提高注意。这样一来，受制于信息问题，法律和法官不可能确定与核实每一维度上的最佳注意标准。自然也就不可能引导行为主体在所有维度上达到最佳注意，也就不能完全实现有效率的预防。❶ 此外，有些事故的发生不仅与行为人的注意水平（如不超速）有关，还与行为水平或活动量有关（如驾驶的里程数、频率）。行为水平的提高会给行为人带来效用的增加，但同时也会导致预期事故损失的增加。只有当额外一单位的行为带来的收益超过其导致的预期事故损失增加值时，提高行为水平才是有效率的。由于随着行为水平的提高，其给行为人带来的效用呈边际递减趋势，但对预期事故损失的影响则是边际递增的，当边际效用等于边际预期事故损失时，就达到了最佳行为水平。超过这一水平的行为带来的事故损失大于其增加的效用，将是无效率的。只考虑注意因素的过失标准，显然不可能引导人们将行为水平限于社会最佳状态。此时行为人仅对欠缺合理注意的损失负责，并不承担因活动量增加导致的损失，只要提高行为水平的边际效用大于零，其就会扩大活动水平，而不用考虑由此带来的事故损失的增加。❷ 除非在确定过失标准时，不仅考虑注意水平还要考虑行为水平。显然法律确定最佳行为水平的难度远远超过了确定最佳注意水平，其需要知道主体从他们的行为中获得了多少收益，这些行为导致多少事故损失。获得此类信息的成本远远超过了界定合理注意水平的信息费用。法律实施中，"除了法院在明确规定主体行为水平的恰当标准时所面临的困难外，法院还必须确定主体的实际行为水平是多少。在某些情况下，这种额外的负担可能是具有实质性的难题，特别是因为确定主体的行为水平需要我们掌握主体在过去的行为信息（一个人在上一次遛狗之前，即在他的狗咬了某人之前一共遛了多少次狗?)"。与此相对

---

❶ [美] 斯蒂文·萨维尔：《事故法的经济分析》，翟继光译，北京大学出版社 2004 年版，第 21 页。

❷ Steven Shavell, "Strict Liability versus Negligence", 9 *Journal of Legal Studies* 2 (1980).

的是，确定主体的注意水平通常仅需掌握关于在事故发生的那个时刻他的行为的信息。"❶ 正因为信息费用的障碍，法律在确定过失标准时不仅没有考虑行为水平，且即使注意水平也仅考虑了部分维度。

即使法定注意标准与社会最佳注意标准一致，但由于发现和核实行为人实际注意水平的信息困难，法院在判断其是否有过失时存在不确定性。可能错误地认定已尽合理注意义务的行为人有过失，如此行为人就必须对损失承担责任。这样一来，行为人为了避免被错误地认定为有过失，就可能进一步提高注意水平，只要注意成本小于预期事故损失与合理注意费用之和，尽管这将导致超出社会最佳水平的注意。与此相反，法院也可能错误地认定没有尽到合理注意义务的人没有过失，这会导致行为人在一定程度上有意识地降低注意水平并希望能够错误地逃脱责任。前一种错误对行为人的影响往往要超过后一种错误。"如果提高注意水平可以减少被错误认定为具有过失的可能性，主体就会决定施加超过合理水平的注意，即使法院高估注意水平的几率等于低估注意水平的几率的情况下也是如此。"❷ 这样一来，就导致了很多社会所不希望的注意措施，降低了社会福利水平。

概括地说，立法者确定合理注意水平的费用、法院及行为人确定合理注意水平及实际注意水平的费用，由于信息局限而导致的过失认定中的"一刀切"（过失标准的客观化）、错误、不确定性带来的社会效率的损失，共同构成了过失责任制度因信息问题而产生的成本。然而仅仅指出其缺陷并不能得出要废止过失制度的结论，除非存在能够更好地处理这些信息问题的替代制度。下面我们来看严格责任制度是否能够在某些方面做得更好。

三、严格责任制度

根据严格责任制度，只要存在行为与损害就可以确定责任，不需要考虑是否存在过失。这样就避免了相关机构确定什么是合理注意标准，行为人是否达到合理注意标准，以及原告证明被告存在过失（及

---

❶ [美]斯蒂文·萨维尔：《事故法的经济分析》，翟继光译，北京大学出版社2004年版，第31页。

❷ [美]斯蒂文·萨维尔：《事故法的经济分析》，翟继光译，北京大学出版社2004年版，第95页。

被告反证）的信息成本，因而其实施成本通常较为低廉。对于通常使加害人能够以更低成本进行预防的事故类型，适用严格责任制度就可以实现有效率的事故预防，且可以避免过失责任制度所需的高昂信息成本。效率才是严格责任正当化的根本所在，而不是那些"对受害者更好的补偿""谁制造和收益，谁承担风险"等道德修辞。认为只是加害者的行为或存在制造了损失的说法，掩盖了事故发生的相互性特征。铁路抛洒花火和非耐火农作物的共同存在导致了火灾损失，而不是只有铁路一方造成损失。如果改种耐火植物是成本更低的避免火灾损失的方式，那么强迫铁路承担事故责任就不仅是没有效率的，也不应该具有道德上的优势。反之，如果铁路是避免事故成本更低的一方，要求其承担责任，就既是有效率的，也是合乎道德的。[1]道德判断的根基在于效率，"应当"来源于"是"，而非两者不可通约。

由于加害人对事故损失承担严格责任，为了实现自身成本最小化，作为理性人其必然会全面衡量与事故预防相关的所有因素，以便达到事故预防费用与事故损失之和最小化。行为人不仅会考虑可以为第三方核实的注意措施，也会考虑不能为第三方核实的注意措施，只要能够降低其负担的总成本，从而实现最佳注意。这就避免了过失责任制度下因信息费用问题，对不可核实的注意维度的忽略及对最佳注意水平的偏离。行为人将会有效地利用自己的所有信息进行决策。行为人不仅会考虑注意水平对事故的预防，还会自动考虑行为水平对事故的影响，因为其要承担自身行为的所有收益和成本。由此，行为人会自动将自己的行为水平调整到社会最佳位置，而过失责任受制于信息费用无法做到这一点。反之，如果信息费用为零，法院可以很容易将行为水平纳入过失的考量中，则过失责任就能实现对行为水平的控制，也就不再需要严格责任了。由此严格责任能够在注意水平与行为水平两个方面同时实现社会最佳，对于那些主要受行为水平影响的事故类型，严格责任就显得尤为重要。不仅如此，严格责任引导千差万别的行为主体根据自身不同的成本收益情况进行事故预防，避免了过失责任下过失标准"一刀切"带来的预防过度或预防不足，如上文提到的

---

[1] Richard A. Posner, "Strict Liability: A Comment", 2 *Journal of Legal Studies* 216 (1973).

法律制度的信息费用问题

优秀司机开车过慢,而蹩脚司机开车过快的问题。严格责任有助于将问题交给不同的行为人自行处理,避免了权威机构集中处理问题所面临的信息难题,以及由此导致的无效率。而很多情况下行为人自身更有能力(也就是信息)来解决这些问题。

当然与此相反,如果行为人十分欠缺与事故预防和损失相关的信息,可能是他们通常很少进入该领域,难以确定合理注意水平与行为水平,他们就不能实现有效率的预防,即使实现,代价也极为高昂。在这种情况下,由权威机构(如法院)在集中考察分析此类事故的相关信息后制定明确的过失标准(预防要求),可能就是更为有效率的解决方式。"如果法院能够比加害者对违反交通规则的行为进行更好的评估,并且在交通中必要的谨慎对于所有的加害者而言大致相同,则法院对过失的确定就是一项应当由法律制度所创设的公共利益。此时过失责任优先。如果相反,法院对违反规则的行为认识不清,就像在对行为水平的认识中经常发生的那样,并且每个加害者的行为最佳标准都彼此完全不同,则危险责任优先。"[1]

可能正是由于严格责任在特定条件下在信息难题上的优越性,使得它在相当长的历史时期内作为首要的归责原则。尤其在信息技术极为落后,人们缺乏对自然规律的认识,且生产力水平不足以维持对事故进行调查审理的专业司法机构的初民社会,信息费用更是极为高昂。人们不仅难以区分过失与不可避免,甚至不能有效区分故意和过失。在这种情况下如果绝大多数事故又都是能够以合理成本避免的,那么严格责任就不但是仅有的选择,且是完全正当的。[2] 初民社会这种严格责任的适用也可以看作是一种推定(只是这种推定是不允许辩驳的),损害事实一旦确认,就推定加害人肯定有过失;当意外事故的比例还小时,这一推定极大地节省了信息费用,却不会带来多少误判损失,是十分合理的。[3] 现代过失责任制度中"过失推定"的正当性也在于此。在初民社会早期,不但法律责任为严格责任,就连道德责

---

[1] [德]舍费尔、奥特:《民法的经济分析》,江清云、杜涛译,法律出版社2009年版,第201页。

[2] 参见[美]波斯纳:《正义/司法的经济学》,苏力译,中国政法大学出版社2002年版,第206页。

[3] 桑本谦:《理论法学的迷雾——以轰动案例为素材》,法律出版社2008年版,第109页。

任（在现代社会最强调自由意志）也不关注意图和过失。常常依据既非故意也非过失甚至是不可能避免的结果来归结道德责任。高昂的信息费用迫使初民社会的成员更多地依赖事实后果而不是意图来确定责任，包括道德责任。只有社会发展到一定程度，人们能够更好地理解自然规律，创建了用来发现和评价与过失有关的事实的专门机构，使得信息费用降低，道德责任和法律责任才逐步背离了严格责任。❶ 这一事实也再次说明道德理论不足以用来解释法律制度的变迁，道德同法律一样根源于同成本有关的社会条件，而非来自脱离社会实然状态、与日月同在的伦理准则。

如果确定合理注意标准及行为人实际注意程度的信息成本不是太高，事故中不可能以合理成本避免的意外事件的比例上升，且能够以合理成本避免的事故主要受注意水平的影响而不是行为水平，那么过失责任也可能会比严格责任更具优势。在过失责任下，虽然确定过失存否需要耗费成本，但只有那些存在过失的案件需要承担责任，主要使很可能存在过失的案件进入诉讼，意外事件被过滤出诉讼领域或排除在责任范围之外，这样就大大减少了案件数量，避免了没有收益的单纯的损失转移。将不可能以合理成本避免的意外事件导致的损失转移给另一方承担，不会促使行为人改进自己的行为，从而起到减少事故损失的作用，它只是徒增了转移成本。严格责任制度下，对一切事故损失承担责任（尽管允许不可预见性❷、受害人自身过失等抗辩理由），大大扩张了责任范围，会有更多的事故受害人提出赔偿要求，导致案件绝对数量剧增。尽管由于严格责任无须确定是否存在过失，大大降低了结果的不确定性，使事故双方的和解变得更为容易，从而使相当数量的案件不会进入诉讼或审理程序（和解的成本一般比诉讼的成本低），且单个案件诉讼成本也因无需确定过失而大大降低。但同时，由于严格责任扩大了索赔范围，案件绝对数量剧增，当对行为水平的控制又不太重要的情况下，严格责任制度的总成本仍然可能超

---

❶ ［美］波斯纳：《正义与司法的经济学》，苏力译，中国政法大学出版社2002年版，第233页。

❷ "不可预见性"实质上就是不可能以合理的信息成本预测风险，还是信息费用问题。

法律制度的信息费用问题

过过失责任。❶ 这可能就是社会发展到一定程度后，过失责任逐步成为主要归责制度的最主要原因。而19世纪晚期以来，严格责任的重新抬头，可能是现代工业社会带来的大量事故主要受行为水平的影响，而非第三方容易观察核实的注意水平，同一直存在的动物致人伤害事故的信息条件相似。根据前面的分析，对于这类事故，可能严格责任在引导有效预防上更为有力，且运作成本更低。效率逻辑支配了归责制度的变迁，进而影响到社会的道德观念与意识形态。而非道德理论所说的，过失责任盛行的根源在于人们的价值取向更崇尚自由和效率，严格责任的兴起则源于人们变得更崇尚安全与公平。所谓由"个人本位"向"社会本位"转变。❷ 这些道德观念的变化只不过是对不同社会条件下有效率的归责制度的反映，绝非基础。

以上的分析也为我们理解前面提到的为什么人们会对过失侵权产生道德愤怒，而对无过失侵权则一般不会，提供了启示。对于行为人而言，不仅法律责任是一种成本，道德责任（良心的或舆论的谴责等）也同样是一种成本。道德责任同法律责任一样也能够为人们改进行为提供激励。不考虑确定合理注意标准上的不确定性，未采取合理注意措施因而有过失的行为自然也就是没有效率的行为。在此种行为上附着道德情感，行为主体会良心不安，或者受到社会舆论的谴责，甚至可能是他人在愤怒情绪支配下的私人暴力，这一切都有助于迫使行为人遵循合理注意标准实现有效率的事故预防，而且不会产生法律实施所需的司法成本。同法律责任一样，对于过失行为所投射的道德情感也是改进人们行为的一种社会控制方式，且可能费用更低。可见此种有关过失侵权的道德情感的形成和存在是有效率基础的，道德判断同效率相一致。❸ 而且对于没有达到合理注意水平（常常是没有遵循社会惯例、习俗等），尤其是背离较多的过失行为，社会成员通常很容易发现和确认其无效率，实施错误的道德惩罚的概率很低。与此

---

❶ See Richard A. Posner, Strict Liability: A Comment, 2 *Journal of Legal Studies* 209 (1973).

❷ 邱聪智：《从侵权行为归责原理之变动论危险责任之构成》，中国人民大学出版社2006年版，第23页。

❸ See Richard A. Posner, "A Theory of Negligence", 1 *Journal of Legal Studies* 33 (1972).

相反，根据上面的分析，在严格责任下被确定的绝大多数侵权行为都是无法以合理成本避免的事故，是应该发生的事故，能够以合理成本避免的事故大多已经在加害人自我利益最大化的引导下被避免了。由于加害人宁愿事后承担责任而不是事先预防，对于这些应该发生的事故课以法律责任并不会带来行为的改进，效率的增加；只是由于在这些领域严格责任比过失责任更有效率（原因如上文所述），因而选择严格责任的同时不得不容忍的无效率的副产品。如此一来，再对其施加额外的道德惩罚就更没有理由，只会而进一步导致效率的减损。况且对于严格责任调整下的行为，普通人也一般无法判断其是否超过了合理行为水平从而是无效率的，自然也没有什么信息来触发人们的道德情感，这根本上还是一个信息费用问题。

由于严格责任是通过引导行为人自行权衡事故预防（提高注意水平与控制行为水平）成本与事故责任成本之间的关系，以决定是追加预防投资（前者较低时），还是放任事故发生并承担责任（后者较低时），来实现社会最佳状态。这就意味着要实现有效率的预防，严格责任所确定的损害赔偿责任必须完全等于事故给受害人带来的损失，否则就会导致不恰当的激励。❶ 当赔偿数额低于事故损失时，同社会最佳预防相比，会导致过低的事故预防，一些本应避免的事故发生了；反之，则会导致过高的事故预防，一些应该允许发生的事故被以过高的代价避免了。而准确衡量事故损失，同样面临信息方面的开支。需要指出的是，由于影响事故实际损失的因素非常复杂，事先对损失进行有效的预测就变得更为困难，面临着更高的信息费用。例如，不同的交通事故导致的损失可能千差万别，而司机通常不可能事先准确预测自己导致的事故会带来一个人还是很多人的伤亡，从而进行精确的成本收益分析，分别作出不同的预防选择。而行为人恰恰是根据预期事故损失（责任）进行预防决策的，而不是实际的事故损失。这样一来，即使事后能够对损失进行精确计算（如医疗费用、肉体的精神的痛苦、劳动能力的损失，亲属福利的损失等，准确计算这一切的信息费用极为高昂），但若其结果无法有效地反映到加害人事先的预期调

---

❶ [美]罗伯特·考特、托马斯·尤伦：《法和经济学》，史晋川、董雪兵等译，格致出版社 2010 年版，第 329 页。

法律制度的信息费用问题

整上,这种事后对准确性的追求就不可能改进人们对事故预防的投资,这种对精确性的投资也就是没有收益的,不可取的。相对于法院事后评估损害的信息费用,行为人事先进行准确预测的信息成本更为高昂,因此对于很多类型的事故(如交通事故)而言,人们只能以合理成本对预期事故损失进行大概的估算。这样一来,审判中对损害评估精确性的追求超过一定程度后就没有意义了。在追求精确性上的投资只有不小于因其改进了主体行为带来的收益时才是合理的,当两者相等时,就处于最佳状态。这就为严格责任中存在的"限额赔偿"❶制度提供了正当性理由,也解释了为什么首先针对精神损害实施赔偿限额,❷显而易见,评估精神损害的信息费用通常远远高于财产损害。

由此,严格责任对事故预防的有效引导相当程度上有赖于责任数额与事故损失的一致;法院评估事故损失,以及行为人预测事故损失中的信息费用问题就自然会影响其功能的发挥。与此相对应的是,过失责任制度只要能有效确定是否存在过失,损害赔偿数额的误差一般不会错误地改变加害人的行为。只要赔偿责任同实际损失相比不是太低,它与实际预防成本之和不低于合理注意的成本,行为人就会被引导着遵循合理注意标准,既不会低于也不会超出,从而实现有效率的结果。尽管根据法定标准预测及确定是否存在过失也面临信息费用,也会产生不确定性(如上文中分析的),但在有些时候,其可能比精确地评估预测损失容易些。引导有效预防及自身运作两个层面复杂的信息费用问题,使得我们很难简单地说严格责任优于过失责任,还是过失责任强于严格责任,尽管我们能够知道应该如何选择好的规则。这也是长期以来法律制度中两种归责方式并存,法学理论上争议不断的原因所在。

概括地说,严格责任更有助于控制行为水平,更有助于激励行为人充分利用自身的信息优势,进行有效率的预防。因此当事故损失主要受制于行为水平,或受制于不容易为第三方观察核实的注意措施,

---

❶ 参见邱聪智:《从侵权行为归责原理之变动论危险责任之构成》,中国人民大学出版社 2006 年版,第 141 页。

❷ 有关美国各州侵权法中对非经济性损害赔偿的限制,可参见[美]罗伯特·考特、托马斯·尤伦:《法和经济学》,张军等译,上海三联书店、上海人民出版社 1999 年版,第 626–630 页。

或不同行为主体间的合理注意水平差别很大（此时过失标准"一刀切"的损失会很严重）时，严格责任更有可能引导有效率的预防，实现社会最佳结果。反之，当行为人欠缺与事故预防成本收益相关的信息，不同主体的预防能力相差不大，事故主要受注意水平的影响时，由权威机构创制明确的过失标准来引导人们的行为就更为可取，此时过失责任可能更有助于实现对事故的有效预防。严格责任与过失责任有着共同的逻辑，那就是在不同的情况下追求事故损失、事故预防及责任制度行政成本之和的最小化。它们运作的成本及实现目标的能力都受制于信息费用，过失责任受制于确定过失的信息费用，严格责任受制于准确评价和预测事故损失的信息费用，当前者更为严重时就应该选择严格责任，反之过失责任就可能更为可取。

如果能够克服信息费用问题，把行为水平的因素纳入设定合理注意标准的考量中，那么严格责任就可以被吸收到过失责任中。而现实中，由于不同主体预防事故的能力有差别，过失责任适用的是统一的客观化的合理注意标准，这就导致对部分低能力的行为人而言，法定的过失责任实际上就是严格责任。因为他们没有能力以合理的成本达到法定注意标准，只要他们的行为造成了事故就必然要承担责任。与信息费用相关的经济学逻辑决定了严格责任与过失责任的联系与区别。

严格责任制度下，由于无须确定是否存在过失，使得单个案件的诉讼成本大大降低，且由于排除了过失问题上的不确定性，使和解变得更为容易，减少了进入诉讼或审判的案件数量。但同时它也大大增加了索赔的数量，如前所述使得案件绝对数量增加。与此相反，过失责任制度下，只有加害人可能存在过失时，受害人才可能提起索赔，因此其过滤掉了相当多的事故，尽管由于确定过失上的不确定性会使得这一功能打上折扣，❶但索赔纠纷的总量应该小于严格责任。但由于需要获得必要的信息来确定是否存在过失，这会使得单个案件的诉讼成本增加，且由于不确定性增加导致和解变得更为困难，会有更多的案件进入诉讼和审判程序。诉讼的成本通常会高于和解成本，这就使得过失责任下单个案件的平均解决成本（也就是行政成本，其由和

---

❶ 参见［美］理查德·A. 爱波斯坦：《简约法律的力量》，刘星译，中国政法大学出版社 2004 年版，第 133 页。

解和诉讼成本计算得来）相对更高。如此一来，哪种归责制度的总行政成本更低，就取决于具体条件下的各自的单个纠纷解决成本与纠纷总量。❶

我们的讨论主要是在只有加害方能影响事故风险的假设下进行的，如果放松假设，将会使问题显得复杂，但其背后的逻辑并不会有什么变化。如果事故风险同时受加害人和受害人注意水平的影响，那么严格责任将无法给受害人带来恰当激励。要想同时给双方带来有效预防的激励，就需要过失责任［简单过失责任、附带共同过失抗辩的过失责任、纯粹的比较（相对）过失责任均可］；或者是附带共同过失抗辩或相对过失抗辩的严格责任。附带共同过失抗辩，意味着可以基于受害人存在的过失，完全免除加害人的过失或严格责任。被附带或单独的比较（相对）过失抗辩，意味着可以基于受害人存在的过失程度减少加害人的严格责任或按其同加害人过失程度的比较来分担责任。尽管它们都能同时引导双方达到合理注意标准，但其所需信息费用不同。简单过失或附带共同过失，只需确定相关当事人是否达到合理注意标准即可。而比较过失或附带比较过失，则需要进一步确定相关当事人背离合理注意标准的程度（比例），显然会导致更高的信息费用。❷ 对于同时受双方注意水平和行为水平共同影响的事故风险，无论哪种归责方式都不可能同时给双方带来最佳激励，此时就要看控制哪一方的行为水平更为重要。如果控制加害方的行为水平显得更为重要，那么就应该倾向于附带共同或相对过失抗辩的严格责任，反之就应该倾向于过失责任。❸ 为了简化问题，降低研究和交流的成本，必要的假设限定是应该的，只要这么做在理论精确性上导致的损失，远小于因简化分析和表达而节省的信息费用。理论的一个功能就是简化复杂的外部世界，以便于人们理解和应对。

---

❶ ［美］斯蒂文·萨维尔：《事故法的经济分析》，翟继光译，北京大学出版社 2004 年版，第 306 页。

❷ 现在好多国家或地方采取的都是比较（相对）过失制度，其需要有其他方面的收益来抵消其相对于共同过失或简单过失的高信息成本。有关此问题的探讨可参见［美］罗伯特·考特、托马斯·尤伦：《法和经济学》，张军等译，上海三联书店、上海人民出版社 1999 年版，第 553 - 554 页。

❸ ［美］斯蒂文·萨维尔：《事故法的经济分析》，翟继光译，北京大学出版社 2004 年版，第 36 页。

第四章 侵权制度中的信息费用问题

究竟应该选择严格责任还是过失责任，我们的分析并没有给出一个确定的答案（很多地方我们用到了"可能"这个词）；但显然通过讨论我们知道了如何寻找答案。严格责任是否比过失责任更有效率或者相反，本质上是一个经验性的事实问题。❶ 解决这一问题需要对具体条件下的相关信息费用问题进行大量经验的实证的科学的研究分析；而不是更多的高高在上的道德辩论。

---

❶ Richard A. Posner, "Strict Liability: A Comment", 2 *Journal of Legal Studies* 212 (1973).

第五章　合同制度中的信息费用问题

　　法律某种意义上可以看作是契约（合同），反过来合同也可以看作是一种特殊的法律。对合同及合同法的很多探讨有时可以适用于整个法律。如合同程式就是法律程式的典型代表。于此，我们尝试通过对合同制度的研究来进一步探讨法律制度的信息费用问题，这是对前面的讨论所没能涉及或者没能深入分析的问题的一个必不可少的补充。

　　正如埃里克·A. 波斯纳所言："合同法的经济分析是一个普遍性的话题，很难进行更深入的讨论，但是，仍有几个很好的观察维度。"❶ 当然这是针对美国的法学研究而言，在我国尽管合同法的经济分析已经存在，但却绝对算不上普遍。在有关合同法及合同的经济分析中，信息费用、信息不对称又是一个核心问题，众多具体的合同制度的目标就在于纠正合同订立及履行过程中的信息不对称问题（典型的如信息披露、瑕疵担保、信赖保护、意外风险分配等），事实上甚至很难找到不涉及信息费用或信息不对称的合同法或合同的经济分析。❷ 于此我们不再重述此类诸具体制度的分析，而是讨论最基础的、具有一般意义的、通常能够扩及整个法律制度的问题。

一、合同的非法律实施与法律实施

　　一项自愿的交易能够给双方都带来好处，否则他们不会进行交易，若不存在负外部性，那这就是一项帕累托改进，能够增加社会福利。合同就是帮助人们更好的达成交易的工具。由于通常而言，个人是自

---

❶ ［美］埃里克·A. 波斯纳：《合同法经济分析三十年之检讨》，高益民、张坚、宋丽华译，载陈金钊、谢晖主编：《法律方法》（第六卷），山东人民出版社 2007 年版，第 243 页。
❷ See Richard A. Posner, "The Future of Law and Economics in Europe," 17 *International Review of Law and Economics* 6 (1997).

身利益的更好判断者（也就是更好的信息拥有者），且即使"私人恶德"亦可以在市场指引下实现公共利益，因此我们赞同自由交易、合同自由。合同自由能够有效地帮助人们达成私人目的，实现资源的最优配置，尽可能地获致社会福利或效率最大化。但合同要起作用必须保证事后能够有效地实施，我付给你100元为的是一年后收回本息，若到时你拒不归还或逃跑（这对你而言是极有诱惑的），而我没有办法强制你履行合同义务，那我从一开始就不会签订合同和借钱给你。由此，一个有效的合同实施机制就至关重要，为此人类社会演化出了多种不同的方式。比方说只跟熟悉的人做交易，知根知底不用害怕被欺骗，也就是基于个性特征的信任。这样做尽管保险，却大大限制了交易的范围，况且并非绝对保险，有可能出现"杀熟"。私人惩罚，包括断绝来往终止未来合作的机会，以及更为严厉的私人报复行动，其适用的条件有限，且成本高昂。要求为交易提供担保，如古代的易子为质，把儿子留在对方那里，作为履约的担保，这在古代的"国际"合约中广泛存在。担保在现代社会也广泛存在，只不过可用于担保的内容改变了而已。再就是声誉机制，通过交易圈子或社区对违规者进行谴责与规避，使其丧失未来通过合同获利的机会来威慑不履约行为。这需要信息的准确及时传递，中世纪的商人法庭很大程度上就是这样一个信息汇集与传递机构。而现代社会的中介机构与中间人也是一种形成和利用声誉的交易机制。❶ 而且商业伙伴还会经常进行聚会或共同参加一些俱乐部，甚至组织某些俱乐部，这些方式一方面有助于增进信任，降低交易成本，另一方面有助于更好地交流信息对欺骗者进行惩罚，这两个方面是内在统一的。尽管此种方式功能强大，但仍会存在机会主义的利益可能很大，以致人们不会在乎声誉的损失，或者他们将脱离这一商业圈子等情形。法律为合同的履行提供了又一种保证，其基于政府强大的公权力，能够克服非法律手段的诸多弊端，有着明显的规模效益。当然其自身也并非没有限制，最主要的就是对合同内容的可检验性要求及由此导致的司法成本。

事实上依据实施主体的不同，这些实施机制可以区分为自我实施

---

❶ ［美］埃里克·A. 波斯纳：《法律与社会规范》，沈明译，中国政法大学出版社2004年版，第227页。

法律制度的信息费用问题

与第三方实施,而第三方实施又可以区分为非暴力实施与暴力(可以是潜在的,未必一定付诸行动)实施两种,声誉机制属于前者,而法律则属于后者。❶ 这些不同的机制有着不同的优势与适用领域,很久以来,都同时存在,且经常共同对某一交易进行实施。影响它们功能和适用领域的关键就是信息问题。对于自我实施而言,有关违约行为只要能够被交易或合同的另一方观察到就可以启动,因此能够用来实施一些只有交易双方"你知我知"的协议。不过这一般需要双方存在长期的交往关系,每一方都有给对方施加成本的能力和机会。第三方的实施不仅需要违约行为的可观察性,还需要该行为能够为第三方所检验,只有如此第三方的惩罚机制才能有效实施。而且声誉机制的有效运转还意味着信息必须能够便利的传递和交流,因此限制了交易的匿名性,尽可能是熟人圈子或至少是通过中间人来进行交易,这就限制了交易的范围。当然所谓"匿名性"本身也是一个连续性的概念,并不是简单的一分为二。商业圈子成员或圈子内部的仲裁组织,尽管不能像交易双方那样充分地确认交易细节,但凭借专业知识与经验要比外部人更有能力确认更多的交易内容,包括大量没有写在纸上的"隐性协议"。这就是中世纪商人偏爱商人法庭的重要原因之一。

法律实施是典型的第三方实施,且以国家暴力为后盾,更能够执行匿名交易,这尽管是其优势,但同时也是其劣势所在。法律实施意味着合同内容所规定的相关义务及其履行,必须能够被法院所验证,若法院无法辨认和检验,自然就无法予以强制实施。且为了防止拥有暴力的法院由协议的实施者异化为没收者或掠夺者,还要求法院只能依据严格的程序与明确的证据予以实施,以约束其专断倾向,这必然意味着更高的实施成本。❷ 只有当实施收益超过实施成本之时,一项交易的实施才是有效率的,我们应该追求实施收益与实施成本之差的最大化,也就是边际实施收益等于边际实施成本之时。对于法律或国家实施而言,为了降低成本提高收益,其所实施的对象应该是易于为法院所检验与度量。法律或国家所界定保护的权利或者说所实施的协议相比而言都是更具有标准化与易度量的特征,反过来,交易或协

---

❶ [美]巴泽尔:《国家理论》,钱勇等译,上海财经大学出版社2006年版,第81页。
❷ [美]巴泽尔:《国家理论》,钱勇等译,上海财经大学出版社2006年版,第90—91页。

议标准化与易度量的程度也决定了国家与法律实施的边界。❶ 物权显然要比债权更为标准化和便于度量,这是物权法定的结果也是原因,物权要比债权更多的依赖国家或法律的保护与实施,我们很少谈论物权的私人实施机制,更多的是求助于政府保护。事实上,在社会交往中,人们所拥有的"权利"并非仅限于法律权利,还有许多道德上的权利或基于习惯的权利(有些也被法律所承认),后者基本上不依赖也不可能依赖法律的实施,相当程度上其原因不在于通常所认为的"不应把道德问题法律化",毕竟有些"道德权利"法定化了,比如诚实信用原则及由此享有的权利就被认为是道德的法律化❷,而是由于这些"权利"难以被政府度量、界定和证实(也就是信息费用太高),因此不适合由法律实施。很大程度上,法律、道德、习惯等社会控制方式的边界本质上是由信息费用来决定的。

只有理解了权利界定与实施中的信息费用问题,才能更好地理解和解释合同法的相关制度安排及其功能。显然,合同法为合同的实施提供了一种由政府作为第三方的实施机制,很多情况下其要优于其他的实施机制。因此更有效地阻止了交易中的机会主义行为,降低了交易成本,扩大了交易范围,提高了资源配置效率。但若仅仅是为了强制执行,我们并不需要合同法或者说至少不需要像现在这样的合同法,只需要简单的声明:对于私人合同,法院予以强制实施即可。再或者就是补充上对具有外部性的合同不予实施,但这一点甚至也可以通过其他法律如侵权法与刑法来阻止对他人或社会产生负外部性的合同。再如果说是为了防止不具有民事行为能力的人错误地陷入对自身不利的合同,那也就是再补充上合同行为的适格主体要求即可。仍有大量合同法规范的功能有待解释,对此通过信息费用我们能够给出一个有解释力的答案。当然我们承认这也只是一种解释,而且还必不可少地忽略了一部分内容,但它仍然是极具价值和有竞争力的解释。

法院要强制实施合同,首先需要确认合同是否存在,不同的协议具有不同的约束力,只有自愿接受法律约束的协议才应该被法律所强制执行。法律既要保证对自愿接受者进行强制执行,以确保交易的安

---

❶ [美]巴泽尔:《国家理论》,钱勇等译,上海财经大学出版社2006年版,第266页。
❷ 王利明:《关于诚信的法学思考》,载《中国人民大学学报》2002年第5期。

全，又要防止错误地强制没有想要进入合同的人，以避免人们的交往风险。❶ 前者的错误会导致合同的实施成本与风险大大增加，而后者的错误则会使得人们谨小慎微，以避免被错误地认为表达了愿意接受法律约束的意思，且会使得一部分人更有动机和机会伪造他人承诺进行寻租活动。要减少这些错误就必须准确地把握相关当事人的"真实意图"，这不但意味着高昂的信息费用，甚至是根本不可能的。为了降低法院在确认合同是否存在上耗费的信息成本，合同法预先规定了可以强制实施的合同必须满足的程（形）式要件，当然这也是对法院权力的限制。

二、合同程式

能够成为合同程（形）式的要件必须是事先可以被观察、事后能够为法院所识别和证实的，如我们熟悉的书面形式、签字、盖章、登记等。只有这样法院才能据此低成本的确定合同是否存在，以避免错误的强制及不强制。从一个角度看，合同的程式要求是对合同自由的限制，其干涉了人们选择签订合同的方式的自由。当然这就涉及对合同自由的解释问题，有学者认为合同自由主要是指选择是否订立合同及合同实质内容的自由，也就是缔约自由与内容自由，❷ 而不是以何种方式签订合同的自由，我们认同此种观点。只有从信息费用的角度才能更好地理解合同程式的意义及其演变。

合同程式有不同的程度或大小，程式越严格或越大，越有助于减少错误强制的概率，更好地保护不想进入或很少订立合同的人，但这样也会增加想订立合同的人的成本；反过来，简单的程式有助于降低合同订立者的成本，但却增加了不想进入合同的人"因受骗或意外事件而被迫承担法律责任的风险"。❸ 一个有效率的程式制度应该致力于合同订立成本、法院确认合同存否成本及错误损失三者之和的最小化。

---

❶ ［美］大卫·D. 弗里德曼：《经济学语境下的法律规则》，杨欣欣译，法律出版社2005年版，第186页。

❷ ［德］舍费尔、奥特：《民法的经济分析》，江清云、杜涛译，法律出版社2009年版，第378页。

❸ ［美］埃里克·A. 波斯纳：《法律与社会规范》，沈明译，中国政法大学出版社2004年版，第246－247页。

显然法院的信息能力与合同程式的最佳严格程度密切相关,若法院信息能力强,能够以较低的成本较准确地"探求"当事人意图,确认合同是否存在,那么合同程式的严格程度就可以降低,以减少订约成本。反之则要提高合同程式的严格程度,以降低法院的确认成本及减少错误损失。当然,若法院权力不够独立容易被外部干预,或者欠缺约束、自身容易徇私枉法,自然也应该采用严格的合同程式,以减少法院的寻租空间。事实上,合同程式的演变历史也印证了我们的这一分析。

从总体上看,合同程式的历史是一个逐步简化的历史,这同司法机构信息能力的提高是一致的。古代社会的合同程式极为严格,当然不仅仅是合同程式,所有法律程式都极为严格和形式化,甚至是机械性,或者可以直接说古代法律更趋向于形式化、机械性。有时候人们会据此对古代法律进行批评,但机械性与形式化首先是一种特征,而非批评的依据。实际上,这是法律制度对当时高昂信息费用的一种适应。早期社会,没有文字,或者后来虽然有了文字,但缺乏记载媒介或成本很高,且只有少数人识字,因此人们相当程度上要依赖口头合同。然而口头合同存在与否及其内容因没有记载而难以为第三方所证实,甚至时间久了交易双方都会产生遗忘,这就对合同的实施带来巨大障碍。克服障碍的一种方式,就是合同若想获得法律救济就必须具备特定的可以被观察和核实的程式。为此古罗马人创制了严格的仪式化的契约订立程序,双方当事人需要在特定的场合与人面前,依据严格的步骤与仪式,"一问一答"的将交易内容庄严地演示出来。"使法律握有制裁权的,并不是约定,而是一种有着庄严仪式的约定。仪式不仅仅和约定本身有着同样的重要性,它甚至比约定更加重要;……如果遗漏或用错了一个形式,那么誓约就不能被要求执行,但是另一方面,假如所有的形式已经精确地完成了,那么就算以约定是在威胁或欺骗的情况下作出的为理由进行辩解也是徒劳的。"❶ 不仅是契约订立,财产的转移也是高度仪式化的,如科克所言:"地产始于仪式且终于仪式。"❷ 中世纪的英国土地转让需要举行公开的仪式,在仪式上原所有人当着公证人将象征地产的一块土或一根树枝交给新所有者,

---

❶ [英]梅因:《古代法》,高敏、瞿慧虹译,九州出版社2007年版,第391页。
❷ [美]庞德:《法理学》,邓正来译,中国政法大学出版社2004年版,第395页。

然后出席仪式的成年人痛殴一名目睹仪式的孩子，让他对这一移转终生不忘。❶ 在庞德看来，仪式是激励记忆的因素，交易细节都依照确定的方式按部就班地展开，一个人知道了仪式的种类就可以知道仪式以及交易的细节。❷ 中世纪的商业集市上，人们经常通过在市场附近的酒馆"喝酒庆祝达成交易"，还会在合同达成后，象征性地交换硬币或戒指作为定金或者是在非常公开的仪式上握手。❸ 文字能够被有效利用后，人们广泛使用盖印契约，将书写好的契约用蜡封好，盖上印章，才能有效，伪造印章的难度相对很大。盖印合同的使用大大简化了立约形式，这是信息技术影响法律的又一明显例证。而我国西周时期就有"司盟""司约""司誓"等官职；据李约瑟说，汉代契约有着一致的格式和固定的程序；亦有土地买卖后举行"沽酒仪式"的记载；唐代涉及田宅、奴婢、大牲畜的买卖契约有着法定的程序，须经官方"公验"；宋元出现了官方统一印制的契纸，订立有着严格的程序；清代亦要求使用官契以统一格式和防止伪契，规定私契"官不为据"。❹ 当然我国古代推行官契的一个重要原因是税收，但同样不可否认其作为确定合同是否存在的有效依据的原因。

英美契约法中存在对价原则，所谓对价也就是给予允诺人的利益或受诺人承受的不利，是允诺人允诺的诱因，该原则只要求存在对价，而不要求对等。有学者研究表明，只有在普通法开始强制执行没有法定形式的口头契约时，对价才成为契约强制执行的必要条件，❺ 这意味着它是对其他程式的替代。曼斯菲尔德大法官也同意对价的要求仅仅是出于证据目的，对于盖印合同、契据合同不存在要求对价的理由；

---

❶ [美] 罗伯特·考特、托马斯·尤伦：《法和经济学》，张军等译，上海三联书店、上海人民出版社1999年版，第206页。

❷ [美] 庞德：《法理学》，邓正来译，中国政法大学出版社2004年版，第399页。

❸ Bewes, *The Romance of the Law Merchant*, London: Sweet & Maxwell, 1923, pp. 28 – 29, 31. 转引自纽曼等主编：《新帕尔格雷夫法经济学大辞典》（第二卷），词条"法律程式"，法律出版社2003年版，第588–589页。

❹ 程延军、杜海英：《论中国古代契约法律制度的基本特征及成因》，载《内蒙古大学学报（人文社会科学版）》2007年第2期。

❺ 对这一问题的论述可参见 Simpson, *A History of the Common Law*, Oxford: Clarendon Press, 1987, 第4–7章。

而在霍姆斯看来，印章就可以被说成是对价。❶ 对价原则通常禁止无偿允诺，针对此还出现了旨在保护信赖利益的允诺禁反言原则。"对价原则之所以禁止赠与允诺的强制执行，并非出于某种反对赠与的政策，而是因为法院想要鼓励当事人各方在订立合同时内容尽量具体，以减轻司法解释的负担。"❷ 在波斯纳看来，约因存在的可能理由主要包括：作为可靠证据，减少假冒诉讼；减少不经意使用允诺语言而引起非自愿契约的危险；防止法院陷于琐碎细小或者是过于模糊的允诺案件中；有助于阻止机会主义。❸ 所有这些都与降低法院的确认成本，减少信息费用密切相关。

　　一项制度一旦形成就会有着极强的惯性，尤其在法律领域，尽管对价作为合同可强制执行的必要条件的必要性很早就消亡了，但这一形式却还是顽固地流传下来。只是为了适应变化了的形势，对价已经"不再指'受约人为诱导承诺而给予立约人的东西'，而是开始指'使承诺可强制履行的东西了'"，如此就变成了没有实际意义的同义反复，只是在理论上借此保证了传统合同理论表面上的一致性。❹ 此种形式主义或教义性的理论也就是从人们愿意强制执行的允诺中总结出几个合同必备要件，规定这些要件决定了合同的存否及可强制执行性，而不能回答人们为什么倾向于执行此类允诺而不执行另一类允诺。此种方式对于司法实务有用，却也有限度，且解释力极为薄弱。实务中法官既可能强制执行不满足这些要件的允诺（包括把对价要件变成没有意义的同义反复），也可能拒绝执行满足这些要件的合同，如出卖婴儿。前者实际上是该理论为了维护自己的一致及解释力使得自身成为同义反复，对于后者则只能是承认存在作为例外的合同，但当例外较多且难以识别时，此种理论也就没有多少解释力和用处了。❺ 更何

---

❶ [美]霍姆斯：《普通法》，冉昊、姚中秋译，中国政法大学出版社2006年版，第229、241页。

❷ [美]埃里克·A. 波斯纳：《法律与社会规范》，沈明译，中国政法大学出版社2004年版，第97页。

❸ [美]波斯纳：《法律的经济分析》，蒋兆康译，法律出版社2012年版，第140–142页。

❹ [美]罗伯特·考特、托马斯·尤伦：《法和经济学》，张军等译，上海三联书店、上海人民出版社1999年版，第310页。

❺ [美]罗伯特·考特、托马斯·尤伦：《法和经济学》，张军等译，上海三联书店、上海人民出版社1999年版，第312页。

况还存在更为简约且能容纳这些例外的替代理论，那就是合同的经济分析。从经济学的角度看，强制执行合同的条件应该是该合同构成一项帕累托改进，当然是从订立合同之时看，以及法院能否以合理的成本准确实施。

古代人并非不知道过于严格、机械的程式会增加交易成本，以及可能导致一项体现双方真实意愿的合同因细小的程式瑕疵而无法强制实施。只是在当时的社会环境下，更为重要的是降低合同执行机构的确认成本，减少人们因意外或受骗而被强制执行非自愿允诺的风险及由此导致的负面激励。现代法律放松了合同程式的要求，更讲究探寻当事人的真实意图，反映的是司法机构信息能力的提高，但这也有可能是一种盲目的自信，不恰当地高估了法官准确理解双方当事人真实意图的能力。事实上现在我们仍然广泛地依赖合同的书面程式及相关签字盖章程式。

当代合同的一种重要程式就是"书面合同"，于我国主要体现在《合同法》第10条第2款"法律、行政法规规定采用书面形式的，应当采用书面形式"的规定及其他相关规定。对于该条款是否为强行性规范、相关合同未采用书面形式的是否不成立却存在争议。围绕这一问题不少学者运用各种解释方法展开了讨论。有学者主张结合《合同法》第36条"当事人未采用书面形式但一方已经履行主要义务，对方接受的，该合同成立"的规定，做反面解释认为应当采用而没有采用书面形式的，合同原则上不成立。[1] 亦有学者从目的解释的角度认为，书面形式仅具有证据的意义，没有采用书面合同仅导致举证困难，而不必然导致合同不成立，该条款仅是一种倡导性规范，而非强行性规范。最为核心的理由是，选择何种形式订立合同仅关涉当事人双方利益，与国家利益、公共利益无关，法律予以强行限制不但没有必要且会干涉人们的合同自由，违背合同自由原则。[2] 此种主张完全是基于概念、原则的教条推演，没有能够把握它们背后的真正根源。合同程式的要求不仅仅是关涉到当事人的利益，也关涉到司法资源的消耗。尽管请求法律救济要支付诉讼费用，但这远远不足以弥补因诉讼而导

---

[1] 韩世远：《合同法总论》，法律出版社2004年版，第134页。
[2] 王轶：《民法原理与民法学方法》，法律出版社2009年版，第231页。

致的司法开支，相当一部分成本是由政府通过公共税收予以支付的。由于并不承担司法救济的所有成本，人们有可能会过度消费司法服务。合同程式的要求与解决合同纠纷的司法成本密切相关，因此从这一意义上说，其并非不关涉公共利益。另外此种解释过分强调了合同订立方式上的自由。按照此种理解，在古代社会由于严格的程式要求，合同领域没有任何自由可言。尽管合同自由作为一项原则是近代以来的事情，但在古代社会中，政府不但严格规定了合同的程式，还对其可以自由处分的事项和领域进行了严格的限制，且只有少数人拥有此种权利。即使如此，在允许自由处分的领域，仍然存在合同自由的空间，否则就不能被称之为合同了，就是指令式分配与强制性交易。甚至在某种意义上，存在比现代还广泛的自由，如可以用身体上的一磅肉作为贷款抵押，且到时法律还予以强制执行。我们认为合同自由重在是否缔约的自由及合同内容的自由，而非合同订立方式上的自由。

据此我们主张合同法有关书面合同的这一规定为强行规范，一旦违背，合同原则上不成立。这同有关学者作反对解释的结论一致，只是我们认为背后的决定性因素在于合同程式的经济分析，而不是何种解释方法。对于我国台湾地区"民法"中有关要式法律行为，包括要式合同行为相关规定的解释，亦多主张不依法定形式者，该行为不成立。[1] 当然这么做的结果会导致部分体现真实意图的意思表示因为没有遵从法定形式而归于落空，会导致对部分人的不公平。但也应该考虑到若不如此而大大增加的司法成本，以及由此导致的更多的对非自愿承诺的错误强制履行，同样是一种不公平，甚至是更为严重的不公平。世上并不存在完美的制度，只能两害相权取其轻。有一种对合同书面程式的解释是，要求人们用文字写出来，为当事人深思熟虑提供机会。"那些要求合同遵守特定形式的规则经常与意思表示的严肃性联系在一起。对于某些合同，法律规定必须满足一些条件，只有满足这些条件的合同才被认为是严肃订立的"，"规定这些条件的目的是为了给不熟悉的人以深思熟虑的机会，才能防止他们遭遇异常情况"[2]。

---

[1] 参见王泽鉴：《民法总则》，中国政法大学出版社 2002 年版，第 251 页；苏永钦主编：《民法物权争议问题研究》，五南图书出版公司 1999 年版，第 37 页。

[2] [德] 康拉德·茨威格特、海因·克茨：《合同形式》，纪海龙译，载《中外法学》2001 年第 1 期。

的确书面程式要求会有这一功能，但这只是一项附带的功能，而非书面程式存在的原因。深思熟虑的机会并非只能通过书面形式获得，独处的慎思可能更周全，且成本更低，不需要可观察性和可证实性，但后者才是合同程式的关键所在。因此程式的根源还在于作为有效的信息传递机制。需要提及的另的一个问题就是沉默应该视为对要约的承诺还是拒绝的问题。依据我国《合同法》第22条的规定，承诺原则上应该以通知的方式作出，依据习惯或要约也可以以行动作出，可见沉默不能被视为承诺。在要约被接受的概率很小，且回复的成本很高的情况下，此种方式是有效率的，既能避免大量不接受要约者的成本，又遏制了要约人的寻租动机，当然会增加想接受要约的人的成本，但他们的数量同不愿接受者相比要少，尤其考虑到相反的情况下，要约的数量会因寻租动机而大大增加。在要约被接受的概率很高，回复成本很高的情况下，若能抵制要约人的寻租行为，则沉默视为承诺就应该是可取的。效率标准意味着寻求拒绝与接受要约的总信息成本最小化。❶

合同法的一大功能就是提供恰当的合同程式，以降低法院确认合同存否的信息成本，减少错误及其导致的不恰当激励，同时约束法院的裁量权，防止权力滥用。有的合同程式不但能够为法院提供信息，还能够为不特定的第三人传递信息，也就是具有公示作用。如担保合同经登记程式也只有登记才可以对抗第三人，当然有人会说这是担保物权，但也可以说是一种具有对抗第三人及优先效力的债权，在英美国家即为如此；相反我们视为债权的信托，他们却视为类似物权的财产权，尽管基本特征都一样，功能也相同。❷ 这再次说明了纯粹概念推演，视概念为本质的概念法学的局限。概念是有效的工具，其中一项功能就是节省思维成本，但非决定性的根源所在，后者只能是经验和事实。在信息费用高昂，司法机构信息能力有限的情况下，采用高度严格的程式是十分有效率的。在很长一段时间里，不但合同程式高度严格，对合同内容的解释亦高度严格和形式主义，只认明确的文字，

---

❶ 凯茨：《合同的成立与解释》，载纽曼主编：《新帕尔格雷夫法经济学大辞典》（第一卷），法律出版社2003年版，第482页。
❷ 王文宇：《民商法理论与经济分析》（二），中国政法大学出版社2002年版，第44-46页。

不关注实际意图。

三、隐含（或备用）条款

合同作为交易工具，它的使用是需要支付成本的，最明显的，如即使已达成合意，如何把合意准确地记录在合同书中就需要成本，更为复杂的则是有关合作收益及风险的预测和分配成本。这些成本再加上合同履行的监督执行成本构成了交易成本，从根源上说交易成本大都是由搜寻、处理信息的成本导致的，[1] 为的是克服合同订立和履行过程中因信息不对称而导致的机会主义及因信息不确定而存在的风险。[2] 合同法通过提供大量的可供当事人自由选择的示范合同与条款，大大降低了人们订立合同的信息成本，这主要是通过合同法分则所规定的有名合同或典型合同来实现的，此类规范数量占了合同法总规范的相当大比例，且还在通过修法而逐步增加。"有名契约的规定可使社会上大量出现的交易，不必消耗成本在各种必要之点和非必要之点的约定上，交易者只需以'法定'的权利义务分配为基础，作加减的约定即可。"[3] 这些任意性规范为人们的谈判及合同条款拟定提供了有效的指引，大大节省了合同订立成本。以普通货物的买卖为例，甚至只需写明标的、数量即可。此时合同法的有关质量、履行方式、期限、价格等规范就成为未写入合同书的合同隐含条款，界定着人们的权利义务。若没有合同法的相关规定，我们可能要花费很大的成本才能找到谈判的要点，起草一个长长的合同书，甚至必须在专业律师的帮助下才能订立合同。在合同法提供了大量隐含条款的情况下，我们只需简单地说"未定事项依照相关法律规定"即可，甚至连这都是一句赘语，没有必要存在。

要想有效发挥此项功能，合同法所提供的示范或隐含条款必须是人们大多数情况下都会自动遵从的模式，也就是大多数情况下应该是有效率的风险分配方式。若不存在法律规定，人们在大多数交易中也会自动达成此种合意。否则，人们将不得不花费成本寻找更有效率的

---

[1] 管毅平：《经济学信息范式刍论》，载《经济研究》1999 年第 6 期。
[2] 魏建：《谈判理论：法经济学的核心理论》，载《兰州大学学报（社会科学版）》1999 年第 4 期。
[3] 苏永钦：《私法自治中的国家强制》，中国法制出版社 2005 年版，第 26 页。

条款，甚至要特别声明排除这些任意性条款的适用，以绕开无效率的法定模式。当人们未能注意到法律规定，而合同又订立不完备时，法院有可能依照任意性规范予以补充，从而被强制履行其非自愿承担的义务。对此苏永钦以悬赏广告为例做了说明。❶ 若现实中，大多数人通常以契约的意图发布悬赏广告，也就是说只有交回失物的人事先知道该广告内容，能够对要约予以承诺，才能使得合同成立，从而有权请求获得赏金。此时若合同法把悬赏广告界定为单务（独）行为，相对人不需知道广告存在和承诺，即可有权请求赏金。由于此为任意性规范，广告发布者可以特别声明以要约性质发布广告，标明只有事先知道广告并以特定方式承诺的人方可获得赏金，以排除相关法律的适用。但这显然会增加广告成本，且不熟悉法律又无意作出单独行为的人还容易被错误地强制支付。如此一来，合同提供示范或隐含条款，降低缔约成本的功能就不复存在，反而导致了规避法律的成本及错误强制的成本。这也说明了悬赏广告本身并不存在单务行为还是契约的本质问题，法律如何定义应依据不同选择对社会交易成本的影响，而非通过概念分析探求其所谓的本质。不应该"以理论来论证理论，而应该以事实来论证理论"。❷

尽管大量的合同法规范为人们的立约行为提供了指引，降低了立约成本，但也仅仅是降低而已。不可避免的交易成本（主要是信息费用）的存在，意味着人们不可能预见所有与合同履行相关的事项及风险，并进行恰当的分配，由此导致了合同的不完整（也可以说不完备或不完全）。❸ 事实上我们刚谈到的，有名合同的法律规定作为合同的隐含条款，就是对合同漏洞的一种补充。只不过此类漏洞存在明确的合同法规定，有的当事人甚至提前就意识到了这一规定的存在。对于后者，不应该算作真正的不完备合同，只是一些条款直接放在了合同法里，而没有写在合同书上。但除此之外仍然存在大量的不完备合同，且不完备合同并非都是因为疏忽或过失而导致的。尽管相对于明确规

---

❶ 苏永钦：《私法自治中的国家强制》，中国法制出版社 2005 年版，第 50–52 页。

❷ 张芝梅：《波斯纳的法律经济分析》，载冯玉军主编：《中国法经济学应用研究》，法律出版社 2006 年版，第 235 页。

❸ [德] 舍费尔、奥特：《民法的经济分析》，江清云、杜涛译，法律出版社 2009 年版，第 386 页。

第五章 合同制度中的信息费用问题

定了所有事项，分配了所有风险的完备合同而言，合同的不完备是一种缺陷，但若考虑到缔约成本，不完备合同的存在就可能是一种常态，甚至是可欲的，人们不应该无限制地追求合同的完备性。从效率的角度看，在追求合同完备性上的投资应该止于边际成本等于合同完备性提高的边际收益这一点上。若相关意外风险的概率很低、预期影响很小，而进一步协商、分配风险及添加合同条款的成本却很高，那对这一风险的忽略就是有效率的，这体现了人们"对与收益有关的信息成本的理性反应"❶。就像人们不能也不应该将事故风险降为零一样，有效率的预防是边际预防成本等于降低的事故边际损失。这就意味着像事故一样，既存在无效率的应该予以事先预防的不完备合同，亦存在"有效率"的不可能以合理成本事先预防的不完备合同，接下来就涉及不完备合同的强制履行问题。

我们强制执行完备合同的原因，从根本上说在于其体现了当事人双方对合作收益、负担及风险的自愿分配，构成了一项帕累托改进，有助于社会福利的提高。这是合同在经济上具有"合法性"的原因所在，其不同于法律上的"合法性"（当事人合意、具备相关法定要件）。❷ 前者是根本性的，后者仅具有工具的意义。从一个极端的角度讲，若法律和法官能够有效地在当事人之间分配合作的权利义务和风险，那么就无须什么合同自由，可以直接由法律与法官来代替人们拟定合同。由于只有当事人自身才拥有更好的达成帕累托改进式合同的信息，所以法律才规定合同自由，并只强制执行人们自由缔结的合同，禁止法官越俎代庖干涉合同自由。哪怕法官强烈地意识到有效率的内容不同于当事人间的明确的合法的合意，也只能依据当事人的合意强制执行合同，而不是代之以自己的效率判断。信息费用的存在使得法官通常不可能作出比当事人更好的判断，尽管特定情况下后者的决定也可能是错误的。"即使契约法的目的在于促进效率而不是依契约实施承诺，实施当事人确认的协议内容可能是一种比协议表现为无效

---

❶ [美]波斯纳：《法律的经济分析》，蒋兆康、林毅夫译，中国大百科全书出版社1997年版，第119页。

❷ [德]舍费尔、奥特：《民法的经济分析》，江清云、杜涛译，法律出版社2009年版，第404页。

率时拒绝执行协议更有效率的达成其目的的方法。"❶

不完备合同的存在,意味着当未事先分配的风险实际发生时,依据文本通常难以履行或明显同效率相冲突,用法律的话说就是交易基础丧失、目的落空、导致严重的不公正等。此时法院应该如何强制执行合同呢?一种选择是继续严格依据文本执行;另一种选择是对合同进行解释和补充,重构完整合同,然后予以强制实施。古代社会奉行的是严格主义,不但合同程式极为严格,对合同的解释与执行也同样是严格的形式主义,"字词在完全独立于它所旨在表达的思想的法律交易中发挥作用"❷,禁止解释。这很大程度上是由于当时高昂的信息费用,以及司法机构很低的信息能力决定的。司法机构没有能力对合同进行解释或补充,此种严格主义节省了信息成本,也确保了法律及当事人权利义务关系的确定性。尽管必不可少地会存在因合同不完备而导致的错误损失,这一点可能因当时交易内容与事项相对简单,无法预测的风险较小,以及可以迫使交易人更为审慎地订立明确、具体、详细的合同而不是那么重要,尤其是同高昂的司法成本及其错误或滥用相比。

现代社会交易的复杂、风险的增加,使得强制执行不完备的合同带来的损失可能变得相当严重,需要寻求对策降低这一损失。那就是由法官对不完备合同进行解释和补充,努力使之完备起来,再予以执行。很大程度上,这是以信息费用的降低,司法机构信息能力的提高为前提的,至少需要我们相信司法机构一定程度上具备这一能力。当然亦有学者对此表示怀疑,我们下面还会予以讨论。大陆法系补充合同的方法或材料,主要有三种:法律任意性规范、交易习惯、补充性解释(依据合同文本、订立语境、诚实信用等探求当事人的真实意图)。❸ 这同英美法上所说的三类隐含(默示)条款十分一致:事实上

---

❶ [美]波斯纳:《法律的经济分析》,蒋兆康、林毅夫译,中国大百科全书出版社1997年版,第120页。

❷ [美]庞德:《法理学》,邓正来译,中国政法大学出版社2004年版,第394页。

❸ 对此不同的学者有不同的理解、具体界定也不相同,但还是存在最大公约数,主要参见王利明:《合同漏洞的填补》,载《教学与研究》2001年第2期;王轶:《民法原理与民法学方法》,法律出版社2009年版,第216－221页;贾敬华:《不完备合同的经济分析》,人民出版社2006年版,第124－131页。

· 118 ·

的隐含条款、法律上的隐含条款及习惯上隐含条款。❶ 对于它们的适用顺序，人们存在不同认识，但对于传统理论而言，首要目标是贯彻合同自由探寻当事人的意图。"为此法官依据当事人所欲达之目的、习惯、任意法规范及诚实信用原则，以当事人之意思为基本而明其相互利害关系，然后自公平合理的立场，以探求其应有之内容，亦即为意思表示之合理的补充。"❷ 问题在于，既然承认合同之不完备或者说是漏洞，则当事人的意图自然不确定，尤其所涉问题非约定模糊，而是事后出现未曾预见或未曾分配之风险时，因此只能是推测或假设当事人在预见到该情形时据诚实信用所应有之意思。事实上，是法官认定或赋予的意图，很大程度上取决于法官的价值判断，尽管并非任意的，却也充满着危险。"法官很容易成为有关法律关系的主人，因为只有法官才能对当事人究竟是如何建构其法律行为这个问题作出最后的裁决。法官在考察这个问题的过程中，完全可能以诚实信用或诚实行为为依据，认定某项行为的存在，而实际上，此项行为与当事人真实的或可推测的意思早已风马牛不相及。结果就是私法自治变成了法官的束缚。"❸

　　法经济学有关完备合同的论述及效率原则为不完备合同的补充和解释提供了指导。合同的解释与补充实质上就是分配当事人分配不明或未曾分配的风险以使得合同达到完备状态。依据效率原则，风险应该由预防成本或保险成本更低的一方承担，这又主要是由与风险相关的信息成本决定的，从而使得预防或保险成本及风险损失之和最小化，进而实现合同总收益最大化。事实上这也是信息充分的交易方在签订完整合同时会做的安排，尽管他们只关心各自的利益，而不关心对方的利益，但只有以更低的成本预防风险才能使得合同总剩余增大，从而分配到更大的份额。对于某一风险一方预防成本为 100 元，另一方为 50 元，由后者承担风险，前者为此支付 75 元给后者，这可能是信息充分的双方最可能达成的合意。如此，有效率的补充方案也就是最为接近双方事先签订合同之时的实际意图的方案，为探求当事人的真

---

❶ 杨圣坤：《合同法上默示条款制度研究》，载《北方法学》2010 年第 2 期。
❷ 王泽鉴：《民法债篇总论》（第 1 册），台湾三民书局 1993 年版，第 424 页。
❸ ［德］迪特尔·梅迪库斯：《德国民法总论》，邵建东译，法律出版社 2004 年版，第 258－259 页。

实意图或者秉持诚信信用所应有的真实意图提供了一个"客观"的标准。"在对合同补充解释上采用完整合同的经济模式有助于防止法官将其个人价值取舍强加于当事人的假设利益之上或者防止合同补充解释导致一个无法控制的不公正判决。合同的重构应当遵从根据福利经济学标准发展而来的原则并且应该符合帕累托最优的规定,也就是说,效益、优先性和帕累托改进这些概念都对'合理'的含义有所约束。"[1]

尽管相对于相互冲突且不可通约的"价值原则",效率是一个更为客观、明确、有约束性的指导,但其判断本身也需要花费信息成本,且可能因信息障碍而无法作出正确的选择。也正因为如此,法律才没有用效率准则替代大量具体的任意性规范。从降低法官裁判负担,避免司法错误的角度,我们赞同合同解释应尽可能遵从既存的文本,以及从文本中探求隐含条款。如合同约定的价格明显高于市场价格时,就很可能意味着双方将某一风险事先分配给了服务或货物的卖主,卖主此时也出售了一项保险,价格高出部分就是买主购买此项保险的费用,尽管合同并没有明示,但能够推断出这一隐含交易或条款。[2] 若不能依据文本较容易地推断出此类隐含条款,那法官就应该适用合同法的任意性规范予以补充。尤其在有名合同领域,除非存在明示的排除或很容易推测出的反对,更应该优先适用合同法的相关规定。如此既有助于降低司法成本,减少司法错误,防止司法滥权,又有助于提高合同解释的确定性,为当事人的和解提供便利和条件。合同法的一大功能就在于为不完备合同提供隐含条款,以及为法官提供裁判规范。

交易习惯也是很重要的隐含条款来源,且通常认为自发形成的习惯是有效率的,能够为法官解释提供有效的帮助甚至是替代。但习惯的效率很大程度上取决于形成过程中各博弈方的力量是否对等、信息是否对称,否则就有可能是一项掠夺性的规范。因此习惯的适用应该接受效率准则的检验,尤其我们国家的许多交易习惯很大程度上是在充满行政干预、垄断的环境下形成,更可能不适应市场经济,也就是

---

[1] [德]舍费尔、奥特:《民法的经济分析》,江清云、杜涛译,法律出版社2009年版,第413页。
[2] [美]罗伯特·考特、托马斯·尤伦:《法和经济学》,张军等译,上海三联书店、上海人民出版社1999年版,第386页。

偏离效率。[1]

诚实信用是所有合同的隐含条款，只是这一条款过于原则和抽象，只能根据不同情境予以具体化，同大多数有名合同的任意性规范相比，它授予法官更多的自由裁量权。"诚信需要高素质并且独立的法官。如果不能满足这个条件，那最好还是坚持较为形式主义的合同法，尽管会缺乏灵活性。"正因为如此，舍费尔和奥特建议法治不发达的国家最好限制诚实信用原则的直接适用，且许多发展中国家的司法实践也确实是这么做的。[2] 这同上文中有关规则与标准的讨论相一致。为此我们主张诚信更多应该用以支持合同的文本含义，而不是直接据此推翻文本的含义，代之以法官的判断，尤其在我国的司法环境下。这既有助于降低裁判成本和错误，提高法律确定性，又有助于约束法官及帮助法官抵制外部干预。另外需要说明的是，诚实信用从根本上是同效率原则完全一致的，或者说是效率的道德表达及实现途径。

合同解释一直存在文本主义与超文本的语境主义（Contextualism）之争，前者更多的是把合同作为完备的或假设是完备的，后者则强调依据合同订立及履行的具体语境对合同进行解释和补充。[3] 前者有助于降低司法成本，且会迫使当事人签订更为明确具体的合同。"在解释一个书面合同时，法院是否应该听一听当事人就他们谈判合同时的意图所做的证言，这可能取决于合同解释的目的是要重构双方的意图，还是要鼓励双方把他们的协议写进一个语言明确、内容全面的合同里。"[4] 尤其当交易双方事先的交易成本很低时，严格文本主义有助于迫使当事人事先对风险进行更全面的分配，以避免过度依赖法官解释与补充，从而有效节省司法成本。埃里克·波斯纳就特别强调，文本主义在裁判准确性上的优势，以及法院在解释和补充合同上存在的错误风险（其原因主要在于信息成本）；当法院经常出错时，人们就会

---

[1] 贾敬华：《不完备合同的经济分析》，人民出版社2006年版，第130页。

[2] [德] 舍费尔、奥特：《民法的经济分析》，江清云、杜涛译，法律出版社2009年版，第529-530页。

[3] George M. Cohen, "Implied Terms and Interpretation in Contract Law", *Encyclopedia of Law and Economics*, p.78, http://users.ugent.be/~gdegeest/.

[4] [美] 波斯纳：《法律与文学》，李国庆译，中国政法大学出版社2002年版，第278页。

事先签订更为完整的合同,以此绕开错误。❶ 但这还是可能会加重旨在利用法院错误的机会主义动机。然而如我们上面所说的,事先的交易费用可能很高,尤其是意外风险的概率很低时,人们限于信息成本,很难进行有效的预测和评估,此时由法官事后解释和补充合同就可能是更好的选择。事实上这里存在两类成本,合同不完备(包括法官错误补充合同)导致交易质量减损而产生的损失;合同订立成本,包括交易双方的订立成本及法官的解释补充成本。效率要求致力于合同不完备的损失及避免不完备的成本之和最小化。交易费用高,司法成本(主要是信息费用)低时,语境主义可能是更有效的;相反,交易费用低,司法成本高时,则应该优先采用严格的文本主义;文本主义也同样存在错误,应该同时比较两者的成本及错误概率。❷

合同法的一项主要功能就在于为人们订立尽可能完备的合同提供指引和隐含条款,降低缔约成本;为法官解释、补充合同提供隐含条款与裁判规范,降低司法成本,同时防止法官权力专断,提高法律确定性,为私人和解提供条件。

四、关系合同

所谓关系合同是指"合同系基于长期的和包含许多交易的合作基础上订立的",且这些交易并非相同交易的简单重复。❸ 在这一合同关系中人们不可能事先一次性地对未来所有的权利义务及风险进行明确的安排,只能留待合作过程中不断予以补充安排,因此此类合同中可能有未来对合同内容进行再协商的明确约定。未来权利义务及风险的不确定性是关系合同的关键特征,❹ 这也主要是由于缺乏与未来合作相关的信息及人们的机会主义(很大程度上源于事先或事后的信息不对称)导致的。可以看出关系合同是典型的不完备合同,且不完备的

---

❶ Eric A. Posner, "The Parol Evidence Rule, the Plain Meaning Rule, and the Principles of Contractual Interpretation," 146 *University of Pennsylvania Law Review* 542–544 (1998).

❷ George M. Cohen, "Implied Terms and Interpretation in Contract Law", *Encyclopedia of Law and Economics*, p. 97, http://users.ugent.be/~gdegeest/.

❸ [德]舍费尔、奥特:《民法的经济分析》,江清云、杜涛译,法律出版社2009年版,第612页。

❹ C. Goetz and R. E. Scott, "Principles of Relational Contracts," 67 *Va. L. Rev.* 1089 (1981).

第五章　合同制度中的信息费用问题

程度还很大，这样就为合同的法律实施带来了更大障碍。

回应该问题的一种理论进路是倾向于超越合同文本，考察人们所处的关系结构，依据社会准则更为宽泛地理解和补充合同。这一进路源自关系合同论的先驱麦克尼尔，❶并产生了很大的影响。这就要求法官必须承担起更大的解释和补充合同的重担，当然也意味着更大的裁量权。法官裁判应该更多地适用诚实信用之类宽泛标准，具体确定的规则因其僵化性很难调整此类合同。但这一进路显然忽视了司法机构的信息能力和成本的限制。

事实上，除了交易双方的信息障碍与机会主义，还存在另外一个导致合同"不完备"的重要原因。那就是法律作为强制执行机制对合同履行可观察性与可核实性的要求。即使双方当事人进行了细致的约定，也知道合同存续期间双方权利义务的动态调整，以及对方是否违反了协议；但若这一切都无法被作为第三方的法庭所核实，那这些内容也不能被强制实施。❷法院通过自由裁量正确解释和补充合同的能力可能是很有限的，这也是为什么我们主张在做这项工作时应该重视合同法的任意性规范及交易习惯的原因。但这些备用条款对于不断变动的关系合同似乎意义有限。过于积极地适用诚信原则还可能为法官滥用权力，以及外部力量干预司法独立提供机会。正是考虑到信息费用及司法机构的能力，有学者才主张法院在实施关系合同时应该审慎和克制。❸难以通过司法实施，并不意味着关系合同就不再能够被实施。我们一开始就曾谈到了合同的不同实施机制，可能其他实施机制对关系合同更为有效。

婚姻为典型的关系合同，甚至曾长期处于合同研究者的视野之外。"清官难断家务事"，一直以来，家庭内部关系都主要依靠家庭自治，法律也不愿意过多地介入家庭事务。显然我们也不乐意法官过分地干涉我们的家庭生活，通常处于长期关系中的家庭成员有能力对相关责

---

❶ 相关理论可参见［美］麦克尼尔：《新社会契约论》，雷喜宁、潘勤译，中国政法大学出版社1994年版。

❷ Goldberg, "Relational Exchange: Economics and Complex Contracts," 23 *American Behavioral Scientist* 337 (1980).

❸ 对这一问题的详细分析可参见 R. E. Scott, "The Case for Formalism in Relational Contract," 94 *NW. U. L. Rev.* 845–875 (2000).

任进行灵活有效的分配和执行，也只有他们自己才拥有足够的相关信息。一位妻子可能会因为丈夫连续忘记倒垃圾而"忘记"给他准备晚饭，丈夫会因此而想起自己的责任。这一执行既有效又恰当且成本低廉。法官不可能如此细致入微地对家庭义务进行分配并如此灵活适度地予以执行，即使不考虑其高昂的成本。当然若婚姻关系走到了终点，最后期限来临，私人互动将不再有效，此时法律就会更多地介入。当然家庭中还有一个重要的无成本的执行机制就是"爱"。劳动合同也是典型的关系合同，合同不可能约定劳动关系存续期间的所有事项，即使约定，很多事项也难以被法院所执行。如法院可以确定工人是否按时上下班，但无法判断其工作努力程度是否达到了合同要求或升职标准。我国《劳动合同法》规定的"不能胜任工作"等常规合同解除条件就因难以获得可观察性与可检验性的证据而无法被法院有效实施。❶ 对于无法明确约定或即使约定也不能被第三方强制执行的内容，双方一般通过互动关系予以私人执行，如企业会为工作努力的员工加薪、发红包或者升职。但即使内部监控也不可能完全周到准确，使得报酬百分之百地反映贡献，内部监控本身也需要成本，在管理上所追加的投资只有不小于其带来的收益（更加努力的工作）时，才是有效率的。正是由于信息费用及合同的不完全性，才使得企业文化有了存在的意义，其一旦形成就可以自动执行，从而有助于克服不完全合同及管理难题，提高员工的忠诚、努力及合作程度。❷

关系合同意味着交易双方长期互动或处于一种更基础的社会关系中，由此也就为基于重复博弈的自我实施机制和基于随机配对博弈（一种复杂化的重复博弈）的声誉实施提供了条件，且在此情形下它们是更为有效率的实施机制。为了确立自我实施机制，交易方还能通过私人安排将具有"一锤子"买卖性质的关系合同转化为长期博弈。如建筑合同，一项复杂的工程不可能事先约定所有事项，工程施工中很可能会有调整之处，因此是典型的关系合同，但双方很可能就打这一次交道，因此这又是一项"一锤子"买卖。我们都知道"一锤子"买卖很容易出现机会主义行为。为了防止合同履行中的机会主义行为，

---

❶ 吴元元：《劳资契约安排的制度逻辑》，载《现代法学》2009 年第 1 期。
❷ 张维迎：《产权、政府与信誉》，三联书店 2003 年版，第 56 页。

第五章　合同制度中的信息费用问题

双方可以改事先或事后一次行付款为按工程进度分段付款，使之成为重复博弈，从而可以自我实施。事实上，那些主张契约书对经济秩序没有影响的人，❶ 并非没有意识到"关系"，而是没有看到明确的"合同"及合同的法律实施。大部分实业活动也就是交易是借助朋友、家族关系、商业圈子等"关系"来进行的。这并非没有"合同关系"，只是没有写在书面上的便于法律强制实施的合同，因此充其量是说"契约法的死亡"，而非"契约的死亡"。但这种更多地由非法律机制来实施交易或合同意义上的"契约法的死亡"并不必然就是一种危机或不好。一直都存在多种实施机制，且应该允许它们自由竞争，这样才能获得更为有效率的实施，降低总的实施成本。也许关系合同带给我们的最为重要的启示并非是扩张法官在解释、补充合同上的自由裁量权，而是更为重视合同的非法律实施机制，而这又意味着法庭面对关系合同时应该选择严格的文本主义，以减少司法成本、错误补充及司法确定性的下降。当然这也并不意味着契约法没有存在的必要，真的死亡了。毕竟还存在大量的非关系性的不完备合同，在交易成本很高，司法成本又较低时，法庭的事后补充可能是更有效率的，合同法为此提供了大量的备用条款，同时也是裁判规范，更何况这些条款还有助于降低合同的订立成本。

另外，埃里克·A. 波斯纳甚至认为，即使法庭完全没有能力补充合同，甚至难以确定违约行为是否存在，以致判决结果成为一种纯粹的凭运气的"掷骰子"游戏，合同法也依然有用。❷ 为了赢得诉讼必须花费成本，而且花费越多，赢的机会越大，尤其在法官没有能力准确核实合同内容及履行情况时更是如此，而为了抗衡，另一方也必然会追加诉讼投入，形成了消耗性竞争。如此一来，背叛者机会主义违约所获得的收益最终可能会被高昂的诉讼成本抵消掉，哪怕他因为运气好赢得了诉讼，也是如此。此时诉讼就成为一种纠纷发生时，政府借助高昂的诉讼费用同时惩罚双方的机制，双方好比在进行一场司法决斗，只是现在是以金钱为代价而不是生命与身体。诚实的一方可以

---

❶ [美] 麦考莱：《企业中的非契约性关系的初步研究》，转引自季卫东：《法治秩序的建构》，中国政法大学出版社 2000 年版，第 373 页。

❷ [美] 埃里克·A. 波斯纳：《法律与社会规范》，沈明译，中国政法大学出版社 2004 年版，第 237 页。

· 125 ·

法律制度的信息费用问题

借助诉讼对背叛者予以适度的惩罚,当然诚实者也必然要为此付出代价。但很可能正因为如此,诚实者才可以向他人传递自己是真正的诚实者的可靠信息,当惩罚能够给惩罚者带来直接的物质收益时,惩罚很可能是机会主义的寻租,而非出于对背叛与不公正的报复。❶ 因此很多为社会规范所支持的私人惩罚方式,都不能给惩罚的实施者带来直接的物质收益,且需要实施者付出一定的代价,这也是一种甄别机制。人们愿意付出代价惩罚背叛行为的目的在于树立自己诚实的及不可侵犯的有仇必报的声誉,以表明自己是好的合作对象及遏制未来可能的侵犯。即使合同不完备,法院没有能力准确实施,但只要可以进入诉讼程序,该合同就为双方提供了对背叛者实施足够严厉、却又不会引发暴力冲突的惩罚的机会。也就是说订立能够进入法庭的合同,使得双方的承诺变得可以置信,不履行承诺的高昂代价将迫使人们严守承诺,从而有效地推动合作。司法的此种功能要想有效运作,就必须确保法庭能够准确核实双方是否真正自愿进入受法律拘束的合同,也就是给予对方实施惩罚的机会。否则就有可能导致机会主义的诉讼,一部分擅长诉讼的人借助诉讼来敲诈并不想进入合同的人,就像决斗技艺特别高超的人会以此进行敲诈一样。若这样,人们将不再能够通过此类机制有效传递信号,作出可置信的承诺。正因为如此,才有了一系列确保决斗结果更多地取决于运气的制度。而现代司法中的法官则可以借助法定的合同程式,大大提高自己在确定受法律拘束的合同是否存在上的准确度,尽管可能没有能力准确地补充合同及判断履行情况。❷ 这就又回到了合同法提供合同程式的功能上。

当然这主要还是理论模型,现实中法院的能力尽管有限,但应该还是能够对不完备合同进行一定的补充,而且我们还能通过一些方式改进法院的能力,如设立专业法庭,由受过专业训练的人担当法官,对普通法官也进行经济学培训或选择有经济学训练的人做法官等。但这些都是经验性的问题,其解决需要具体的科学的实证研究。尽管如

---

❶ [美]罗伯特·C. 埃里克森:《无需法律的秩序——邻人如何解决纠纷》,苏力译,中国政法大学出版社 2003 年版,第 264 – 265 页。

❷ [美]埃里克·A. 波斯纳:《法律与社会规范》,沈明译,中国政法大学出版社 2004 年版,第 240 – 241 页。

此，这些理论模型还是为我们理解法律及法庭的实际功能及应该也可能承担的角色提供了帮助，进而能够根据这些目标去理解和评价相关法律的性质与特征，为法律的改进提供帮助。下面我们借助公司合同这一典型的关系合同❶，对这一问题再做部分探讨。

企业作为一种有组织的团队生产方式，是对市场交易的一种替代，在内部主要通过管理指令来配置资源。❷ 但这并不意味着它不再具有合约的属性，恰恰相反，它本身也是人们为进行有效的合作，而自愿缔结契约组成的，只不过是一种长期关系契约或者说是以所有人为中心的一系列契约。❸ 现代社会中，公司是最重要的企业形式，它是筹措巨额资本的有效方法。❹ 公司本质上也是股东与股东、股东与管理层及股东与债权人等之间的一系列契约，公司章程显然是最为基础的合同文本。公司要想获得投资人的青睐，就必须给投资人带来最大的收益，这就意味着公司必须具备良好的治理结构，以提高资本使用效率。为此公司就必须首先安排好股东之间、股东与管理层之间的关系，前者要防止大股东剥削小股东，后者则是要解决委托—代理问题，确保管理层忠实努力地为投资人服务。若少数大股东总是不公平地对待分散的多数小股东，那人们将不再愿意购买该公司的股票，其资本市场化的能力将大大下降，不利于公司的融资和发展。❺ 若无法有效控制管理层的行为，自然更是不会再有人愿意投资于公司。这些问题主要是通过公司章程予以安排的。于此我们并不想具体地探讨什么样的治理方式最有效，而主要是讨论公司治理结构的契约性质及其法律意义。在伊斯特布鲁克和费希尔看来，立法者没有能力发现一个对大多数公司都有效率的统一的治理结构，而公司治理市场的自然选择、优

---

❶ 罗培新：《公司法的合同路径——兼论我国公司法规则的正当性》，载冯玉军主编：《中国法经济学应用研究》，法律出版社2006年版，第381页。

❷ 对这一问题的论述可参见［美］科斯：《企业的性质》，载盛洪主编：《现代制度经济学》（上），北京大学出版社2003年版。

❸ ［美］阿尔奇安、德姆塞茨：《生产、信息成本和经济组织》，载盛洪主编：《现代制度经济学》（上），北京大学出版社2003年版，第134页。

❹ ［美］波斯纳：《法律的经济分析》，蒋兆康、林毅夫译，中国大百科全书出版社1997年版，第514页。

❺ ［德］舍费尔、奥特：《民法的经济分析》，江清云、杜涛译，法律出版社2009年版，第623页。

法律制度的信息费用问题

胜劣汰则能够使得有效率的治理结构存活下来。❶ 只有妥善解决了股东与股东、股东与管理层之间的关系，尽可能地消除了"剥削"的公司才能最优效率地融资和投资，从而实现最多的利润和股东回报，进而有更高的股价获得更多的资本。当然这意味着存在健全的资本市场，股价能够准确地传递有关公司的治理水平的信息，这样一个市场是有可能获得的。❷ 若如此那就意味着公司法应该减少对公司章程的强制性规定，更多的恢复其契约属性，使其更具灵活性和适应性，这样才能获得更有效率的公司治理。此时公司法也就更多的是一种合同法，通过总结整理经市场检验的有效率的公司治理条款，为人们缔结公司章程提供指引和备用条款。公司法就是一种"标准合同文本"，人们可以直接将其作为公司章程，也可以按照自己的需要进行增减。❸ 对股东的保护很多情况下可以更多地通过事后的民事责任或刑事责任予以提供，而没有必要事先过多地干预人们的契约安排，❹ 从而为寻求有效率的治理模式留下更为广阔的空间，避免法律一刀切的僵化成本。尽管对此仍然存在争议且有待进一步地研究，而且还需要考虑具体的市场和司法环境。但这也无疑对我们更好地理解和评价公司法（也就是一种特别的合同法）提供了重要启示。

事实上，很多通常被认为是法律基于某种考量而做的特别安排，都是一种自发的秩序，可以通过契约自愿作出。有限责任被视为公司法的一项核心制度，且通常被认为是对股东的一种特别保护，将风险转移给了债权人，甚至可能会因此而损害公司债权人的利益。然而，从起源来看，有限责任是一项地道的自发秩序，甚至没有人知道是什么人作出的这一伟大发明，只是后来因其功能被法律所确认而已。❺ 有限责任是股东与股东、股东与合同债权人之间的针对贷款风险的一

---

❶ ［美］伊斯特布鲁克、费希尔：《公司法的经济结构》，张建伟、罗培新译，北京大学出版社 2005 年版，第 35 页。

❷ ［美］伊斯特布鲁克、费希尔：《公司法的经济结构》，张建伟、罗培新译，北京大学出版社 2005 年版，第 20—21 页。

❸ ［美］伊斯特布鲁克、费希尔：《公司法的经济结构》，张建伟、罗培新译，北京大学出版社 2005 年版，第 17、38 页。

❹ ［德］舍费尔、奥特：《民法的经济分析》，江清云、杜涛译，法律出版社 2009 年版，第 624 页。

❺ 保罗·哈勃恩：《有限责任和扩充责任制》，载纽曼主编：《新帕尔格雷夫法经济学大辞典》（第二卷），法律出版社 2003 年版，第 655 页。

项有效率的制度安排。事实上,有限责任并不是对于公司而言,公司必须以其全部财产对债权人负责,而是指股东仅以其出资为限对公司债务承担责任。对于股东与合同债权人而言,并没有什么不公平,这是一种有效率的风险分担协议。尽管股东限制了自己的责任范围,但也必然要为此支付更高的贷款利息,这是债权人为多分担的风险索要的补偿;若股东愿意以自己的其他财产为公司债务提供额外担保,那将会获得一个优惠的利息。❶ 最为重要的是它在多个层面上避免或节省了信息费用。若公司经营债务危及投资者个人财产,那投资者就不得不对公司管理事务进行更为直接的干预和监控,以防止发生债务危机,但大多数投资者并不擅长直接经营,如此一来既增加了股东对管理层的监控成本,又降低了公司管理效率,所有权与管理权分离将不再可能;同时,由于股东个人财产会影响到公司偿债能力进而影响公司融资能力,为了自身利益,每一个股东都必须监控其他股东的财务状况,这不但成本高昂且是不可能的;对债权人而言,其债权安全不但取决于公司经营状况,还取决于股东的个人财产,任何一个股东不恰当地处理自己的财产,或者向较穷的人转让股票都会损害其债权安全,因此债权人必须对此予以监控和干预,这要么是不可能的,要么退出自由将不再存在。❷ 因此有限责任是符合各方利益的最好的安排,完全可以通过私人契约予以达成。在这一制度安排下,"任何股东或债权人都不需要关心其他股东的身份或特征"。❸ 当股东出资不实(事前隐藏信息)或事后抽逃资金(事后隐藏行动)时,股东就违反了其以出资额对债权人承担责任的合同,自然此时债务追索也就不再受有限责任的限制。

支持公司法对公司章程进行强制性管制的一个经济学理由就是:不受限制的、多种类型的公司,意味着交易人每次交易前必须事先仔

---

❶ [美]伍德沃德:《公司理论中的有限责任》,张丽丽译,载[美]唐纳德·A. 威特曼:《法律经济学文献精选》,法律出版社 2006 年版,第 232 页。

❷ 参见[美]伊斯特布鲁克、费希尔:《公司法的经济结构》,张建伟、罗培新译,北京大学出版社 2005 年版,第 46–49 页;[美]伍德沃德:《公司理论中的有限责任》,张丽丽译,载[美]唐纳德·A. 威特曼:《法律经济学文献精选》,法律出版社 2006 年版,第 233 页。

❸ [美]伍德沃德:《公司理论中的有限责任》,张丽丽译,载[美]唐纳德·A. 威特曼:《法律经济学文献精选》,法律出版社 2006 年版,第 244 页。

法律制度的信息费用问题

细考察公司章程，以确认其相关结构，因此就需要承担高昂的信息费用；统一的标准化的公司尽管僵化，却大大降低了信息成本。❶ 然而，若投资人主要是通过专业投资人代理投资，或者股价主要由专业投资者来确定，由于关涉利益巨大，专业投资机构自然会对可能的投资目标进行仔细考察，即使都是标准化的公司也一样，此时额外增加的信息费用就可能十分有限，而分散的投资者只会参照价格这一个信息，无论如何不会也不应该去进行过多考察。❷ 对于合同债权人而言，由于业务所涉金额重大，自然也总会对商业伙伴事先进行考察，因此放弃标准化，同样也不会带来多少额外信息成本。况且我们相信，大多数公司都会模仿最有效率的公司治理模式，因此业务、环境类似的公司，其治理模式肯定会大同小异，且还可以通过贴标签的方式对不同类型予以区分。对于一些机会主义行为还可以通过事后的民事责任和刑事责任予以威慑。因此这一支持强制性的理由还需要更进一步的论证才有说服力。不过考虑到我们国家不健全的资本市场和法治环境，这一理由倒是有着相对十分重要的意义。这同我们前面分析的发展中国家应更多地运用规则而不是标准的道理一致。

关系合同的存在并不必然意味着司法应该更加积极介入，法律应该授予法官更多的裁量权，并且增加更多的干预条款。无论法律还是法官都没有能力代替人们作出更好的安排，合同自由大多数情况下仍然是实现私人利益及社会福利最有效的工具。只有充分意识到这一点才能更好地理解合同法可能的及应该的功能。合同领域的不完美，以及人们对合同的非法律实施机制的选择，不应该简单的被视为合同法的危机，并因此而削弱合同自由原则。

以上的分析必然是不完全的，然而我们并非要从微观层面探讨合同法各种具体制度的功能，这样的研究已大量存在，且对我们的讨论提供了不可或缺的帮助。而是希望透过信息费用这一关键变量，在最一般的层面上理解合同制度。于此一个必要的简单的补充是针对格式合同或格式条款的。所谓格式合同也就是由一方事先拟定，反复适用

---

❶ ［德］舍费尔、奥特：《民法的经济分析》，江清云、杜涛译，法律出版社2009年版，第642页。

❷ ［美］伊斯特布鲁克、费希尔：《公司法的经济结构》，张建伟、罗培新译，北京大学出版社2005年版，第20页。

于不特定的多数人,"要么接受,要么走开"的合同或合同条款。对格式条款的一个敌视就是该条款是一方强加给另一方的,是不公正的。但只要市场是竞争性的,人们有着选择不同交易对象的自由,那"强加"就不可能存在。格式合同因避免了重复谈判和订立活动而节省了大量的交易费用,这不但有利于合同的提供者亦有利于合同的接受者。支持法律规制格式合同的最有效的理由还是信息费用的存在。人们只有在获得和处理信息的成本小于信息的预期收益时,才会进行信息获取和处理行动。但信息的收益通常只有在事后才能知道,且很多情况下交易的收益有限,人们不愿意在信息问题上花费额外成本,典型的就是消费者的行为,当然这是十分理性的反应。在很多交易中,消费者通常不会具体地比较不同格式合同之间的差别。这就为商家设置不合理条款榨取租金提供了机会,而且由于面临无数重复交易,总租金可能十分巨大,其机会主义的动机会很强烈。由于无法区别好的格式合同与坏的格式合同,甚至在吃亏以后也只能是知道那个不好,但无法确定其他的是否更好。这样一来,人们只能对所有的格式合同支付平均价格,好的合同因卖不出好价钱也只能不断降低质量,从而产生"柠檬效应",最终只剩下坏的格式合同,[1] 这显然是没有效率的。为了解决这一问题,法律对格式条款进行规制,一个要求就是相关条款必须足够明确,甚至要对相对方进行"提示",以降低对方理解合同的信息成本。

还有一种就是直接禁止某些内容的格式条款。尽管这样做限制了合同自由,可能会使得一些信息充分的交易方无法作出真实自愿的更有效率的特殊性安排,降低了合作质量,带来了"僵化成本",但考虑到更多的情况下因此而减少的信息成本与机会主义损失,此种"一刀切"式的禁止仍然是有效率的。但事情也可能并非这么确定无疑,很可能仍然存在一些其他的解决机制。一个有关"柠檬市场"的典型案例就是车站附近的餐馆,由于多是"一锤子"买卖,且用餐之前不可能知道饭菜的质量,无法区别好坏,只愿意支付平均价格,最终导

---

[1] [德]舍费尔、奥特:《民法的经济分析》,江清云、杜涛译,法律出版社 2009 年版,第 490-492 页。

法律制度的信息费用问题

致"劣币驱逐良币"。[1] 但连锁经营很容易就克服了这一难题,若你位于车站的店欺骗了我,那你所有的店我都将不去了,知道这一点,连锁店就会在任何一处都提供高质量(相对于价格而言)的饭菜,我知道这一点因此会相信你的承诺,你知道我知道,因此也会放心地作出和履行承诺。这可能就是车站附近总会有肯德基,且通常人满为患的原因。某些格式合同领域是否也存在类似的解决机制呢,如公平竞争的市场认证机制。所有这一切的答案都需要具体的实证研究,但其背后的经济学逻辑是相同的。

简单地说,不同的实施机制有着不同的信息需求与不同的适应性。通过信息费用视角的分析,我们应该意识到,合同法最主要的功能在于提供合同程式,降低法庭确认合同存否的信息费用,确保强制实施机制启动的准确;为合同订立和法官补充合同提供标准的备用或隐含条款,同时为法官提供了裁判规范,提高法律确定性,降低纠纷解决成本。合同不完备并不必然需要法官依据诚实信用原则进行更为积极的干涉,信息费用的存在使得他们可能没有能力正确地补充合同,合同文本及合同法的任意性规范可能是更好的选择。当然这并不否认交易费用很高,而司法成本较低时,法官补充合同的可取性。同样,关系合同的重大启示可能在于重新认识非法律实施机制的存在及意义,更尊重合同文本与合同自由,而不是更多地引入宽泛的裁量标准,为法官干预提供更大的裁量权。尤其在考虑到我国的法治环境与司法机构的能力后更应该如此。还是那句话,对诸多问题我们仍然没有能够提供确定的答案,但提供了寻找这一答案的方向与方法。

---

[1] [德] 舍费尔、奥特:《民法的经济分析》,江清云、杜涛译,法律出版社 2009 年版,第 329 页。

第六章　法律对"简单事实"的依赖及其延伸

　　法律要依据一定的要件对人及行为予以分类以区别对待，或赋予权利或课以责任。然而，若所据要件太过繁杂细微或尽管单一却也同样不容易鉴别、衡量与核实，则不但法律制定的成本可能很高，且服从和实施的信息成本也会很高，以致难以准确实施，其立法上所追求的精确性也无从实现。为了降低法律实施的信息费用，就必须选择容易观测、核实、衡量的简单事实。富兰克林曾说：死亡和税收同为人一生不可避免的两件事。要维持政府、提供公共产品就必须通过税收来获得财政收入。然而税收对生产与激励具有扭曲作用，也就是说在将一部分财富交到政府手里的同时，还必然伴随着一部分社会财富的净损失。从理论上说就收入所得税而言，最为公正和有效的方式应该是按照能力征税，这样既能获得足够财政收入，又有助于促使有能力的人积极创造财富、阻止偷懒行为，也符合"能者多劳"的公平观念。然而人的能力是很难观察和衡量的，更不用说还要准确到据以制定税收标准的程度，况且人们为了少交税，还会以各种方式来掩盖自己的能力水平，积极伪装成低能力者，政府没有能力获得必要的信息。[1] 在这样的情况下收入水平就成为反映能力的尽管不准确但容易获得与衡量的信号，也就成为收入所得税的征收依据，当然不可避免地会有一些能力很高的人因偷懒而不交或少交税，另一些能力不高但却勤奋的人则要多交税。而在我国由于富人的很大一部分收入都不是工资收入，再加上金融财会制度不健全，信息费用高昂，很难对此进行普遍有效的追踪，以至于很容易规避申报。结果本来应该具有一定

---

[1] 莫里斯：《最优所得税探讨》，转引自张维迎：《政府、产权与信誉》，三联书店2003年版，第26页。

> 法律制度的信息费用问题

"劫富济贫"性质的所得税反而相当程度上落到了以工资（容易核实）为主要收入来源的中低收入阶层身上。❶目前条件下，对此的一种回应方式，就是在不增加信息费用提高抓获率的情况下大大增加逃税的惩罚力度，以提高规避行为的预期惩罚成本。在这里我们首先关注的是法律对"收入""工资"之类的信息成本很低的简单事实的依赖。在信息费用极为高昂的古代社会，有关年龄、性别、血统、嫡庶、等级、出生地域等自然或社会属性的身份特征，就更成为法律所可以依赖的最显而易得的简单事实，就像黄金天然是货币一样。当然，今天的法律也依然如此，尽管身份的形式和内容有了很大变化。

一、法律对身份特征的依赖

人是社会性动物，离开了社会合作很难有相比于其他物种的竞争性优势，尤其在认知水平和技术水平很低的初民社会，所以必须以结成群体的方式才能生存下来。尽管首先是作为群体成员而存在，但即使初民社会的成员也肯定有自己的个人利益所在，如承担什么工作、获得什么样的回报等。作为个体的人可以通过两种方式来获得生存所需的资源。一种方式是自行生产，这可以称之为生产性努力，能够带来社会财富的增长；另一种方式是掠夺别人的成果，这可以称之为再分配性努力，只是通过花费成本把别人的东西占为己有，不会导致社会财富的增加。❷"人在两个不同的领域使用自己的力量，一种是生产或交换经济物品，另一种是掠夺他人创造的物品。"❸究竟选择哪一种行为或在何种程度上从事哪一种行为，取决于选择的机会成本。铸剑为犁还是铸犁为剑，要看哪一种行为的收益更大，此种资源的不同使用将稳定在两种用途的边际替代率相等的位置。群体成员的生产性努力越多，越有助于社会财富的增长；若与之相反，分配性努力的增加，不但不能导致社会财富的增长，反而会迫使大家更多地把资源、精力投入掠夺或防御能力的提高上，而不是生产技术的提高，最终会导致生产衰退，陷入贫困和饥荒甚至是群体的灭亡。一个社会群体要想维

---

❶ 吴丹红：《法律的侧面》，对外经济贸易大学出版社2009年版，第64-65页。

❷ 盛洪：《生产性努力的增长——论近代经济发展的一个原因》，载盛洪主编：《现代制度经济学》（下），北京大学出版社2003年版，第228页。

❸ Jack Hirshleifer, "The Dark Side of the Force", 32 *Economic Inquiry* 1 (1994).

第六章　法律对"简单事实"的依赖及其延伸

持有效的合作，就需要合理地分配合作的收益及负担，为群体成员提供正确的激励。激励大家更多地从事生产性努力而不是分配性努力。要做到这一点就需要有效地度量成员的能力及在合作中所做的贡献，并根据贡献来分配合作收益，当然还要根据成员的能力来分配合适的工作岗位。若不能进行适当的度量，并对相关权利义务进行界定，不但会导致错误的激励，从而鼓励偷懒占别人便宜的行为，甚至还有可能引发严重的冲突。然而度量和界定本身从来不是一件容易的事，需要信息费用的支出。准确度量人的能力及团体合作中的贡献即使在现代社会也是十分困难的，仅能在有限的程度内做到。"影响度量和界定费用高低的，是度量和界定技术水平、制度结构和度量对象的性质。其中最重要的是制度结构。"❶ 当然反过来，制度也通常是对度量技术的替代、对高昂度量费用的回应。

在初民社会早期，人们通过不承认隐私、集体劳动（采集或狩猎）及共同分享收获来解决这一问题。尽管集体劳动也是对个人能力有限的一种回应和弥补，但并不全在于此。捕获大型猎物对于个体来说是困难和危险的，但捕获小型动物却通常是个人能够做到的，尤其是当拥有了一定工具以后。此时若他人冒着危险猎捕大型动物，而我却将目标转向仅够个人享用却容易捕获的小动物，而又可以分享他人的成果，就是有利可图的。此种行为必然会给群体合作带来麻烦。但若狩猎活动是集体推进的，在同伴的注视下，你就不容易从围捕队列中私自退出去抓附近的一只野兔。战争中广泛应用密集严整的队列与此具有相同的道理，在排成一线向前推进时，很容易发现谁畏惧不前。而且为了便于观察，通常还会配以鲜艳的军服或带有羽毛的头盔，尽管这明显不符合现代迷彩伪装的原理，如英军长期采用红色军服，再配以密集的队形很容易成为标靶。但在当时的武器水平下，以纪律和勇敢保障的集体推进是获取胜利的最有效方式，因此伪装保护同便于监督相比就不是那么重要了，古罗马军令还规定士兵必须立刻杀死在平行推进中落后的同伴，以增强监督的力度。原始社会中集体狩猎的方式及维持该方式的制度与观念，显然有助于监督偷懒行为，防止合

---

❶ [美]诺斯：《经济史的结构与变迁》，陈郁、罗华平等译，上海三联书店、上海人民出版社1994年版。

作中的机会主义。而共同分享、平均分配也进一步避免了事后的度量和界定费用，从而得以维持群体的合作与延续。当然我们也承认，这些制度的存在还有其他的因素，如食物资源非常稀缺，只有通过分享才能维持生存和抵御风险，或者尽管食物资源不稀缺但无法保存，或者通过分享猎物来显示自己的魅力（而这是一种信号传递行为）等。群体合作的一项重要内容是依据成员的能力来分配相应的岗位与任务，然而要准确度量评价人的能力需要十分高昂的信息费用。在此情况下人的自然身份特征——年龄和性别——就成为评估个人能力确定任务角色的可以利用的成本低廉的信息[1]，尽管存在误差损失。

以集体劳动、平均分配来替代对合作贡献与收益的具体度量，虽然是对特定生存条件与信息环境的一种成功回应，使合作得以维系、社会群体得以延续。但毕竟只是一种非常简陋的替代，存在很大的误差，这必然会导致贡献与回报的不对称，从而导致偷懒行为的存在。对好多原始部落的调查研究都发现了偷懒分子及行为的存在[2]。尤其当随着生产条件的改变，劳动中相对单独行动的能力越强时，这一不恰当激励的损失就越严重。相信这应该是较为庞大的群体逐步分化为以家族或家庭为主的更小单位的重要原因之一，当然这一过程是极为漫长的，很多时候是家庭与社群紧密联系在一起。但这里我们无意做人类学的考察或重述，而是旨在从逻辑上阐明问题。在家族或家庭内，人们的关系更为密切，源于共同基因的利他性使得更容易克服和避免激励难题。但随着分化的加深，如何度量和界定家族在群体中的贡献和回报，如在保卫领地或夺取临近土地中的作用，就变得重要起来。在不同群体的资源争夺及群体内不同家族间的争斗中，武力是最重要的资源，其结果必然是实力界定权力。这表现在被征服的群体往往成为奴隶，在他们能够提供剩余产品之后，而群体内亦根据所贡献武力的多寡划分为在群体事务中具有不同发言权的不同等级。如古罗马就依据所提供士兵及装备的数量划分为在城邦事务中拥有不同投票权的五个阶层。[3] 为了防止奴隶主同奴隶及不同层级的奴隶主之间因利益

---

[1] Edmund S. Phelps, "The Statistical Theory of Racism and Sexism," 62 *American Economic Review* 659 (1972).

[2] ［美］里德雷：《美德的起源》，刘衍译，中央编译出版社2004年版，第118页。

[3] 参见陈可风：《罗马共和宪政研究》，法律出版社2004年版，第32–33页。

边界不清而导致纠纷冲突，法律直接依据等级在不同地位的成员及家族间进行资源配置。或者说等级制的法律就是对冲突与斗争结果也就是武力资源格局的确认和制度化，以减少持续不断的冲突给社会生产带来的破坏。等级实质上就是一种典型的为人所创造的社会身份，成为分配资源与责任的简单明了的依据。

　　此种界定方式必然意味着对分配性努力的合法化及对相关资源尤其是公共权力资源配置上的误差损失，从而产生不恰当的激励与资源的无效率使用。奴隶所生产的所有物品全归奴隶主所有，自然就不会有恰当的激励提高生产效率；对于奴隶主而言，由于可以通过剥削奴隶的劳动生活，自然也不会有从事生产的激励。但由于在当时的条件下，生产活动主要是简单劳动的投入，便于监督，因此奴隶主可以通过一定的手段监控奴隶的劳动投入，使激励不足的问题得以缓解。当然由于信息费用的障碍，奴隶主并不能像我们通常想象的那样，可以榨取奴隶的所有劳动力资源。只有当提高监控力度所增加的成本不小于其提高的奴隶劳动产出时，提高监控才是有效率的，基于监控资源的有限，奴隶仍然会有"偷懒"的机会。随着社会的发展，人的主观能动性在生产中的贡献越来越重要，不恰当激励的损失越来越严重，而监控的成本却没有降低甚至在不断增加，当这一变化达到一定程度时，就会迫使奴隶主改变监控方式和产出分配方式。那就是只监督奴隶的产品，而不再监督劳动过程，只要到时提供一定的产品或服务，就可以享有一定的自由和产出剩余❶，这不但降低了监控成本且改善了激励，从而是一种更有效率的方式。最后逐步过渡到只需按时根据田亩多少缴纳地租的地主—佃农制度，当然这一制度改进也是以更为先进的度量技术，且能够有效测量和界定土地边界为前提的。❷ 当对土地的资本投入与改善在提高产出方面变得极为重要时，由于地主与佃户之间难以清楚地界定各自及何种投入在产出方面的贡献，从而会导致双方投入的不足，就使得这一制度又变得不再有效率了。等级授予相应职位与机会的方式，尽管会存在误差，不能保证一定授予最适

---

　　❶ [美] 巴泽尔：《产权的经济分析》，费方域、段毅才译，上海三联书店、上海人民出版社 2006 年版，第 116 页。
　　❷ 盛洪：《生产性努力的增长——论近代经济发展的一个原因》，载盛洪主编：《现代制度经济学》（下），北京大学出版社 2003 年版，第 230-231 页。

法律制度的信息费用问题

合的人，但却避免了对这些职位进行竞争而导致的严重冲突和纠纷，也就是说错误的界定比没有界定或界定不清要好。❶

为了解决权力界定及继承问题，古代法律以自然特征为基础创设了一系列的社会身份特征及强化身份特征的礼仪制度。每个人都有特定的身份，尤其在拥有更多资源的社会上层，不同的身份对应着不同的权力资源。为了强化社会身份特征，在服饰、器具、礼乐、住宅、车马、葬仪等方面进行了严格的区分和规定，违背了这些规定就是"逾制"，通常要受到法律的严厉惩罚。这就是古人特别强调"正名"的原因所在，其对应的是权力资源及其合法性。在古代社会，一个能干而又自律的君主对于国家稳定及民众福祉是至关重要的，这就是我们强调君主应该"内圣外王""以德配天"的原因所在。无能或暴虐的君主常常会导致天下大乱、国家灭亡、生灵涂炭。然而能力和道德是难以衡量的，围绕最高权力的竞争常常意味着你死我活的斗争，最后"胜者为王，败者为寇"，这一代价是极为高昂的。除了初民部落及少数城邦的原始民主制外，各地无一例外都采取了基于血统的王位继承制度，这种制度尽管不甚准确，但却简单明确，以低廉的成本避免了不确定性。尽管未必能够选出最合适的统治者，却使得权力更替变得明朗化、确定化了，从而最大限度地避免因权力继承的不确定性而展开的争夺，以保持政局的稳定。保持政治稳定避免动荡与战乱要远比选出有能力的统治者重要得多。为了进一步缩小权力争夺的范围，还产生了嫡长子继承制及事先确立储君或世子的制度，但即使如此，历史上还是充满了围绕皇权继承的血腥而又残酷的斗争，甚至演变成分裂与战乱。需要说明的是，即使现代民主制度，也不能确保选出的都是有能力且负责任的领导人，我们最熟悉的例子可能是希特勒。现代民主制度与其说是为了获得最佳领导人，倒不如说是一种显示民众偏好、防止独裁及确保权力和平有序更替的制度，数选票要比数拳头成本低得多。

等级与身份制度尽管以明晰的容易鉴别的特征对权利进行了配置和界定，大大限制了争权夺利的冲突，降低了社会福利损失。然而相

---

❶ 盛洪：《生产性努力的增长——论近代经济发展的一个原因》，载盛洪主编：《现代制度经济学》（下），北京大学出版社2003年版，第231页。

当程度上这也是对大量的分配性努力或者说剥削的制度化、合法化，尽管这比无制度约束的分配性努力要好得多，但必然会存在严重的激励问题，以及防范、镇压反抗维护剥削格局的巨大成本。此种制度的度量界定费用及误差损失仍然是非常巨大的。❶ 以最高权力的继承为例，尽管世袭制度及进一步的嫡长子继承或立储制度大大缩小了继承权的范围及不确定性，但在皇室内部仍然存在严重的争斗，尤其当嫡长子或储君能力不足（从挑选有能力的统治者的角度看也就是存在严重误差）之时，通常会遭到强有力的挑战，争夺往往要付出惨重的代价方能平息，如我们熟悉的玄武门之变。或者尽管储君未遇到严重挑战，却产生了非常不负责任的君主，以及大批能力退化的皇族成员。在社会下层则表现为不能拥有全部劳动成果的人的生产激励与投入不足，或消极或积极的反抗及特权阶层的监控与镇压。而且此种制度的损失会随着社会发展、个体独立能力的提高（意味着监控变得更为困难）、人力资本重要性的增加（意味着激励损失越来越严重）而变得日益严重和难以容忍。这就为其被界定成本更低且更为精确的制度所取代埋下了伏笔。

以"财产权"的平等保护和"契约自由"为支撑的市场制度逐步成为近现代以来最主要的利益度量与界定制度。平等保护与交易的"自愿"要求，成功阻止了人们借助武力或特权进行的分配性努力，使得市场交易结果更能准确反映人们的生产性努力。当然这也是相对于等级制下的强迫性交易而言的准确，并非绝对意义上的准确，而且它通常也是以一定的财产初始配置为前提的，而初始配置通常未必是公正和有效率的。只是由于可以通过交易来校正无效率的配置，且追究初始配置的代价极为高昂，往往需要国家权力的全面强行介入，而且由于难以获得恰当配置的足够信息及对权力本身进行监控的信息，通常会导致新的错误与不公正，所以更好的选择是在特定初始配置的基础上推进平等保护与自由交易。需要特别说明的是，市场的规模越大、竞争越充分，价格就越能准确反映交易的价值，从而使得人们之间的利益界定越准确，而且搜寻相关信息讨价还价的成本也会越低，

---

❶ 盛洪：《生产性努力的增长——论近代经济发展的一个原因》，载盛洪主编：《现代制度经济学》（下），北京大学出版社 2003 年版，第 232 页。

甚至几乎为零,因为价格已事先明确存在,如我们去超市买东西甚至经常不会看价格。因此市场就成为成本更低且准确性更好的利益度量与界定机制。❶ 尽管作为社会主要制度的市场是近现代以来的事情,但作为交换意义的市场却是在初民社会就有了。但当时的信息费用极为高昂,如更为欠缺度量技术很难衡量产品的价值与质量、没有能力追踪欺骗者、交易规模有限使得价格更不准确更具偶然性等,都大大阻碍了市场机制的运作。为了克服信息费用,方便交易,初民社会形成了诸多替代制度,如只同熟悉的人或部落交易、交易伙伴之间结为兄弟加强信任、以互赠礼物取代买卖、以习惯性价格代替砍价、只能在固定场合进行交易(有助于形成集市、扩大市场规模、降低人们搜寻成本、提高价格的准确性)等。❷ 其中很多形式即使在现代自由市场占主导的社会也以不同的方式存在,尤其当市场机制不健全时,甚至就会变得更为重要,如在我国由于法律对契约的执行能力很有限,许多人就只同信任的朋友做生意,家族企业的发达也是一种反映。

不仅仅是经济领域,现代发达社会在政治资源的配置上也是模拟市场机制进行的,只不过其依据不是货币表征的价格,而是以选票表征的价格,政治权力应授予获得一定比例选票的候选人,法律的拘束力应该授予获得一定比例赞成票的法案。当然与市场交易的双方一致同意相比,政治市场是涉及更多主体的公共选择。仅仅是一定比例的多数同意会导致对少数群体利益的忽视,这可以算作一种利益度量与界定的误差损失。另外选举与投票中高昂的信息费用,主要包括获得、交流、分析评介相关信息作出投票决策的成本,还使得人们经常弃权或作出错误的选择。❸ 尽管改进选举投票规则可以减少误差损失,使其更为准确地反映民意,但规则的复杂也会使得操作成本进一步升高,为了保证民主制度的可操作性及确定性,选举投票规则不能太过复

---

❶ 盛洪:《生产性努力的增长——论近代经济发展的一个原因》,载盛洪主编:《现代制度经济学》(下),北京大学出版社 2003 年版,第 234 页。

❷ [美] 波斯纳:《正义与司法的经济学》,苏力译,中国政法大学出版社 2002 年版,第 173 页。

❸ 有关信息成本与投票问题的详细分析可参见唐斯:《民主的经济理论》,姚洋、邢予青、赖平耀译,上海世纪出版集团 2005 年版,第三部分"信息成本的特殊影响"。

第六章　法律对"简单事实"的依赖及其延伸

杂。❶ 政治权力的授予与公共决策的达成也要在误差损失与决策成本之间寻求平衡，当两者之和最小时就处于最佳位置。❷ 民主制下的"得票率"作为血统与身份的替代成为政治领域另一种据以授予权力、界定利益的简单事实，尽管仍然存在误差，但却是我们现在能够以合理成本获得的准确性更高的制度。

尽管现代法律通过赋予每个个体普遍的平等的权利能力，消灭了原有等级制度，经历了从"身份到契约"❸ 的转变。但鉴于信息费用的存在，在很多领域仍不得不依赖人的自然身份特征。如民事行为能力与刑事责任能力的确定还普遍依赖年龄，在我国担任国家主席必须年满45岁，而美国总统任职条件不仅要求年满35岁、还需本土出生及居住14年以上的地域限制。在保险、退休及相关福利补助等方面则不仅依据年龄，还广泛依据性别。尽管符合年龄与性别要求的人未必就同法律调控的目的相一致，但只要根据这些简单特征进行区分的误差损失不超过更为复杂的实质考量所耗费的信息成本就是有效率的，更何况实质考量同样会犯错误甚至导致严重的恣意枉法行为。法律对年龄、性别等身份特征的依赖，通常而言并非简单的歧视，而是"这种信息对于许多层次的个人行为具有极大的预测价值，即使这种信息针对任何具体案件而言没有传达更多的信息"。❹ 轻易忽略这些尽管不够完美但却简单可靠的信息是没有任何道理的、不可欲的。现代社会同古代社会在信息问题上存在很大区别，信息技术尽管有了很大进步，但依然有限，如不可能完全再现过去这一点并没有什么改变。现代的信息问题一部分是由于城市生活的"匿名性、非个人性、私隐性"及流动性使得相互之间知之甚少导致的，另一部分则源自随着专业分工的深入发展、知识激增，信息绝对数量变得非常庞大，以至于人们只

---

❶ 对现代选举制度的各种困境、可能改进、可操作性的一个全面而又通俗的分析可参见赵心树：《选举的困境》，四川人民出版社2008年版。
❷ [美] 布坎南、塔洛克：《同意的计算》，陈光金译，中国社会科学出版社2000年版，第158页。
❸ [英] 梅因：《古代法》，高敏、瞿慧虹译，九州出版社2007年版，第213页。
❹ [美] 爱波斯坦：《简约法律的力量》，刘星译，中国政法大学出版社2004年版，第59页。

法律制度的信息费用问题

能掌握与自己领域相关的很小一部分知识。❶ 很长时间以来，人们已经不再试图用"掌握人类所有知识"来赞美无论多么伟大的人物。为了回应因此而导致的"无知"难题，人们创设了更多的新的社会身份特征、建立信任机制来避开高昂的信息费用，如不同领域不同层级的学历文凭、职业证书、职业头衔等。这些东西并非全部为现代人所新创，有的是古已有之，只不过从形式到内容有了很大变化而已。我国历史上就有着源远流长的且十分发达的学历制度——科举。

二、科举、考试、学历

尽管自由市场制度使得越来越多的领域人们可以自由进入，也就是货币面前人人平等。当然也有人说这是一种以货币拥有量为依据的新的等级，甚至我们马上要讨论的学历文凭也可以说是一种新的等级。但在法律的平等保护或者说平等的"游戏规则"下，此种新的等级更多地与人们的努力联系在一起，具有良好的激励作用。尽管在获得货币与文凭方面也存在运气的成分，如继承市场上的好运、好的教育条件、聪明基因甚至纯粹的考试运气，但显然要比前现代社会的世袭等级制离运气好得多，更为同努力水平相一致，没有人敢将经营或考试结果完全交托给运气，家庭的影响也是有限的，而且时间越久影响越小。❷ 可能正是因为我国很早就施行了科举选官制，平民亦可以经由考试而做官，而贵族高官子弟没有科举身份也通常不能做官，所以在"官本位"或者权力支配财富的情况下，又有"富不过三代"之说。也正因为如此，有学者指出秦汉尤其是隋唐以后，我国有"文官制度"，而无"贵族政治"。❸ 就货币而言，前面提到收入多少是个税征收的有效依据；而是否出资则是判断是否具有企业家能力（未必是直接的管理，可以是决定投资方向、选择职业经理人的能力）及能否承担特定风险的可靠依据。一定数额的出资行为意味着一旦企业失败，出资人将承受投入损失，他们以此可信地向人传递自己有经营能力的

---

❶ [美]波斯纳：《正义与司法的经济学》，苏力译，中国政法大学出版社2002年版，第150－151页。

❷ 郑也夫：《信任论》，中国广播电视出版社2006年版，第205页。

❸ 秦晖：《传统十论——本土社会的制度、文化及其变革》，复旦大学出版社2003年版，第320页。

信息，而市场也因此识别出真正有能力的或至少是诚实的企业家而非不负责任的骗子，正因为如此才是资本雇佣劳动，而非劳动雇佣资本。❶ 适当的注册资本要求不仅仅是一种风险担保，也是一种信息甄别机制，当然提供与要求提供担保本身就是一种信号传递与信息甄别。

只有当职位与回报同人的能力、知识与贡献相一致时，社会才是有效率的、公平的，这就不可避免地要对人的能力予以甄别，如企业家挑选雇员、人民选择政府及领导人、政府雇佣公务员、学校选择教授、病人选择医生等，反过来个体也要努力通过一定的方式来显示自己的能力与知识水平，以获得相应的职位。或者说即使没有办法实现能力与职位的匹配，由于职位的极度稀缺与重大利益，也必须以确定的方式来决定其归属，以避免过度竞争而导致巨大成本。如我国明代就曾用抽签制在适格人员中来分配官缺，尽管这会产生能力同职位的严重背离，但在当时腐败严重、请托后门无数的情况下，倒不失为抵制外部干预最为公正的方式。❷ 除了我国以外，西方的一些城邦或城市也曾为了避免独裁、专断与不恰当竞争而在一定范围内通过抽签轮流担任执政官，如我们熟悉的雅典。❸

在各个时代各个国家政府官员的选任都是极为重要和敏感的，我国自秦以后中央与地方主要官吏均由皇帝任命，所谓选贤任能，官吏选任的好坏对于君主的统治与国家的安定至关重要。隋唐以前，以"察举征辟"为主，即由相关部门或人员（主要是官员贵族）考察举荐，皇帝裁决。然而由于欠缺客观依据和高昂的信息费用，此种方式容易导致徇私舞弊、结党营私，为此不得不要求举荐人对被举荐人负连带责任，而这又反过来加剧了官场的相互包庇行为。❹ 此外，鉴于信息的不对称性，此种方式也必然经常出错，而要提高准确性，就要延长考察期限，这又会增加考察成本。更为重要的是，此种方式下，官吏的选任很大程度上受制于贵族豪门，对皇权构成了威胁，

---

❶ 对这一问题的专门研究参见张维迎：《企业的企业家——契约理论》，上海人民出版社 1995 年版。

❷ 吴思：《隐蔽的秩序——拆解历史奕局》，海南出版社 2004 年版，第 100 页。

❸ [美] 戈登：《控制国家——西方宪政的历史》，应奇等译，江苏人民出版社 2001 年版，第 77 页。

❹ 张维迎：《信息、信任与法律》，三联书店 2003 年版，第 227–228 页。

法律制度的信息费用问题

因此隋唐以后逐步被科举考试制度所取代，如此官员首先是天子门生。两者比较，举荐制度是一种"人格信任"，皇帝信任举荐人、举荐人熟悉并信任被举荐人；而科举考试则是一种非人格化的"系统信任"。[1]

作为选拔官吏的制度，历史上围绕着科举考试的内容进行了长期激烈的争论。经学策论可能更有助于治国理政，也仅仅是可能，但却不适合考试，很难依据统一客观的标准打分，最后往往沦为对背诵能力的考察或取决于运气的"押题"，这也是当代史政类科目考试面临的难题。从这个意义上说，长期以来人们"重理轻文"，认为理科成绩更能反映一个人的智力是有依据的。诗赋美文尽管同治国理政相去更远，但却容易评判，适合考试，能够更客观地区分智商的高低，从而选出高智商的人，尽管未必有治国的专业知识，但后者还可以学习，智商却不容易提高。我国古人很早就意识到了这一点，如苏东坡就曾说：自政事而言，策论诗赋均无用，但无用却不影响选材。这一思想同当代信息经济学家斯宾塞有关即使教育不能提高工作能力，但教育水平（文凭）却仍然可以作为显示智商或工作能力高低的有效信号从而成为雇主的有效甄别依据的经典理论极为相似。[2] 最后在考试逻辑的支配下形成了以经学为出题范围和背景，但却以美文技巧评判高低的八股文，且为了降低评阅的信息成本、提高客观性对字数（700字，当代高考作文要求800字左右，不过古代是文言文）与格式做了统一严格的规定；其更多的是一种能力测验，而非知识考察。[3] 也正因为如此才有了著名的举人学生（梁启超）与秀才老师（康有为），两者比较，前者至少是更具有通过科考的能力，后者则以阅历与知识见长而成为前者的老师。古人尽管没有现代的信息经济学理论，但其行为却完全符合经济学的逻辑，这又一次说明经济学的逻辑是独立于人们的清醒意识的。同时也说明了尽管现代教育的知识内容有了本质的变化，但为什么依然无法摆脱学习与考试、素质与应试等古代科举所遭遇和争论过的一系列矛盾。不仅仅是要应对高考的中学教育如此，大

---

[1] 郑也夫：《信任论》，中国广播电视出版社2006年版，第187页。

[2] 参见 Spence, *Market Signaling*, Harvard University Press, 1974, 或张维迎：《博弈论与信息经济学》，上海三联书店、上海人民出版社2002年版，第569页以下。

[3] 郑也夫：《信任论》，中国广播电视出版社2006年版，第192页。

第六章 法律对"简单事实"的依赖及其延伸

学教育也难以避免,如博士入学考试中的英语科目,为了拉开分数筛选出复试者,出题者不得不大量选择极为生僻、日常及学术研究(语言研究除外)都很少用到的词汇。究其根源就在于能力与水平测度方面的困难,而且我们依然要在选拔机制的准确与信息费用间寻求平衡,由此这类尽管不太有用但却容易评阅和打分的内容就成为考试的必然选择。另外,科举考试制度的形成与兴盛还离不开纸张与印刷术这两项大大降低信息费用的技术进步。❶

科举成就或现代的学历文凭及其他的职业证书等很大程度上是信息不对称的情况下一种显示自己能力(至少是某种能力)或专业水平的信号传递行为,据此将自己同低能力者区别开来;同样对于相对方或社会而言则是一种信息甄别机制,以此发现与人们能力或专业水平相关的私人信息。依据博弈论与信息经济学的原理,一种信号传递或信息甄别机制只有能够获得分离均衡时,才能有效地起到区分作用。只有当科举或高等教育的成本同能力密切相关,因此只有高智商的人才希望以此出人头地,也只有高智商的人才有可能获得更高的文凭(如举人、进士,硕士、博士等),而低智商的人不可能以同样成本接受教育获得相应的文凭从而不会选择这一行为,由此实现分离均衡。❷如果低能力(某一类型的能力)的人也能较容易地模仿高能力者的信号传递行为,则无法通过这一信号实现区分。由于伪装成本低于被区别为低能力者的损失,低能力者也会模仿相同的信号传递行为,当两者发送同一种信号时就构成了混同均衡,人们就无法据此进行有效的甄别。尽管传递信号的人无法区分出高低,但不传递信号的人却会被认为是低能力者,因此这一信号传递行为还可能会继续下去,成为一种没有收益的成本,除非该信号传递行为本身还有其他的价值。典型的残酷的混同均衡莫过于我国历史上妇女的"缠足"传统,当大家都缠足时,它就不可能再是显示有关"贤良淑德"之类品质的有效信号,但不缠足者却会被认为是明显的欠缺此类品质,从而成为一种没有收益代价昂贵且残酷的恶劣均衡。能够成为信号的应该是一种高成本的行为,或只有付出高成本才能获得的东西,该成本的大小应该与

---

❶ 郑也夫:《信任论》,中国广播电视出版社 2006 年版,第 188 – 189 页。
❷ 张维迎:《博弈论与信息经济学》,上海三联书店、上海人民出版社 2002 年版,第 573 页。

法律制度的信息费用问题

所要区分的知识、能力、品质密切相关,才可能实现分离均衡,而且该信号还必须是容易观测与核实的,❶ 以降低甄别的信息费用。

　　为了保证获得分离均衡,古代科举考试不但严格限制了取士名额,而且采取了极为复杂严密甚至严厉的制度来确保考试的公正,这是现代社会的任何考试制度都无法企及的。与之相反,排除公民素质提高,从信号传递的角度看,我国现代的学历教育倒有日益陷入混同均衡的趋势。扩招导致高校学生数量大大增多,这在其他条件不变的情况下,必然会导致学历含金量的下降。除了统一高考进入大学获得学历外,还有很多其他途径获得学历证书,甚至很多情况下演变为只要交钱,就可以最终获得学历或学位。许多仍然有统考要求的教育项目也因学校创收而沦落为此,这包括重点或名牌大学的很多研究生项目。有些"后门"设置初始是为了通过继续教育提高在职人员的素质和能力,然而素质和能力是否提高很难予以衡量,最后只能看是否拿到了相关证书。由于用人单位尤其是在职教育领域主要是政府,同私人企业相比,政府花公家的钱支付工资,再加上权力者本身对易得性文凭的需要,更少有动机去关注学历同能力的匹配度,因此乱发文凭对学校的声誉影响不大,甚至还会获得利益,从而导致各种文凭满天飞的局面。❷ 反过来,政府官员对文凭的高需求本身反映的也是目前我国官员选拔机制中的信息难题与对特定简单事实的依赖。目前我国选举制度不够完善,即使政务官的晋升也更多地还是依靠组织考察,也就还有着浓厚的"察举征辟"色彩。❸ 然而同古代一样,无论能力还是政绩许多情况下都不容易准确考察和衡量,尽管经常通过诸如 GDP 等数字来评价地方党政主要领导的政绩,但同样未必准确,经济发展的因素有很多,未必就能直接反映领导能力与品质,而且 GDP 的增长也未必总是好的,况且还有大多数职位与领域难以据此衡量。GDP 标准意味着"数字出官",结果促生了统计上的大量弄虚作假行为,这既源于调查核实的信息障碍,又反过来进一步加重了信息问题。如此一来,

---

❶ [美]埃里克·波斯纳:《法律与社会规范》,沈明译,中国政法大学出版社 2004 年版,第 35 页。

❷ 张维迎:《政府、产权与信誉》,三联书店 2003 年版,第 34 页。

❸ 秦晖:《科举官僚制的技术、制度与政治哲学含义——兼论科举制与现代文官制度的根本差异》,载《战略与管理》1996 年第 6 期。

在很多情况下，文凭自然就又成为能力的标志和选拔中容易区别的客观标准。当一种文凭因发放过度过滥而缩水时，大家就会去寻求另一种更高的文凭，这就是目前我国官员"博士大跃进"及最大博士群体在官场的原因所在❶，甚至"博士后"也几乎成为一种新的学历。有人会说这是"用人唯文凭论"的恶果，可更为重要的是为什么"用人唯文凭"，问题出在哪里，或者我们有没有更好的选择？

由于高校自主权大进而随意性也大导致的硕士、博士学位贬值，使得社会出现了重视第一学历的现象，这也是信息甄别的自然结果。第一学历重要性的增加，反映了人们对更为公正更为客观的高考制度的信赖。是否通过严格公正的高考进入相应级别的大学，成为判断一个人能力与智商的可靠而简单的标准，哪怕他在大学中可能并未继续努力。实质上对后者也有一些甄别机制，那就是看是否通过了相应级别的英语考试或其他的专业资格考试，如会计资格、律师资格等。哪怕相关职位不可能用到英语，但六级证却成为大学期间是否努力学习或是否有学习能力的重要判断依据。尽管这样不可避免地会漏掉一些没有相关证书或学历但却真正有能力的人或错误地选择了没有能力的人，但在信息不对称的情况下，这是降低鉴别成本的有效方式，只要因此而节省的信息费用超过了因此导致的错误选择（包括选错及漏选）的损失就是有效率的。

对学历、证书或对何种学历、证书的依赖，实质上也就是对该证书形成机制的信任，相信通过该机制所产生的证书真实地反映了特定的能力或专业水平，尽管也会存在误差，但却不是系统性的，是可以接受和容忍的。科举功名的至高威望反映了人们对科考制度公平与有效性的信任，而当代学历证书的贬值则反映了人们对教育系统与机制的不信任。信任是一种十分重要的社会资源，是人类应对充满风险的外部世界的有效方式。"信任靠着超越可以得到的信息，概括出一种行为期待，以内心保证的安全感代替信息匮乏。"❷ 信任实际上是一种降低信息需求或替代信息的机制，是对高昂信息费用的回应，信任的瓦解与缺失，将会极大地增加人们决策、合作所需的信息费用。试想

---

❶ 《"博士大跃进"：官员用权力换学历 高校用学位换资源》，载《南方都市报》2008年11月28日。

❷ Niklas Lumann, *Trust and Power*, John Weley & Sons Chichester, 1979, p. 93.

法律制度的信息费用问题

一下，如果学历不再反映一个人的能力与知识、医师资格证书不再反映专业水准，食品安全证书也不再与食物的安全性相关，信用等级证书也同实际信用水平严重背离等，那我们将多么的无所适从和缺乏安全感，决策和交往成本将会变得多么高昂，我们还能否放心地与外界交往。信任对于社会运作效率至关重要。❶ 很不幸的是，目前我们不但是一个极度缺乏信任的社会，而且还在进一步瓦解一些原有的信任系统，如学历。更为致命的是，信任是一种特殊的资源，容易形成"劣币驱逐良币"的"柠檬市场"效应，一旦被破坏很难重建。当大家都不讲信用时，即使我讲信用也没有人相信，这样我也就没有动力讲信用。当其他高校都滥发文凭，以致文凭大大贬值的情况下，即使我严格控制，但若信息费用十分高昂无法被有效区别开来，别人也不会相信，那我最好的选择也是滥发文凭。法律某种意义上也是一种信任，人们之所以服从法律，是因为他们相信他人尤其是警察和法院会严格依法办事，否则法律将难以执行。当人们信任法律时，就可以简单地根据法律作出决策进行合作，从而大大降低了信息成本。为了节省信息成本、降低不确定性，法律不得不依赖人的自然身份特征或为此而创设的社会身份特征；反过来，法律本身也是一种简化机制或简单事实，有助于人们降低决策与合作成本。

三、信息费用与职称评审

同古代的社会身份特征相比，现代所创设的很多社会身份特征更多的是对因专业分工深入发展而导致的"普遍无知"的回应，是超越具体信息、达成信任的媒介。通过这些媒介建构社会信任，降低社会合作成本，其中也包括法律的运作成本。此种信任属于系统信任中的专家系统，这一系统是以"科学、学历、同行评议"为信任基础而构成的，学历仅仅是最低层次的"入场券"，但也是不可或缺的。❷ 科学以及基于科学的技术在帮助人们解释、预测、控制、改造外部环境甚至自身行为方面取得了巨大的成功，获得了广泛的认可与崇高的权威，成为人们处理风险应对不确定性的重要依据。然而也由于其高度专业

---

❶ 阿罗：《组织的极限》，万谦译，华夏出版社2006年版，第19页。
❷ 郑也夫：《信任论》，中国广播电视出版社2006年版，第185页。

第六章 法律对"简单事实"的依赖及其延伸

性使得普通人难以理解和通晓，也就是对于普通人而言，理解科学知识的信息成本很高，甚至专业人士、科学家也只能掌握与自己专业领域相关的很有限的一部分知识。然而人们又须臾离不开科学，这样一来，对专家的依赖就成为既避开高昂信息成本又不丢弃科学的唯一选择。这自然就需要建立可信任的专家系统，也就有了现代社会的一种主要的系统信任。

尽管学历文凭仅仅是建立专家系统的第一步，但这一"入场券"的过多发放及贬值，也会提高专家系统的建构成本，迫使人们不断寻求新的凭证，如更高的学历、国外高校的学历，也自然会加重该系统的更高层面"同行评议"的负担。除了文凭以外，人们会更多地依赖于经"同行评议"获得的权威和头衔，如教授、博导、院士、诺贝尔奖获得者等。所谓"同行评议"也就是由相关领域的专家来评价一项学术成果的水平及相关学者的学术能力与地位。❶ 尽管科学研究对于普通民众而言信息费用极为高昂，难以理解；但对于科学同行来说，却通常是能够交流和评价的，当然这也只是相对而言。毕竟从根本上说，"我们连外部世界是否存在都无法确定"，❷ 自然也不可能获得绝对确定的科学知识，也就不存在客观的统一的衡量标准。科学与技术领域的分歧要远比外行人想象的严重得多，如果我们试图征求所有专家的意见后再作出决定，在很多情况下就根本不可能作出决定。❸ 事实上若存在一个客观统一的外在标准，那我们可能也就不再需要同行评议了，至少它再也不会像现在这样处于主导地位。

现存的最为"客观"的衡量方式，就是文献计量方法，即利用科学计量学的理论与工具来统计分析学者产出论文数量并测度其影响力（一般是被引用次数）。尽管科学计量学的进步使得其测度能力大大提高，但仍存在重大缺陷，很难准确地度量一项成果的学术质量，如引用同引用并不相同，仅是引用的次数并不能有效地测度学术成果的价值。因此到目前为止它还不足以替代"同行评议"，甚至在很多领域只能作为"同行评议"的辅助手段。在当下，我国的高校职称评审中

---

❶ 郑也夫：《信任论》，中国广播电视出版社2006年版，第209页。
❷ ［美］威廉姆斯·庞德斯通：《推理的迷宫——悖论、谜题，及知识的脆弱性》，李大强译，北京理工大学出版社2007年版，第10页。
❸ 郑也夫：《信任论》，中国广播电视出版社2006年版，第217页。

法律制度的信息费用问题

也是两种方式同时使用，我们将"同行评议"称之为"专家评审"，当然具体规则上同国外有差异。但特别需要强调的是，文献计量结果在近年来变得十分重要，已经成为主要评审依据。[1] 以笔者所在的社会科学领域为例，科研成果是一个老师报酬与职称评定最重要的依据，而科研成果的指标则主要是论文的数量，尤其是发表在 CSSCI 期刊上的论文数量。职称评审委员会某种程度上只是依据相关级别刊物的论文数量，对被评审人作出排序，然后依据名额数量作出通过还是不通过的决定。在这种制度下，教师为了顺利获得相应的职称，自然会想尽一切办法在有效刊物上多发文章，自然也就导致了高产出低质量的虚假繁荣，甚至是更为恶劣的学术腐败。不但如此，CSSCI 论文数量还是评价高校或其他研究机构学术水平的官方依据，进而会影响到学者及学校下一步所能获得的学术资源，典型的如科研项目的评审，一个重要的参考依据就是前期成果，而这自然又是相关 CSSCI 论文的已发数量。在此情况下，CSSCI（SCI 也同样如此）成为名副其实的"中国学术 GDP 指数"，且获得了远比经济 GDP 更坏的名声，遭到了严厉的批评甚至是调侃与奚落，被称之为"Chinese Stupid Stupid Chinese Ideas"，亦有学者直接上书教育部长呼吁严令废止。[2] 尽管如此，众多高校与相关机构依然将其作为评价指标，学者尤其青年学者也将其作为奋斗目标。在我们看来，将来有可能会调整和改革 CSSCI 的评审管理机制，但废除可能性很小。排除其自身运作与管理方面的问题（当然这本身也能根据信息费用予以考察，面对诸多批评，南大社科评价中心就回应其结果是严格依据相关指标筛选出的），从信息费用的角度讲，关键问题在于我们需要对学者、高校的学术水平进行评价，但却很难找到客观有效的评价依据。权威期刊的论文数量，充其量再加上被引用数量，就成为可以利用的最为客观易得的指标。即使废除了

---

[1] 有关高校职称评审中对文献计量方法的应用及问题可参见解飞厚：《科学计量与专家评审——关于高校教师职称评审改革》，载《高等教育研究》2000 年第 3 期；易金生：《美国高校教师职称评审及启示》，载《南京医科大学学报（社会科学版）》2004 年第 4 期。

[2] 有关对 CSSCI 的批评及学术评价问题的讨论可参见褚俊海：《CSSCI：学术界的窃国大盗》；童之伟：《关于 CSSCI——披露一个较真的故事和一篇认真的文章》；杨玉圣：《炮轰 CSSCI（论纲）——兼论学术腐败》；方广锠：《废止以 CSSCI 为高校学术评价的标准——致教育部长袁贵仁教授的呼吁书》等文章，均载学术批评网的学术评价栏目，http://www.acriticism.com/newslist.asp?type=1008&keyword=&page=8。

第六章 法律对"简单事实"的依赖及其延伸

CSSCI，大家还是会创造一个新的权威期刊范围，当然若有相关高校或机构各自组织专家划定相应的权威期刊，可能有助于因竞争而使得结果更为客观准确，实际上许多高校也都有自己的特殊认定（如大家熟知的北图核心期刊目录）及更为具体的等级区分。但这也有可能会导致高校自行确认过程中的混乱、冲突甚至腐败行为，CSSCI 的引入某种程度上是对此的一种校正，只不过自己最后也掉到了河里。更为重要的是这丝毫不会改变学术评价的"数量化"，实质上 CSSCI 只是学术评价数量化的一部分而已，翻开有关学科建设、科研项目申请、高校质量评估等评审表格，相当多的内容都是要求填写具体数字，高校行政化色彩很浓的情况下，数字化是相关部门与人员的一种成本低廉的管理与评价方式，尽管误差损失会很大。依赖尽管简单却可能背离目标的数量事实进行管理并不仅仅发生在教育领域，也不仅仅发生在我国，如美国保证平等就业的相关反歧视法规的实施因缺乏有效的评价依据，最后不得不只能依赖相关雇员的种族比例来判断，甚至滑向大家都讨厌的"配额制"。❶ 只是在我们国家基于制度、信任等原因，这一问题更为严重更加不合理。

"数量化"依赖是特定环境下对信息费用极为高昂的学术与学校质量评价问题的一种回应，除非我们能够找到更好的方式，否则不可能被消除。减少对"数量化"依赖的有效方式就是更多地使用"同行评议"，也就是"专家评审"制度。如我们上面所说的，实际上在国外一直是以"同行评议"为主，"文献计量"只是辅助手段。然而十分可悲的是，我们目前对"数量化"评价的依赖，很大程度上是对原有的容易导致恣意、专断、不负责任的"专家评审"制度的纠正，这也是为什么很多人尽管意识到也讨厌"数量化"的弊端，但却依然认为此种方式更为客观公正的原因所在。当然只是简单地审查论文数量，也是一种不负责任。限制我国"同行评议"或"专家评审"作用的原因除了其运作机制存在问题外，还有一个很大的因素，就是学术共同体内部信任的缺乏，这既包括对学术水平也包括对学术道德的不信任，由此使得我们对"专家评审"结果的权威性抱有很大的怀疑。尤其在缺乏规范公认的学术研究范式与学术规范的学科领域，各学术"宗

---

❶ ［美］派普斯：《财产论》，蒋琳琦译，经济科学出版社 2003 年版，第 318 页。

派"甚至是学者间的利益冲突更加剧了此种不信任,从而大大降低了"同行评议"的功能,自然也就增加了学术评价的成本与不准确性。反过来,此种信任的欠缺也是导致评审过程中过多地依赖数量化指标的一个原因,这是规避争议矛盾的良好"脱身术"。这一状况只能在确保相当程度的公平竞争的学术环境下,随着学术群体整体素质的不断提高,认同(不是观点的而是能力与道德的)的不断加强而逐渐改变。目前部分学校已经在职称评审、工作考核或人才引进中试点论文"代表作"制度,也就是不再过分依据数量,而是由学者提供"代表作"接受相应的"同行评议"以评价其学术能力与水平。❶ 这是对"矫枉过正"的学术评价"数量化"的再校正,其最终的效果要取决于"同行评议"机制的有效运作,而这除了制度设计以外,还离不开信任。作为信任机制的专家系统的建构本身也需要信任,信任可能是有些情况下克服高昂信息费用的唯一有效方式。

尽管专家系统的信任机制能够大大降低社会成员的决策与交往成本,提高他们的福利水平,却几乎没有人会同意由大众民主投票的方式来取代"同行评议",甚至他们也没有动力介入这一领域。上文中对此的一个解释是,民众理解科学的信息成本极为高昂,不可能通过投票在科学问题上作出有效的选择,也正因为如此才更依赖对专家系统的信任。然而问题在于,民众理解相关经济外交国防政策的信息成本也同样很高,这也是代议制的间接民主替代直接民主的一个原因,"对于投票者来说,判断一个政客是否称职和正直要比评价他们相互竞争的政策建议更为廉价"。❷ 此外,还形成了一系列有助于降低信息费用的重要机制,如政治法律上更多地对抗性辩论(有助于戳穿谎言,尽管未必获得真理)、新闻自由与政治人物隐私权的限制、各政党有关"美好社会"的意识形态(民众尽管难以理解具体政策后果,却知道自己喜欢什么样的社会,当政策同意识形态具有一致性时,意识形态就成为评判政策的有效替代等。❸) 政治的结果意味着对权力、

---

❶ 曹建文:《北大中文系论文代表作制度探路学术评价体系改革》,载《光明日报》2006年1月5日。

❷ [美]波斯纳:《超越法律》,苏力译,中国政法大学出版社2001年版,第576页。

❸ [美]安东尼·唐斯:《民主的经济理论》,姚洋、邢予青、赖平耀译,上海世纪出版集团2005年版,第104页。

权利、利益资源的直接配置与界定，投票某种程度上是公民于此方面偏好的有效表达，❶ 正如我们前面所分析的，离开民众的"同意"，没有任何专家有能力获得有效信息进行正确的配置。而且民主也是一种降低监控费用的有效方式。尽管科学最终也会极大地影响人们的福利，但这一影响并不取决于人们事先是否喜欢某一科学结论，相反只有据此获得了预测改造环境的实在结果后，普通人才能够对其作出评价。当然也存在利益集团影响扭曲甚至掩盖和伪造科学结论的现象，而这更是应该将科学同政治分离开来的重要理由。而且许多科学研究是不以实用性为目标的，尽管这并不排除其未来的实用意义。再加上科学转化来的技术及直接为公众提供服务的专家的价值与地位，还能够通过市场予以评价，因此人们能够放心地也不得不放心地将科学委托给同行自治。科学领域同行评议的信息成本不仅远低于民众理解科学的成本，也远低于民众评价政策与政客的信息成本，这也是科学与专家的名声要远高于政治与政治家的重要原因之一。当然不同的专家系统的声誉并不相同，我们现在就正基于文凭贬值及"同行评议"的权威不高而面临着专家系统可信任度的降低，这也是整个社会信任危机的一部分，极大地增加了社会运行成本。民众或行政机构能够很容易鉴别文凭真假，却难以进一步评价学术能力与学术水平甚至是学术规范本身，因此唯一的出路还是"学术自治"。尽管基于起点与路径依赖，在相当长的时期内，其本身也会导致一系列的问题，但消除问题的正确选择是走下去，而非回头寻求行政的干预，这是饮鸩止渴，已为过去所明证。我们不能试图用错误的方式去校正既有的错误，这只会导致更为严重的错误，这也正是法律上的"毒树之果"所揭示的智慧。

---

❶ 当然有学者认为从深层次上看民众的选择是被塑造的，参见［美］熊彼特：《资本主义、社会主义与民主主义》，商务印书馆1979年版，第353页。

第七章　审判独立与信息费用

基于信息与组织的角度，审判独立❶是产出好判决的最佳组织模式。基于博弈的视角，审判独立是政府公信力与正当性的必要前提。以审判独立方式组织司法权和用科层制运作行政权背后隐藏着同样的经济学逻辑。那就是何种模式是最有效率的，而非前者意味着公正，后者则是效率。经济分析能够克服传统理论的缺陷，为审判独立提供更具解释力与干预力的理论。

一、传统解释的局限

以法院、法官独立为核心的审判独立原则，似乎业已成为我国学界共识。诸多研究都把它作为"不证自明"的前提，着力讨论审判独立的实现或批评我国审判的不独立，❷而较少关注司法为什么要独立这一基础性的命题。且已有的对后者的研究，也大致可归结为有关"司法公正""权力制衡"及"保障人权"的不同说法。❸严格说来，此类论述并没有说出比孟德斯鸠那一经典论述更多的信息。"如果司法权不同立法权和行政权分立，自由就不存在了。如果司法权和立法权合而为一，则将对公民的生命和自由实行专断的权力，因为法官就是立法者；如果司法权和行政权合而为一，法官便握有压迫者的力

---

❶ 于此，我们是在政府权力合理分工的意义上讨论审判独立或司法独立；并不是只有美国式的"三权分立"才讲司法独立或审判独立；为提高治理能力与效率，任何政府都需要对权力进行科学有效的分工与制约。

❷ 参见贺卫方：《中国司法管理制度的两个问题》，载《中国社会科学》1997年第6期；俞静尧：《司法独立结构分析与司法改革》，载《法学研究》2004年第3期；徐显明：《司法改革二十题》，载《法学》1999年第9期。王申：《司法行政化管理与法官独立审判》，载《法学》2010年第6期。

❸ 参见李步云、柳志伟：《司法独立的几个问题》，载《法学研究》2002年第3期；董茂云：《司法独立：司法公正的重要制度保障》，载《中国法学》2003年第1期。

· 154 ·

量。"❶ 尽管孟氏理论对西方国家司法独立、宪政革命发挥了重大影响，但这并不意味着它就穷尽了对司法独立这一问题的解释，更不意味着它就是最为科学有效的。事实上，理论的正确性、解释力同理论的社会功效并不完全一致。有时一项理论的巨大影响很可能源于其强大的修辞力，而非其论证的科学性。如政府起源的"契约理论"很大程度上就只是有关"理想政府"的正当化论说，而非有解释力的、科学的"起源"理论；❷ 尽管它对社会革命、法治政府的建立有着重大推动，但这并不意味着人们应该放弃对更为科学的、更具解释力的理论的追求。

我们虽然不搞西方式的三权分立，但却同样存在政府权力的科学分工与制约问题。在我国，有关审判独立的传统理论存在以下两个问题。第一就是未能澄清何以法官独立（尽管程度上有差别）应该且实际上也是（在法治发达国家）司法机构的基本组织原则。尽管在既有的论述中强调法官独立自然会导致法院独立，❸ 但这并不能证成法院独立就必然要求法官独立。如此可能使得改革者误以为可以实现没有法官独立的审判独立，进而采取一些表面上提高法院地位，实质上却是更为行政化的管理。

第二个是论断多、推理少、循环论证，以致回应实践的能力不足。如在论述核心理由"司法公正必然要求审判独立"时，大多限于"中立""不受干扰""不偏不倚"等这些"独立"或"公正"的同义词，并没有在厘清何以只有司法独立（甚至只有法官独立）才能达成"公正"，何以前者是后者的必要条件。❹ 这不但是智识的欠缺、解释力的不足，且容易在改革实践中导致麻烦。如让人误解审判独立只是获得司法公正的一种（不是唯一）方式而已，进而觉得只要实现司法公正即可，未必一定要审判独立。甚至为借口"公正"排斥"独立"留下了空间。这并非杞人忧天，已有重量级的学者在论述司法改革的价值

---

❶ [法] 孟德斯鸠：《论法的精神》，张雁深译，商务印书馆1993年版，第176页。

❷ 参见苏力：《从契约理论到社会契约理论——一种国家学说的知识考古学》，载《中国社会科学》1996年第3期。

❸ 左卫民、周长军：《司法独立新论》，载《四川大学学报（哲学社会科学版）》2003年第5期。

❹ 方立新：《司法独立形态考》，载《浙江大学学报（人文社会科学版）》2000年第6期；程竹汝：《司法独立：为什么》，载《政治与法律》2003年第1期。

应当从"独立"转向"公正"。❶ 尽管实践中的问题未必是既有理论的缺陷导致，但却至少说明既有理论不足以有效回应这些问题。

克服以上问题，需要新的理论范式。而法经济学的发展恰为我们提供了所需的分析工具与空间。于此，我们尝试借助社会科学（主要是经济分析、博弈理论而非政治哲学）的研究工具，为审判独立提供一个更为科学、具体、有解释力和干预力的分析以及更为策略的表述。首先，我们从信息、分工、组织的角度阐明为何法官独立应该是司法机构的组织原则，这自然也会带来法院独立。我们会细致论证它是达成司法功能获得好的司法产出的最有效和可行的组织方式。从这个意义上也可以说，法官独立及由此而来的法院独立是一项普世价值或原则，是司法公正的唯一途径。其次，我们会从博弈的视角阐明，司法独立不仅是对行政权的制约，也是行政权获得信任与权威的必要前提。从"积极"的方面论述审判独立之于行政权的功能，而不只是从"消极"的层面强调束缚。也借此提供一种对行政权更具修辞力、亲和力的有关审判独立的话语。最后，在此基础上延伸讨论比审判独立更为深层次的，可以为司法制度的设计与评价提供依据的伦理标准——公正还是效率问题。

二、法官独立：好判决的最佳生产方式

专职的司法部门是随着社会的进化而逐步产生的，是社会分工的结果。早期社会并不存在专职的司法部门，最主要的原因并非当时的人们不懂得分权制衡，而是社会剩余不足以供养专职的司法人员。人类这个物种的竞争优势很大程度上得益于人们能够进行合作组成社会。而要维持社会就需要规范体系来确定群己权界，预防和解决纠纷。初民社会早期，这些规范通过血亲复仇、对神的敬畏、良心、社会舆论等方式予以实施，并不存在一种独立于社会的政府权力。随着生产的发展，社会剩余财富的增加，才逐步形成了专门的、以第三方面目制定和实施规则的政府权力。在庞德那里，这被视为法律作为一种社会控制方式从宗教、道德中独立出来。❷ 起初掌握政权的国王通常既是

---

❶ 李林：《司法改革价值转向：从独立到公正》，载《中国社会科学报》2009 年 7 月 1 日，法学版。

❷ ［美］庞德：《通过法律的社会控制》，沈宗灵译，商务印书馆 2008 年版，第 9 页。

军队统帅，也是最高立法者，还是最高仲裁人，职能、机构、人员的分工并不明显。但当社会进一步发展，政府职能扩大、机构扩张后，分工就是自然而然的事了。原因很简单，就是亚当·斯密说过的：分工及专业化有助于提高效率。

如此，司法权及专职的司法部门并无神秘可言，也只是政府职能分化、分工的结果。它也同样属于日益复杂的社会分工体系的一部分，担负着一种社会所需物品的供给职能。从社会分工的角度看，立法机构担负着法律规则的产出，行政机构提供规则的执行，而司法机构则供给判决（确定相关主体是否及何种程度上违反法律）。司法机构或法院是生产判决的社会分工部门。这样一来，到底应该如何组织或建构司法机构，就取决于何种原则或方式能够以更低的消耗，提供更多质优价廉的产出。一个社会机构、生产单位（无论是政府机构还是企业）大致有两种组织原则与方式。一种是自治型（就法院而言即为法官独立），另一种是科层制或行政化（科层化管理，强调下级服从上级命令）。究竟哪一个是更好的选择，我们从司法的产品——判决开始分析。

判决这一特殊产品由两部分构成，其一是确定特定事实的存在及真伪，其二是给予事实法律定性并赋予相应法律后果。制作此种产品的材料与技术则是相关案件、法律信息及法律推理能力。案件信息可以通过庭审中控辩双方的举证、质证与辩论获得，法律知识及推理能力则要依赖法官的长期学习、训练与经验。就产品原料而言，很可能法官自身就拥有了可能获得的足够信息。就生产技术而言，法律推理能力似乎是一项极为个体化的技术与能力，并非只有通过多人协作才能掌握和运用，更不是多人合作就能运用得更好。若如此，可以说一名法官就是一个生产高质量判决的最佳单位，拥有了最优条件。尽管法院是社会分工体系中的一部分，但在其内部，就其核心业务（审判）而言却不存在再分工的需要。甚至可以说一名法官就可以构成一个法庭甚至是法院。可能这才是美国法官在开庭时通常会说"欢迎来到我的法庭"所隐含的逻辑，也是我们说审判具有高度个人性特征的原因所在。由此自然可以推出，法官独立即为能够获得高质量判决（公正判决）的司法组织形式。

不但如此，相对于科层制，它还是成本更低的生产组织方式。若用科层制的方式来组织司法，不仅有害于产品质量，还会增加生产成本，这是由科层制本身的特质决定的。科层制的典型特征就是强调下级服从上级，用命令的方式来分配资源、协调组织成员的分工合作。❶有学者称其"或许是人类最伟大的社会发明"，❷它为团队生产提供了有效的组织方式，有助于团队内复杂的分工协作。对于一些行业或物品的供给而言，团队合作的产出要大于团队个体分别产出的总和。❸这也是科层制的企业成为现代化大生产最主要的经济组织形式的原因所在，其内部通过"命令、权威或纪律处分解决问题"。❹ 行政管理与执法服务显然是适宜甚至必须以团队方式才能生产和提供的。一项行政执法的作出，通常首先要由不同公务人员在不同领域调查搜集信息，而后由特定人员传递汇集信息，再由决策者作出决定下达命令，命令再被传递到直接的执行者，最终执行者具体实施。甚至单单是最后的实施都需要多人分工协作，如最通常的对犯罪嫌疑人的抓捕行动。可见行政领域不可避免地存在复杂的分工，这就必然需要科层制，需要命令、权威、纪律来维持和规范分工合作。且以科层制组织起来的团队分工协作模式，也有助于更好地获得信息和不同岗位的专业化。如有的适合做一线侦查，有的适合做文书处理，有的适合做统筹决策，有的适合做具体执行者，等等。这样的分工与专业化，有助于提高行政管理的效率及使得一些行政服务成为可能。可以说行政管理天然适合采用科层制，而科层制的相关理论起初也是韦伯在研究古代埃及、罗马、中国的集权行政管理后提出的。❺

但科层制在解决个体的信息不足和获得分工优势的同时也在另一方面带来了成本。其一是管理成本，也就是监督、协调各成员努力履行职责的成本。这是一种团队生产模式，必须尽可能准确地评价每个成员的贡献，并给予相应的回报；如此才能激励成员更好地履行责任，

---

❶ [德] 马克斯·韦伯：《经济与社会》（下册），商务印书馆1998年版，第279页。
❷ [美] 彼得·布劳、马歇尔·梅耶：《现代社会中的科层制》，学林出版社2001年版，序言第2页。
❸ [美] 阿尔奇安、德姆塞茨：《生产、信息成本和经济组织》，载盛洪主编：《现代制度经济学》（上卷），北京大学出版社2003年版，第120页。
❹ [美] 阿尔奇安、德姆塞茨：《生产、信息成本和经济组织》，载盛洪主编：《现代制度经济学》（上卷），北京大学出版社2003年版，第118页。
❺ [德] 马克斯·韦伯：《经济与社会》（下册），商务印书馆1998年版，第287、294页。

防止偷懒。而考核、监管本身就是一大难题,就需要耗费大量的成本。❶ 其二是寻租成本。团体成员的个人利益同团队整体利益并不完全一致,尤其当考核不够准确、监管不够完备时,成员会倾向于以权谋私而不是服务于团队福利。而上级领导对下级成员的控制和监督从来都是不完全的。原因在于上层决策的信息来源于下层的调查与汇报,而下层却倾向于为自己私利对相关信息进行过滤和扭曲。这就是官僚体制中所谓的"不完全控制律"。❷ 其三是"控制丧失成本"。科层制的运作需要信息、命令在上下不同层级间传递,而在此过程中信息会"自然、无意识的曲解和失真",❸ 从而导致决策和执行的偏差,即使相关主体并没有扭曲信息的故意。只有当团队合作带来的效率改进超过了与之伴生的此类成本时,科层制才是可取的选择。显然它并不适合于司法产品的供给。

若将科层制移植到司法领域,法官在庭审完后要向庭长汇报、庭长再向主管院长汇报,甚至走到审判委员会,法官最后根据上层领导或审委会的意见做成判决。这一过程中,相关层级在向上传递信息时有可能会因私利而故意扭曲信息;同样,上层的意见在被传递或执行时也可能会被故意扭曲。即使不存在故意的扭曲,基于"控制丧失律"的存在,也很可能会发生自然失真。这样一来,就制作高质量判决的信息而言,显然庭审法官是最佳的信息拥有者。而庭长、院长、审委会则都不具有信息优势,更不用说司法系统以外的人大代表、市长、书记等。在此情况下,排除利害冲突的法官就是制作高质量判决的最佳主体,其他人或机构不可能拥有比他更好的资源。有人可能会说,庭长、院长或审委会成员的法律知识与技能可能会优于庭审法官。但即使如此,法官在这方面的缺陷也可以通过合议庭制度及独立的上诉审程序予以校正或弥补,而不是行政化的命令或指导。由此可见,在司法问题上,科层制不但不能像在行政领域那样获得更多决策信息,反而会损害判决所需信息,妨害高质量判决的产出。

---

❶ [美] 阿尔奇安、德姆塞茨:《生产、信息成本和经济组织》,载盛洪主编:《现代制度经济学》(上卷),北京大学出版社 2003 年版,第 119 页。

❷ Downs, A, *Inside Bureaucracy*, Boston: Little Brown, 1967, p. 54.

❸ Tullock, G, *The Politics of Bureaucracy*, Washington DC: Public Affairs Press, 1965, p. 19.

法律制度的信息费用问题

与此同时，既然法官是生产判决的最佳（也是完整）单位，他们之间在核心业务（审判）上不存在分工协作问题，自然也就不需要科层制来予以组织协调。这样一来，用科层制运作司法，不但有害于高质量判决的生产，还徒增了行政管理成本，可以说是费力不讨好的买卖。由此，无论从追求高质量判决、实现司法公正，还是降低司法成本的层面考虑，法官独立都是优于科层制的选择。在这个意义上，我们认为只要承认司法的核心功能是产出好的判决，那么法官独立就是必须，就可以说是一项有关司法权的普世价值或原则。而法官独立自然又会导致法院的独立，这就是我们通常所说的审判独立了。而独立的司法权不但能够产出公正的判决，还是整个政府权力（尤其是行政权）获得信任与权威的必要前提。

三、法院独立：政府公信力的前提

社会的存在与进化因合作而成为可能，❶ 而合作的扩展与成本降低又很大程度上取决于信任。习惯、道德、宗教、法律等都是人们建立信任、促成合作的社会控制机制。而社会越发展，信任与合作对法律的依赖度就越强，也就出现了庞德所说的"法律成了社会的主要控制手段"❷。

我们购买股票，把钱借给从未谋面的千里之外的企业家使用，是因为我们相信企业家会努力确保股票所记载的权利的实现。我们在不认识的人开的超市购买不认识的人制造的奶粉（很难事先验证其质量），是因为我们相信超市和制造商会努力确保质量。如果没有了信任，股票或债券没人买，金融市场就会萎缩。同样，没有了信任，只能对自己家养的奶牛放心，只敢吃自己房前屋后种的蔬菜，生活又会变得多么艰难。信任如何产生呢？人们并不会轻易被企业家的回报承诺所打动，他们知道即使承诺开始是真的，但钱到手后，卷款而逃很可能就成为企业家最有利可图的选择。同样，为了卖出货物，超市或奶粉制造者愿意承诺保证质量，及一旦有问题就给予足够赔偿。但当问题真的发生时，推卸责任却又可能立刻成为他们最有利可图的选项。

---

❶ 汪丁丁、叶航、罗卫东：《人类合作秩序的起源与演化》，载《社会科学战线》2005年第3期。

❷ [美]庞德：《通过法律的社会控制》，沈宗灵译，商务印书馆2008年版，第9页。

公众苦于不敢相信承诺者,而承诺者也苦于难以让公众相信自己的承诺,这样合作就不可能实现,就会陷入双输的结局。这就是博弈过程中承诺的可置信难题。[1] 只有当承诺一旦被违反,承诺者就会受到足够惩罚时,它才会成为可置信的承诺。信任源于不诚实意味着惩罚的不可避免。[2] 惩罚可以来自于承诺者本人、相对方、社会舆论及法律;可以是良心的谴责、对方的报复、声誉的损害及实在的法律责任。

我们之所以把钱投给不认识也没有兴趣认识的人或行业,食用不认识的人制造、出售的产品。归根结底,在于我们觉得法律会迫使他们努力兑现承诺或保证质量,即使万一出了问题,法律也会提供恰当的救济。说到底,我们信任的是法律,这是一种基于制度的信任。[3] 而徒法不足以自行,对法律的信任又源于相信政府会严格执法。而政府也不是天然就值得信任,只有制度设置能够使得政府或官员的滥权、违法会被有效发现、确认、惩罚时,政府才会变得可信任。而要做到这一点,最起码的前提就是要有可以抵制行政干预的、独立的法院与司法权。独立的司法权可以说是戴在政府(尤其是行政权)身上的一副枷锁,制约着政府的行为。但也正因为有了这副枷锁,政府才变得可以信任。任何不可能受到制约与惩罚的人或机构,在获得足够自由的同时也必然会丧失可信性,更何况是拥有强大权力的政府。这就是博弈理论所说的"通过减少自身的行动自由"使自己的承诺变得可置信的逻辑所在。[4] 个体需要借助权威的法律来减少自己的选择自由,从而能够作出可置信的承诺。政府又需要借助独立的法院以减少自己的行动自由,从而使得法律本身变得可置信。

当下中国社会,信任的缺失已是一个严重的问题。而这很大程度上源自法律可信性的不足。在现代社会(陌生化、流动化为特征),法律已是最重要的信任来源,且对道德、舆论等其他信任机制有着重要的影响。而法律可信性不足的原因又在于法院不够独立,政府权力

---

[1] 张维迎:《博弈论与信息经济学》,上海三联书店、上海人民出版社2002年版,第25、174页。
[2] [美]埃里克森:《无需法律的秩序——邻人如何解决纠纷》,苏力译,中国政法大学出版社2003年版,第156页。
[3] 张维迎:《信息、信任与法律》,三联书店2003年版,第12页。
[4] [美]迪克西特、斯克丝:《策略博弈》,蒲勇健等译,中国人民大学出版社2010年版,第264页。

法律制度的信息费用问题

（尤其行政权）不能得到有效制约。官员或政府部门违法很难被发现，甚至被发现也很难受到相应的惩罚。近些年来政府公信力的受损是一个很大的问题，而这又进一步加剧了社会信任危机。典型的例子就是圣元奶粉被怀疑导致女婴性早熟事件。❶ 尽管我们觉得在经历了"三聚氰胺事件"后，相关政府部门已不敢冒险做假，因此有关圣元奶粉合格的鉴定结果应该是真实的。但公众、市场对这一鉴定结果却并不买账，很多消费者仍不敢用圣元奶粉。事实上，"三聚氰胺事件"曝光后中国乳业一直面临信任危机。尽管相关部门一再表明加强监管，企业再三承诺保证质量，还是有很多消费者在条件许可的情况下转向外国品牌。

我们相信，这种情况下，有的企业会真心承诺：一旦再出现类似问题，愿意赔得倾家荡产。但只要企业在出问题后，还是有同政府合谋进行掩盖甚至干预司法的选项，这一承诺就变得不可置信。因为公众知道，即使企业在做承诺时是诚恳的，但问题一旦出现，违背承诺就又成为它的理性选择。而在当前制度下，企业影响政府调查的可能性很大，其自身或者通过行政部门影响法院公正审判的可能性也很大。在此情况下，人们没有办法在事后迫使企业有效履行承诺。既然如此，人们一开始也就会理性地选择不相信企业的承诺。这样一来，阻碍中国乳业振兴的信任缺失问题，实质上就是政府公信力的问题，最终又是法院（也就是司法）不独立的问题。人们信任外国品牌，并不是相信外国的企业家更有良心，而是信任外国可靠的法治。

近年来，频繁发生的谣言事件也是政府公信力不足的明证，前者是后者的结果而非原因。有人说对谣言的轻信反映的是社会的病态。但当政府公信力不足，又垄断和管制信息的情况下，相信谣言很可能就是人们的一种理性的选择。想改变这一点就要提高政府的公信力，而不是反复告诫人们不要相信谣言和进一步加强信息管制。而这又需要政府为自己戴上枷锁，接受束缚，减少行动自由，使得自己的承诺（主要是法律）变得可置信。最有效的就是让法院变得更为独立，同时放松而不是加强对信息的管制。为了提高自己的公信力、合法性，

---

❶ 吴丽娟：《圣元奶粉震后余波》，载 http://finance.sina.com.cn/consume/20100820/14148518815.shtml。

政府应当努力推动司法权的独立,而不只是把独立的司法权看做是一种妨碍,甚至将法院当做自己的"刀把子"。

通过上面的分析,我们论证了审判独立是司法机构产出高质量判决的有效组织模式,是赋予政府公信力的必要枷锁。基于此,审判独立应该是法治国家司法权的关键特征,甚至可以说是有关司法权的不证自明的价值原则。但显然,它仍是一项工具性原则,如我们通常所说的它有助于达成"司法公正"(也就是高质量判决)。那么审判独立背后更深层的伦理标准到底是什么呢?是"公正",还是其他什么?下面我们尝试澄清这个令人困惑的难题。

四、公正还是效率:两者矛盾吗?

一个流行的观念是司法权的本质在于追求公正,并因此而区别于追求效率的行政权。尽管公正、正义有着一张多变的普洛透斯似的脸。[1] 但就司法公正而言,最基本的就是要尽可能准确地弄清案件事实,并客观地适用法律。而这就是我们前面提到的高质量判决——事实清楚、证据确凿及适用法律正确。司法的确关注此种公正,但总是有限度的。司法程序有着严格的时限限制,并不允许就案件事实进行无休止的考证。也不要求将事实证明到百分之百可靠。民事诉讼只需优势证据,即使刑事诉讼的"超出合理怀疑",在美国法官心中对应的概率也只是 75%~90%。[2] 更何况司法并不关心与案件有关的所有信息,而只会过滤筛选部分信息构成法律事实。许多程序与实体规定都致力于阻止一些信息进入法院。[3] 司法都有终审程序,即使人们仍然对法律的含义有分歧,也必须接受终审判决,而不是无休止讨论下去。

没有任何一个司法体系会"不顾天塌下来,也要实现正义"。公正的确是人们所珍视的重要价值,但它同其他有价值的东西一样也不是免费的。人类受到资源稀缺的限制,具体到这里就是司法预算,不

---

[1] [美]博登海默:《法理学——法哲学与法律方法》,邓正来译,中国政法大学出版社1999年版,第251页。

[2] [美]波斯纳:《证据法的经济分析》,徐昕译,中国法制出版社2004年版,第84页。

[3] 桑本谦:《理论法学的迷雾——以轰动案例为素材》,法律出版社2008年版,第90页。

可能无限制地追求公正。人们需要平衡公正的收益与成本。❶ 因此更为准确的说法应该是追求在既定的预算约束下，产出尽可能多的公正。而在上面的分析中，我们论证了法官独立是能够获得好的司法产出的最佳组织方式，也就是说它能够以相对较低的成本产出高质量的判决。此时，效率似乎是能更好地描述这一切的概念。

与此相应，说行政关注效率没有错，但因此而说它不关注公正，却与我们通常所说的"公正执法"相违背。也不符合行政法所奉行的"公开、公正、公平"原则。当下，行政权的运作（如行政处罚、许可、征收等）还越来越多地引入听证程序，而这是十分富于司法色彩的制度。尽管降低成本是好事，但也同样要兼顾行政产品的质量。事情总有两个维度，要寻求两者的平衡。如我们前面分析的，行政权以科层制的方式来运作，自然是为了获得团队生产的效率优势。但效率并不是简单地降低成本，提高决策与执行速度；好的产出既要求数量也关注质量。效率的正确理解应该是：在资源既定时，能获得更大产出的制度是有效率的；而在目标确定的情况下，能以更小成本达成的制度是有效率的。效率描述的是手段与目的之间的关系，而不仅仅是手段本身。

由此，把公正作为司法的标签，效率作为行政的标签，并将两者对立起来是不正确的。审判独立成为司法的基本原则，根本上不是单纯因为公正，而在于它是最有效率的司法组织原则。同样，行政权以科层制的方式来运作，自然关注效率，但这一效率也包含了对行政产出品质（也就是公正）的考量。而上述错误之所以流行，一个原因是人们（即使是法学家）通常对效率的内涵存在误解，认为其仅仅意味着成本的降低、速度的提升，而忘记了成本与收益间的平衡。另一个原因则在于公正相对于效率是一个更富有修辞色彩与亲和力的词汇，尤其同法律相联系时。但实际上，"很多情况下，我们认为是公正的原则正好符合那些根据我们的观察是有效率的原则。……即我们所称的那些正义的原则可能实际上就是产生有效率的结果所需的各种原则

---

❶ Posner, "An Economic Approach to Legal Procedure and Judicial Administration", 2 *Journal of Legal Studies* 400 (1973).

的重要组成部分,是一些被我们内化了的原则"。❶ 只是基于"公正"话语的修辞力量,拉近了这些原则同受众的距离,降低了信息成本,进而能够更好地为公众所接受和遵从。❷ 而这依然是经济学的逻辑。此一逻辑也是我们更倾向于用"赋予政府公信力"而不是"制约"来描述司法权与行政权关系的原因所在。尽管它们是同一硬币的两面。当然公正进路与效率进路并不完全重合,甚至会发生矛盾。原因在于一些原本基于效率而产生的规则随着世事变迁而不再有效,但却因已内化为人们的观念或符合某些特殊群体的利益而短时间内难以改变。改变本身意味着人们要支付适应成本,哪怕改变的是没有效率的观念或规则也一样。譬如学习一种新的输入法,在熟练掌握以前,打字速度反而会下降。此种适应代价会使得公平正义观念的变迁具有滞后性的特征。因此可以说,"公平观念只是有助于发现促进个人福利政策的辅助工具,那么一个专注于公平原则而不是明确采用福利经济学的分析家就会很轻易地被引入歧途"。❸

综上所述,法官独立是司法权的有效组织方式,而科层制则是行政权的有效组织方式,它们背后隐藏着同样的经济学逻辑。只要不否认司法权的核心功能是以合理成本生产高质量的判决,那么审判独立就是必须的。同时,从博弈的角度分析,它也是政府权力获得公信力乃至合法性与正当性的不可或缺的前提。

---

❶ [美]弗里德曼:《经济学语境下的法律规则》,杨欣欣译,法律出版社2005年版,第20页。
❷ [美]波斯纳:《超越法律》,苏力译,中国政法大学出版社2001年版,第573页。
❸ [美]卡普洛、萨维尔:《公平与福利》,冯玉军、涂永前译,法律出版社2007年版,第13页。

第八章　从"人治"到"法治"的信息费用问题

诸多政治理论与法学理论所关注的核心问题就是通过什么样的治理方式来实现理想社会。尽管依然存在违背法治理念与原则的诸多实践，对"法治"本身仍有不同甚至错误的认识，但"法治"业已取代"人治"在我国确立起"政治正确"的地位（至少在法学界是这样的），这本身就是法治建设的一项重要成就，相当程度上要归功于法学界的努力。自然与此同时，至少在学理上也已形成了有关法治的一些近乎是不证自明的"真理性"常识。然而理论研究的一个重要意义就在于能够从不熟悉的方面来展现熟悉的事物。于此我们尝试从信息费用的角度来考察法治的正当性及核心要件，尽管未必会改变结论，但论证角度却将有所不同。在此我们遵从亚里士多德对法治的界定也就是良法与法律至上，"已成立的法律获得普遍的遵从，而人们所遵从的法律又应该本身是制定得良好的法律"。[1]

一、"理想国"的信息难题

寻求有效的治理方式，实现理想社会是几千年来人类孜孜以求的事业。从经济学角度看，一个理想的社会应该是一个有效率的社会，也就是一个成本最小化、财富（福利）最大化的社会。或者即使承认效率不是理想社会的唯一价值目标或评价标准，也不得不承认一个有效率的社会，应该更有能力实现其他价值目标，如公平、正义等，浪费在任何一个社会都不能说是道德的。况且"在对法律进行经济分析的过程中，我们会发现正义与效率之间有着令人惊异的关联。在很多情况下，我们认为是公正的原则正好符合那些根据我们的观察是有效

---

[1] ［古希腊］亚里士多德：《政治学》，吴寿彭译，商务印书馆1983年版，第199页。

率的原则。这样的例子包括从'不要偷盗'到'罪刑相适应'到合理怀疑必须加上足够证据才能量刑定罪的要求。这意味着一种推断,即我们所称的那些正义的原则可能实际上就是产生有效率的结果所需的各种原则的组成部分,是一些被我们内化了的原则"。❶ 效率标准要求社会对资源(或权利)进行优化配置,授予最佳使用者;同时必须为社会成员提供正确的激励,激励人们进行"生产性"努力,而非"分配性"努力,前者引导人们创造财富,后者导致人们相互掠夺。

　　古希腊先贤柏拉图曾设想一个由"哲学王"实施统治的理想国。"哲学王"拥有超常的智慧和美德,根据每个成员的特点和差异为他们提供恰当的教育,安排最适合他们能力的职业,分配相应的财富、权利、义务等,最终实现各得其所、安守本分的正义理想。❷ 在这里,正义无须法律即能实现,法律不仅没有用反而会成为正义的羁绊。"法律从来不曾有能力来准确理解什么对所有人同时是最好与最正义的,也没有能力来施予他们最好的东西,因为人的差异性、人的行动的差异性以及人事的变易性,不承认任何技艺能对一切事物作一简单而永恒之断言。"❸ 换成现代经济学的语言,也就是"哲学王"能够对资源进行最优配置,同时能够促使社会成员尽忠职守;而法律由于其概括和僵化反而不能根据每一个人的差异来分配资源,从而无法实现资源的优化配置。这样一个"理想国"的实现需要具备两个条件:其一,"哲学王"有能力以合理成本获得与资源配置和提供正确激励所需的全部信息,熟知每一个成员的能力和特点;其二,"哲学王"是至善的,其只会按照社会最优来分配资源,而不能异化为"掠夺者"根据自我最优来分配资源。简单地说也就是进行有效治理的能力和动力问题。然而现实世界中,这两个条件从来没有具备过,没有哪一个统治者或政府是全知全能的,拥有实现社会最优的所有信息。"人对于文明运行所赖以为基础的诸多因素往往处于不可避免的无知状

---

　　❶ [美] 大卫·D. 弗里德曼:《经济学语境下的法律规则》,杨欣欣译,法律出版社2004年版,第20页。
　　❷ 参见 [美] 梯利:《西方哲学史》,葛力译,商务印书馆1995年版,第74—75页。
　　❸ 参见 [古希腊] 柏拉图:《政治家》,洪涛译,上海人民出版社2006年版,第75页。

态。"❶ 同样，自从出现统治者（君主或组成政府的统治集团），人类就一直面对着应为公共物品提供者的统治力量异化为"掠夺者"的悖论。这一动力问题也可以转化为社会成员对统治者的监控问题，如果被统治者能够有效地监督控制统治者的决策和行为，阻止其"权力寻租"，也就能够保证统治者将其职能限于提供公共物品。而监控又在相当程度上是一个有关被监控者行为信息的问题，如此一来，两个条件就在一定意义上统一为信息问题，"哲学王"统治的理想国的最大难题就是现实世界中高昂的信息费用。❷ 由于现实世界中存在高昂的信息费用，即使在古雅典这样一小小的城邦范围内，"理想国"也只是一个不可能实现的"乌托邦"，或者其原本就只是柏拉图的一个极致的思想试验。❸ 于现实层面，柏拉图不得不转向原本看不起的法律，主张次优的"法律统治"。

在探求良好社会治理的道路上，与柏拉图"哲学王"的思想相对应，东方社会的儒家提出了"祖述尧舜，宪章文武"（《礼记·大学》）的"贤人政治"思想，讲究"有治人，无治法"（《荀子·君道》）。当然与全知全能的"哲学王"无须借助任何规则就可进行统治不同，在强调"徒法不能以自行"的同时，儒家也十分重视规则的作用，所谓"不以规矩，不能成方圆"（《孟子·离娄上》）。在梁启超看来，儒家尊崇圣人之治的很大原因在于古圣人通晓自然法，能够依循自然法创设"人定法"，也就是"礼"。❹ 被儒家看做"为政之本"的"礼"，同法家的"法"一样均为行为之规范。❺ 由于我国法家所主张的"法治"主要是指君主通过以武力为后盾的法律进行统治，欠缺西方"法治"所强调的"统治者应为法律仆人"的理念，其本质上还是一种"人治"。❻ 先秦儒法之争的实质就主要是圣主"循礼而治"还是中主"循法而治"。而礼治法治之争的关键则是，儒家要将原适用于贵族的法律（即礼）推及适用于一般平民，而法家则要把专适用于平民的法

---

❶ [奥]哈耶克：《自由秩序原理》（上册），邓正来译，三联书店1997年版，第19—20页。
❷ 桑本谦：《法理学主题的经济学重述》，载《法商研究》2011年第2期。
❸ 苏力：《法律与科技问题的法理重构》，载《中国社会科学》1999年第5期。
❹ 梁启超：《梁启超法学文集》，范忠信选编，中国政法大学出版社2000年版，第106页。
❺ 梁启超：《梁启超法学文集》，范忠信选编，中国政法大学出版社2000年版，第107页。
❻ 梁治平：《法辨》，中国政法大学出版社2002年版，第106页。

律（即刑与法）扩展至贵族。❶ 到汉代以后，"礼法"连用，儒法合流，"礼入于法"，形成由"明君贤相"掌控的"德主刑辅"甚至是"儒表法里"的统治政策。❷ 不同于"哲学王"的"人治"，儒家的"人治"思想是一种更为"中庸"，更为贴近现实的政治思想，其看到了规则的价值，正因为如此，这一思想及其统治政策具有了可行性，得以延续两千年之久。

可见无论西方还是东方，在社会治理问题上，最终都不得不诉诸"规则之治"，这可能是存在信息费用的人间世界的必然选择。只是西方讲究的是"法律至上""统治者为法律仆人"的"法治"。而东方主张的则是由圣明的君主和廉洁的官吏来确保"礼法"的公正实施，其典型脸谱为包拯。圣明君主要靠内在修养来确保，所谓"内圣外王"，良好的官吏则主要通过"选贤任能"来获得，❸ 不存在能够有效约束君主及官僚集团成为"掠夺者"的制度设计。所谓"人存政举，人亡政息"，这就使得尽管儒家"人治"思想及政策虽存续两千年之久，但却历经无数的治乱循环。

规则之治意味着通过事先确定的一般性规则来配置资源，界定社会成员在交往合作中的权利义务，其可行性在于能够节省信息费用，将成本控制在社会可以承受的限度内。对于统治者而言，与具体的特殊性的命令相比，通过事先制定的一般性规则来规范指引人们的行为，所需观测衡量的因素更少，决策的信息费用会大大降低，而且具有"一劳永逸"的好处，只需制定规则时的一次性投资，避免了一事一令、一人一令的重复性投入。当纠纷发生后，裁判者只需依据规则，考量与规则相关的事实，即可作出裁判，定分止争。"法律事实"的限定意味着法官只需考虑有限的事实，从而大大节省了寻求裁判方案的成本。同时由于能够简单地宣称该方案来自法定规则即可获得权威性支持，自然也就避免了为自己的处理方案进行更多权威性论证的成本。对于社会成员来说，依据公开的明确的一般性规则来进行决策，选择自己的行为，规划自己的生活，可以合理预期其他人也遵从同样的规则，能够大大降低决策费用和不确定性带来的损失。哈耶克就特

---

❶ 梁启超：《梁启超法学文集》，范忠信选编，中国政法大学出版社2000年版，第109页。
❷ 梁治平：《法辨》，中国政法大学出版社2002年版，第32-33页。
❸ 梁治平：《法辨》，中国政法大学出版社2002年版，第115页。

法律制度的信息费用问题

别强调法治对"可预期性"的保障。❶ 要求统治者依据事先确定的一般性规则进行统治，人们就能够以更低的成本监督控制统治者的行为，因为只需判断统治者是否违背明确的规则即可。离开了明确的规则人们将没有足够的信息来评价控制政府或官员的行为，这正是当下众多官员动不动就以"发展经济"或"维护稳定"这样模糊的原则来为自己的违法行为辩解的原因所在。

当然规则之治只是降低了社会治理的信息费用，并不可能完全克服，规则的制定实施本身也都需要信息费用，而且规则也同样存在不确定性。然而在不存在全知全能的上帝的情况下，这将是我们无须天塌下来就能实现正义的唯一的选择。正像柏拉图所指出的那样，同"理想国"相比，规则之治在节省信息费用的同时，也必然因忽略了人、事的差异性和变异性，在配置资源和规范行为方面降低了精确性，从而带来误差损失。要减少误差损失就要增加规则的精确性，这就需要规则对调整对象进行更为细致具体的区分，它的极端就是把每一个人每一件事都当作一个独一无二的对象来处理，这就是我们前面提到的抛开一般性规则的"哲学王"的治理方式，尽管不存在误差损失，但却面临着高不可攀的信息费用。另一个极端是完全忽略个性、环境的差异，对所有的人和事物"一视同仁"，这种情况下信息费用降至最低，误差损失却极为严重。规则之治奉行的是中庸之道，对无限复杂的、充满差异的世界采取"类型化"的方式，把某一个案件视作某一类案件中的一个来进行处理，以求降低信息费用与减少误差损失的平衡，最好的治理是能够实现两者之和最小化的治理。有学者指出这正是隐藏在实质正义与形式正义背后的经济学逻辑。❷ 对法律平等适用的准确说法应该是"同类情况同样处理"，而不是"同样情况同样处理"，世界上不存在完全相同的两片树叶，更不存在完全相同的案件。当然语言和表达也同样存在信息费用与误差损失的矛盾，精确的表达减少了意义传递上的误差损失，却增加了信息传递与接受的费用（如词语选择上下更功夫甚至创造人们不熟悉的新词汇等），如果这样做的成本超过了其带来的误差损失的减少，那这一精确性的改进就是

---

❶ ［奥］哈耶克：《自由秩序原理》（上册），邓正来译，三联书店1997年版，第195页。
❷ 桑本谦：《法理学主题的经济学重述》，载《法商研究》2011年第2期。

没有意义的。正因为如此,我们通常不会追究上述两句话的差别。我们是在一个不完美的充满信息费用的世界中寻求良好的社会治理之道。

为了制定良好的法律,立法者必须获取足够的信息,并进行正确的评估。在同其他社会控制方式分离以后,法律是一种典型的由第三方(政府)实施的规则,实施者必须能够发现和核实相关违法信息,从而予以惩罚,这也包括实施者自身的违法行为。社会成员为了使自己的行为符合法律要求,需要花费成本去正确地理解法律。法律也不可避免地存在不确定性,这就需要法官予以解释裁量。法律要随着社会的变迁而做相应的调整,这必然会导致可预期性的降低,而一味保持稳定又会变得僵化。所有这些法律之治的固有特征都涉及信息费用问题。对信息费用问题的不同程度回应,决定了不同制度的成败与绩效。现代法治所奉行的一些基本原则和理念都暗含了对信息费用问题的回应。要讨论法治,显然我们很难避开富勒所提出的法律必须遵循的"内在道德"。

二、法律的"内在道德"

富勒将法律界定为"使人类行为服从规则治理的事业",[1] 并提出了被广泛接受为良法标准的八项"内在道德":法律必须具有一般性或普遍性;法律应当公开;法律应当不溯及既往,具有可预期性;法律是明确的,可以理解的;法律应当具有一致性,不相抵触;法律应当具有可行性,不强人所难;法律具有稳定性,不朝令夕改;法律能够被实施,公布的法律同实施的法律一致。[2] 虽然富勒将这些原则称为法律的"内在道德",但它们不涉及任何实体性价值和道德,是一种纯粹的"形式理性"。由此哈特批评其将目的性与道德性混同,没能区分"善与恶的实体目的",但也承认"它们提高了法律作为目的性事业的效率";拉兹则承认它们只能够"避免某些可能只能由法律造成的邪恶"。[3] 实际上富勒本人在此所关注的不是任何法律规则的实

---

[1] L. Fuller, *The Morality of the Law*, Yale University Press, 1969, p. 106.
[2] L. Fuller, *The Morality of the Law*, Yale University Press, 1969, pp. 38 – 91.
[3] [英] 莫里森:《法理学——从古希腊到后现代》,李桂林等译,武汉大学出版社2003年版,第413 – 414页。

法律制度的信息费用问题

质目的,而是有效的规则体系必须以什么样的方式来构建和运行。❶尽管这些原则已被接受为良好法律的必要条件,但遗憾的是富勒从没有为这一"内在道德"提供一个可靠的参考点和基础,只是强调它们起源于已确立的司法实践或法律的习惯渊源,相当程度上这是一个诉诸直觉的解释。❷ 经过分析,我们惊喜地发现信息费用恰好能够为它们提供一个统一的有解释力的正当性基础,它们实质上是法律制度对信息费用问题的一般性回应。

法律所针对的是不特定的人或不特定的事,而不考虑个别的人或行为。一般性或普遍性是规则之所以为规则的内在规定性,使之得以区别于个别性命令。与"个性化"的命令方式相比,这是典型"类型化"的处理方式,它是一种人类能够负担得起的治理方式。法律借助对法律事实予以抽象概括而来的法律概念和通常为全称判断的规则来获得一般性或普遍性。事实上语言本身就是对无限复杂的外部世界予以抽象、概括、简化,从而使得人类大脑能够理解和把握的简化复杂的工具。所谓"白马非马",从某种意义上就体现出作为简化机制的语言同现实世界的矛盾。经济学的逻辑告诉我们,威慑危害行为的有效率的政策是让预期责任等于危害行为导致的社会损失。"类型化"处理通常要求依据"一般行为"也就是某类行为的平均社会危害性来确定责任的强度,这样一来就会导致对该类型中处于高危害性层面的行为因责任过轻而威慑不足,而处于低危害性层面的行为则因责任太重而威慑过度,这就是精确性减损而带来的法律控制的误差损失。为了降低这种损失,就要对危害行为进行更为细致的"类型化",以便区别对待。这就要引入内涵要素更为具体充实,而外延更为狭小的法律概念,从而更为具体地指涉不同的危害行为,或者为既有的规则设定更多的例外或特殊情况。简单地说就是导致规则数量的急剧增多,法律更为复杂,最直观的表现就是法典越来越厚、单行法越来越多。而这必然会引起立法、守法、执法及司法成本的全面攀升。要制定更多的更为具体的法律,且要保证法律的质量,立法机关必须首先获取更多真实可靠的与行为规制及资源配置的社会成本收益状况相关的信

---

❶ L. Fuller, *The Morality of the Law*, Yale University Press, 1969, p. 97.
❷ [英]莫里森:《法理学——从古希腊到后现代》,李桂林等译,武汉大学出版社2003年版,第412页。

息。显然立法机关的信息能力是有限的,很难获得这些信息。由于法律涉及各种资源利益的配置,各利益集团为获得有利于自己的制度安排,必然会竭力制造和传递对自己有利却可能同社会福利相背离的信息,以及隐瞒真实信息。这必然直接增加立法机关的信息费用,影响信息质量,导致立法成本升高,立法质量下降。排除法律规避的因素,越精确的法律对利益的划分越具体越有刚性约束,对相关利益集团的影响就越直接,从而会引起各方的激烈争夺。在有些情况下即使人们能够在原则问题上达成一致,也无法在具体方案上形成共识,前者的影响是柔性的,可裁量的,后者直接对真金白银的分配却是刚性的,得失攸关的。因此具体细致的法案,往往会导致立法过程中更严重的策略行为,从而导致立法成本上升,这就是政治市场的交易费用问题。当然仅仅立法成本可能还不是最重要的,毕竟它是一种一次性的投资,更为重要的可能是社会成员的守法成本及执法司法机关的实施成本。

好比为不同质量的商品标定不同的价格,法律规则为不同的行为设立了不同的责任,法律责任体系实质上就是一套"隐形的价格体系",规范着人们的行为选择。❶ 人们要想对这一价格体系作出有效的回应,就必须事先能够理解法律的规定,及自身行为的法律定性。随着法律对行为分类的精细化,法律将变得越来越复杂,人们要了解这一价格体系就变得越来越困难。划分的类型越多越细密,确定某行为属于哪一种法律类型所需考虑的变量就越多,自然信息费用就变得更为高昂。如果这一费用高到行为人无法承受,那么人们就会选择对法律保持"理性的无知",可能会错误地放弃本应从事也值得从事的行为,也可能会错误地从事不值得也不应该从事的行为。法律提高精确性以改进对人们行为的控制的目的就自然会落空。同时,伴随法律行为类型的增多与细化,执法及司法机构确定相关行为违法性及责任程度的考量因素也必然会增加,法律的实施成本也会大幅攀升。❷ 如果信息费用超过了相关机构的预算约束,法律将很难实施。即使信息费用没有高到不能承受的地步,如果信息费用的增加超过了因法律精确性提高而改善的行为控制所带来的收益,那这一法律精确性的提高也

---

❶ 魏建:《理性选择理论与法经济学的发展》,载《中国社会科学》2002 年第 1 期。

❷ Louis Kaplow, "A Model of the Optimal Complexity of Legal Rules", 11 *Journal of Law, Economics & Organization* 151 (1995).

是没有效率的。每一个樱桃的质量都不会相同，严格来讲不同质量的樱桃价格也应该不一样，但考虑到区分费用没有必要也不应该给每一个樱桃分别定价。现实中我们也从来没有这么做，市场上只是"一堆一堆"予以不同的定价，我们会选择不同的"堆"，但通常不会一个一个的挑，这么做是得不偿失的。"通过复杂法律更为精确地区别对待的价值，取决于受规制行为在危害性上有多大程度的差别及相应的责任是否充分反映了这些差别。"❶

法律应该主要由一般性或普遍性的规则构成，实际上是应对现实世界高昂信息费用的一种必然选择。当然在降低信息费用的同时，也必须考虑精确性减损而带来的社会控制的误差损失。除了细化分类使法律变得更为详细复杂这一选择外，在减少误差损失方面，还可以通过适当引入抽象性、一般性更高的标准或原则来获得。允许裁判者根据标准或原则自由裁量、具体问题具体对待，这相对于依据规则的形式化处理，在个案中可能会获得更为完善的解决方案，从而减少误差损失。然而自由裁量的引入通常会增加法官处理案件的信息费用，同时意味着法律不确定性的增加，及可预期性的降低，从而加大行为人的法律风险。还会导致对政府的监控变得更为困难，发现和证明行政机构和司法机构违背了明确的规则，要比发现和证明他们自由裁量错了容易得多。现实中的法律制度是由规则和标准两种元素组成的，这自然也是对信息费用及误差损失的一种平衡。如何协调规则与标准的关系，发挥它们的优势，减少它们的劣势，就是一个良好的法律制度必须要面对的问题。好的安排会形成良性互动，坏的安排则会导致恶性互动。

市场要想有效地配置资源，需要准确、及时、便于获得的价格信号。法律这一隐形的"价格体系"要想更好地影响人们的行为选择，有效地改进社会均衡结果，也需要能够以合理的成本为人们所知晓，成为赖以决策的信息或知识。显然法律的明确性、公开性、非溯及既往、一致性、稳定性都暗含着降低获得"价格"的信息成本，提高"价格"可靠性的功能。法律应该在保持适度精确性或者说合目的性

---

❶ Louis Kaplow, "A Model of the Optimal Complexity of Legal Rules", 11 *Journal of Law, Economics & Organization* 159 (1995).

第八章 从"人治"到"法治"的信息费用问题

的情况下,尽可能适用明晰确定的规则,以降低服从和实施的成本。汉高祖刘邦的约法三章——"杀人者死,伤人及盗者抵罪"——可能是历史上最为简短明确的法律,尽管十分欠缺精确性甚至是极为粗陋,却在执法系统崩溃、正逢大乱的关中迅速重建了秩序。这在相当程度上应归功于此约法服从和实施中低廉的信息成本;当新的执法系统建立,信息能力提高后,其自然应该为虽然复杂却更为精确的法律所取代,事实上也是如此。为了降低社会成员获悉法律的信息成本,提高社会治理水平,政府通常还会投入资源进行大规模的普法活动,这可能是我国"送法下乡"过程中最为重要的一部分。当代我国的普法涉及从小学生的法制教育课、到简陋的乡村广播、再到影视故事,乃至有一定深度的"今日说法"式的讲坛类节目,及更为正式的"148"服务热线等等。而在古代,不但民间有大量的与律法和道德习俗有关的通俗读本、歌谣及法律戏曲和故事流传,政府还会进行经常化乃至制度化的普法活动,前者包括政府要求广为印行和宣讲的榜文等与律令有关的材料,明太祖朱元璋甚至要求自己的《大诰》每家一册;后者像《大明律》和《大清律列》中都有关于"讲读律令"的具体规定。[1] 这些都在一定程度上降低了社会成员获得法律的信息成本,当然即使如此也不可能做到人人通晓法律,也没有必要做到,普法投入并非多多益善,同样存在一个最佳程度。另外,现代社会律师职业的存在也是降低法律信息费用及交易费用的重要制度安排。尽管并非人人通晓法律,我们通常也说"不知者不罪",但各国法律却有一项通行的原则那就是"不允许把不知悉法律作为免责理由",也就是推定人人知法。

简单地说,这一"知法推定"的理由大致有三个方面。其一,在相当多的领域,法律评价同道德习俗、舆论观念的评价相一致,人们可以通过熟悉的道德习俗来间接获得对相关行为的法律认知,尽管一般不会那么详细准确。于此情况下,"知法推定"就是相当合理的,不会有太大的误差损失。其二,"是否知悉法律"为典型的私人信息,作为第三方的法官很难以合理的成本发现和核实,区分真正的"不知

---

[1] 相关论述可参见龚汝富:《作为民间生活常识和伦理规则的中国传统法律》,载谢晖、陈金钊主编:《民间法》(八),山东人民出版社2009年版。

法律制度的信息费用问题

者"和伪装的"不知者"的成本通常高不可攀。其三,如果允许"以不知道法律为由进行免责",那社会成员将失去获得相关法律信息的激励,且"已知者"会积极伪装做"不知者",从而减少了有助于社会治理的信息获取,增加了治理成本。

"知法推定"只是为社会成员提供了获取法律信息的激励,但存在成本的情况下,人们是否获取法律信息,取决于这一法律信息的预期收益和预期成本,只有预期收益不小于预期成本时人们才会选择获取这一法律信息,否则就会保持理性的无知。[1] 具体地说,假设一风险中性的行为人,其从事一行为且该行为合法的预期收益为 b,该行为可能是合法的也可能是非法的,若其非法则预期惩罚成本[2]为 s;进一步假设 $s > b$,行为人若知道其非法则肯定不会从事该行为;行为人事先对其违法可能性判断为 p ($0 < p < 1$);其通过咨询律师或研读法律获得确定认知的成本为 c。若缺乏信息来校正自己的信念 p,如果 $b > ps$,他将选择从事这一行为,其有 $(1-p)$ 的可能收获 b,也有 p 的可能负担 $(s-b)$。于此,$p(s-b)$ 就成为进一步获取法律信息所能避免的预期损失,而获取信息的成本为 c。若 $c < p(s-b)$,获取信息就是划算的,行为人将选择支付成本获取法律信息。如果结果是行为合法,行为人将从事该行为,这对他是有利的选择,收益为 $b-c$。如果证明行为非法,他将选择不从事该行为,从而避免了给社会带来的损失及追究法律责任的成本,净支出为 c。此两种情况下,法律都达到了规制目的。如果 $c > p(s-b)$,则意味着预期信息费用超过了预期信息收益,理性的行为人将不获取信息,而直接根据 $b > ps$,选择从事这一行为。此时如果该行为非法,行为人将最终面临 $s-b$ 的损失,尽管会事后后悔,但却基于信息不足不可能在事先改变行为选择。该法律的规制目的也将无从实现,事后对该行为进行的侦查、起诉、审判、惩罚等支出也因为在行为人面临高昂信息费用的情况下,无法

---

[1] 本书有关知法推定的论述主要参照 Richard S. Murphy and Erin A. O'Hara, "Mistake of Federal Criminal Law: A Study of Coalitions and Costly Information", 5 *Sup. Ct. Econ. Rev.* 227-230 (1997)。

[2] 该预期惩罚 s 是由法定责任乘以执法机关的查获概率和司法机关的有责判决概率得出的。

第八章 从"人治"到"法治"的信息费用问题

影响人们事先的行为选择,而成为没有收益[1]的单纯的成本。

如果一开始 b < ps,若没有用以校正信念 p 的信息,行为人将选择不从事该行为,此时他有 p 的可能避免 s－b 的损失,也有 (1－p) 的可能放弃 b 的收益。此时 (1－p) b 就成为进一步获取法律信息的预期收益。当 c < (1－p) b 时,获取信息就是有利可图的,理性的行为人将选择获取信息。若获取信息的结果是该行为合法,行为人将从事该行为,如果该行为非法,行为人自然会放弃该行为。此时法律能够达成规制目的。但若 c > (1－p) b,信息的预期成本超过了预期收益,行为人将不会花费成本改进自己的信息结构。此时如果该行为合法,对他人或社会没有什么危害性,那么,从事后来看保持理性无知的行为人选择放弃该行为就是没有效率的,这显然不是法律所追求的目标。此时法律存在威慑过度的问题,若信息费用不是那么高,这一问题本可以避免。

由于信息成本的障碍,一些情况下会存在对法律的真实的合理的"无知者",拒绝他们以不知道法律为由寻求豁免,必然会导致我们上面所分析的或者威慑了一部分实际上为法律所允许的行为,或者导致对行为改进没有意义的法律实施,而两者都是对社会效率或福利的减损,是背离法律规制目的的。要避免这两方面的损失,就需要给予真实的合理的"无知者"以豁免,也就是"不知者不罪"。所谓真实的合理的无知者的情况,应该是我们上面提到的了解相关法律的信息成本超过了该信息的预期收益,因此不可能指望理性的行为人去从事获取信息的行动,"知法推定"的激励目标不可能实现,惩罚对于改进人们的行为毫无意义。然而,允许"以不知道法律为理由免责",为实际知法犯法的人伪装成"合理无知"者,从而逃避责任提供了可能,从而会削弱法律的威慑力;还会减弱对能够以合理成本获得法律知识的人获取信息的激励;也会带来法院判断行为人是否为"合理无知者"的成本,及行为人证明甚至是伪装自己为"合理无知"者的成本。这些损失的存在相当程度上抵销了对真正的"合理无知者"予以免责的收益,因此考虑免责的净收益时,必须从中扣除这几方面的成

---

[1] 需要指出的是,这里所说的"没有收益"是指对事故或犯罪的事先一般预防的收益,而非指像"剥夺犯罪能力"之类的特殊预防的收益。

法律制度的信息费用问题

本。正因为如此,"不允许以不知道法律为免责理由"才一直以来都是一项重要的法律原则,而"允许免责"只是能够区分"合理无知者"和"非合理无知者"的特定条件下的例外,且对于这一"例外"应予以有效地审查和控制。❶

通过上面的分析我们可以发现,获知法律的信息成本的大小,对于法律规制目的的达成具有重要影响。在正常情况下,政府往往会运用公共资金来资助法律信息的传播,也就是政府普法,社会上也存在很多机制来降低社会成员在法律方面的信息成本,最为正式的可能是律师制度。要达成法律控制的目的,法律必须具备公开、明确、一致、稳定、非溯及既往等特征,以有效地降低行为人获得法律知识的信息成本。这样一些特征同样也会降低法律实施的成本,及公民监督控制政府的成本。当然需要提及的是,由于法律不可避免地会存在空缺或漏洞,在某些情况下,对于法律的准确洞悉会有助于我们不希望看到的规避法律的行为,于此信息成本的降低可能并非好事。❷ 吊诡的是,法律漏洞存在的一个原因就在于法律制定过程中高昂的信息成本,其另一个原因,语言的固有特性也源于语言本身也是一种简化复杂的机制,因而也可以说同信息费用有关。

尽管法律语言的明确性大大降低了服从和实施法律的信息成本,但因明确而导致的刚性和僵化必然会导致精确性或者说"合目的性"上的损失。因此在追求明确性的同时,还必须考虑同"合目的性"的平衡。正因为如此,法律中也不可避免地存在一些涵盖范围很大,具有广泛裁量空间的标准或原则。司法裁判中,通过这些标准或原则的解释来弥补法律的空缺或漏洞,降低明确刚性的法律规则在"合目的性"上的损失。这就是所谓的"法而不议,则法之所不至者必废"(《荀子·王制》)。

法律必须保持稳定,如果朝令夕改,人们将失去协调社会交往活动所必须依据的共同知识,决策成本和交往成本会变得高不可攀。面

---

❶ Richard S. Murphy and Erin A. O'Hara, "Mistake of Federal Criminal Law: A Study of Coalitions and Costly Information", 5 *Sup. Ct. Econ. Rev.* 241 (1997).

❷ 有关该方面的论述可参见 Steven Shavell, "Legal Advice about Contemplated Acts: The Decision to Obtain Advice, Its Social Desirability, and the Protection of Confidentiality", 17 *Journal of Legal Studies* 796–852 (1988)。

第八章 从"人治"到"法治"的信息费用问题

对无限复杂的世界,人们的理性十分有限,很难以合理的成本搜集和分析应对当下及未来的足够信息,往昔的经验就成为人们重要的甚至是唯一的知识和信息。忽视以往的经验是不经济的,除非有足够的理由和新信息,遵循先例就是理性的选择。尽管这么做必然会因世界的不断变化而出现误差甚至是错误,然而无视过去经验,不但决策成本极为高昂,而且错误通常会更多更严重。法律作为社会控制工具,其功能在于规范人们当下及未来的行为,实现更为可欲的社会秩序,然而这一致力于未来的目标却必须依赖源自过去的规则达成。"法律是所有专业中最具历史取向的学科,更坦率地说,是最向后看的、最'依赖于往昔'的学科。它尊崇传统、先例、谱系、仪式、习俗、古老的实践、古老的文本、古代的术语、成熟、智慧、资力、老人政治以及被视为重新发现历史之方法的解释。它怀疑创新、断裂、'范式转换'以及青年的活力与性急。"❶法律对往昔的依赖正好是对历史经验的必不可少的借鉴,其提供了大量可以用来解决当下问题的知识,可以节省社会成员、立法者、执法者及裁判者的信息成本。信息费用而不是神秘的权威构成了法律向后看的正当性基础。先例、原始的立法材料等历史只是一个有价值的成本低廉的信息集合体,其本身并不具有独立的规范性。❷ 当然对历史的神秘化,有助于从心理上强化人们对规则的接受,是一种能够加强规则及司法权威的有效的修辞。从这个意义上,我们并不反对权威化、神秘化往昔的努力,但这依然是基于节省信息费用的实用主义考虑,而不是承认历史本身的独立权威。随着社会的不断变化,这一信息集合体会变得不断陈旧贬值,来自往昔的法律对于当下及未来的误差损失会逐步增大,改变的压力也会随之而来。然而由于转变不但意味着人们必须获得足够的信息引进新的规则或解决方案,还意味着推翻据以规划社会交往的既有知识和信息,破坏人们的原有预期,带来"转变成本"。校正一项不合时宜的规则是需要花费成本的,只有当改变的收益超过了不改变的损失及改变本

---

❶ [美]波斯纳:《法律理论的前沿》,武欣、凌斌译,中国政法大学出版社2002年版,第149页。
❷ [美]波斯纳:《法律理论的前沿》,武欣、凌斌译,中国政法大学出版社2002年版,第166页。

法律制度的信息费用问题

身的成本时,改变才是有效率的,可欲的。[1] 这就是法律强调尊崇历史、保持稳定的原因所在。"法律必须保持稳定,但又不能静止不变",恰好反映了时间或历史维度上法律的信息费用同社会控制的误差损失之间的紧张关系。原旨主义的、历史的、立法意图的解释方法,体现了对稳定性的诉求,有助于节省信息费用;而社会学的、后果主义的、能动的解释方法则体现了对社会变化的回应,旨在降低误差损失。这些解释方法的相互限制和妥协则体现了司法在平衡信息费用与误差损失关系上的努力。

法律不应强人所难。法律主要是通过对违法行为施加责任的方式进行社会控制,这就意味着法律所要求的行为不应该是大多数人都不可能做到的行为,法律所禁止的行为不应该是大多数人无法避免的行为。简单地说,人类行为可以分为三类:有利于社会的行为,普通行为(于社会无害的行为),反社会行为;与之相应大致有三类人。第一种行为只有很少的人能做到,但非常值得鼓励。第二种行为是绝大多数人都在从事的行为,无法避免的行为。第三种行为是大多数人都能够避免,只有少部分的人从事的行为,但从事该行为的人数肯定大大超过从事第一种行为的人数。如果用法律来惩罚做不到第一种行为的人,以迫使人们从事很难做到但对社会有利的行为,那法律的实施将涉及所有第二类及第三类人或行为。违法及相应所需的执法数量将急剧攀升,我们将需要更多的警察、更多的侦查逮捕、更多的诉讼、更多的惩罚,这会导致控制成本高到难以承受的地步,其中相当大一部分是信息费用。"法不责众"的原因,在一定意义上就在于此。社会控制手段除了大棒外,还有胡萝卜。反过来假设法律放弃惩罚,改用奖赏的方式来诱导人们放弃从事第三种行为,那就意味着凡放弃第三类行为的人都要奖赏,结果就是对所有的人都要进行执法或奖赏。显然其控制成本要比前一种选择还要高昂。更为有效,也是实际运行的控制方式是胡萝卜加大棒,通过奖赏鼓励第一类行为,对第二类行为放任不管,通过惩罚遏制第三类行为。由于第三种行为的数量远多于第一种行为,所以法律应该"重罚轻赏""刑九赏一"。如此,由于

---

[1] [美] 波斯纳:《法律理论的前沿》,武欣、凌斌译,中国政法大学出版社 2002 年版,第 161 页。

第八章 从"人治"到"法治"的信息费用问题

放弃了对数量最多的第二类行为的回应,大大减少了制裁费用,"法律不强人所难"显然是有助于社会控制成本最小化的选择。❶

实际运行的法律应该同公布的法律相一致,这意味着法律不仅仅是写在纸上的一套规则,而是能够实施的制度,法律至上。法律绝不会仅仅因为被宣布为法律就自动获得执行。警察、检察官、法官也不会仅仅因为某条规则被写进法律就予以切实的遵守和实施。这是法律自诞生以来就始终为之困扰的最大问题,也是目前我国法治建设中的"瓶颈"问题。博弈论的知识告诉我们,社会生活中实际运行的规则都是博弈的结果,一项法律要能够实施,成为"活的"秩序,其自身必须构成纳什均衡,否则就只是写在纸上的规则。所谓纳什均衡,就是由博弈的所有参与人的最优策略形成的策略组合,在给定别人不改变的情况下,没有人会改变策略选择,从而维持的一种均衡状态。❷一项法律构成纳什均衡,也就是说服从法律成为该法律涉及的所有参与人的最优策略,给定其他人不变的情况下,没有人会单独背离这一策略,从而使得服从法律成为均衡状态。而影响均衡结果的一个关键变量就是博弈主体所拥有的信息结构,既包括一开始拥有的信息,也包括在博弈过程中进一步搜集得以改进的信息。法律的一项重要功能就在于改善信息结构或鼓励人们有效地利用信息,以求改进博弈的均衡,获得可欲的结果。政府诞生以后,社会控制中的核心难题就是"政府悖论",强有力的政府既是自由、安全、繁荣所必需的保证,又经常异化为它们最大的敌人。既维持政府履行职能所必需的强力,又要限制其成为自由的破坏者,就成为获得良好社会治理的关键问题。目前人类已经获得的对这一问题的最好的解决方案就是法治与宪政,也就是通过构成纳什均衡的法律(主要是宪法)来约束和限制政府的权力。法律至上,使得"统治者成为法律的仆人",政府只能依据法律的授权和法定的方式来行使权力,不得超越法律,干涉和侵害公民的权利和自由。这就是宪法和法律控制下的"有限政府"问题。

---

❶ [美]罗伯特·C. 埃里克森:《无需法律的秩序——邻人如何解决纠纷》,苏力译,中国政法大学出版社 2003 年版,第 153 页。
❷ 张维迎:《博弈论与信息经济学》,上海三联书店、上海人民出版社 2002 年版,第 14 页。

三、有限政府

法治的关键就在于对政府权力的约束和限制,以防止政府权力侵犯和破坏公民的权利和自由。要想实现这一点,首先宪法和法律就要成为一道篱笆,有效地界定政府权力与公民权利的边界,也就是"群己权界"。篱笆究竟扎在何处,这是一个在理论上争论不休,在实践中变动不已的问题。对此问题的一种解决方案是直接提出一系列属于个体所有的权利和自由,如财产权、契约自由、言论自由、信仰自由、个体自治等,将其划定为私人领域,政府只能保护而不得干预和禁止。这些权利或自由的正当性源于永恒的自然法则,实际上也就是不证自明的。如此一来,就是在"规定"一个"私人领域",而非"论证"一个合理的"私人领域"。在近代宪政革命中,此种思想对限制"王权",制定人权宪法,促成有限政府有着近乎不可替代的作用;且一直以来成为自由主义者用以抵制政府权力扩张的重要意识形态。而共同的意识形态具有降低协商交流成本,促生集体行动的重要功能,[1]具体到此类意识形态则有助于民众联合抵制政府权力扩张的集体行动,而这是一个社会长期保持可靠的民主和法治所不可或缺的条件。民国时期众多知识分子所致力的新文化运动或改造"国民性",在某种意义上,就是努力缔造一种新的意识形态。从这个意义上我们认同"文化"的价值和意义,自然也不同意文化的决定意义或解释力,其最终形成不能仅由甚至不主要由思想观念运动本身决定。教义学性质的理论只是"规定"了国家权力与公民权利的相应范围,却没有为这一规定本身提供有说服力的解释或论证,更不可能为合理的在国家和个人间配置权利提供有科学意义的知识。同早期的宪政国家相比,现代政府的权力范围已发生了巨大的变化,无论财产权还是契约自由,众多曾被视为不容干涉的私人领域都已被打上权力干预的烙印。显然,不证自明的自然权利的学说除了带来意识形态上的争论外,也不可能为此类社会变革提供可靠的、有说服力的解释和评价标准。在某种意义上,此种不证自明的自然权利学说,只是正当化特定利益诉求或利益

---

[1] 张建伟:《转型、变法与比较——本土化语境中的法律经济学理论思维空间的拓展》,北京大学出版社 2004 年版,第 136 页。

第八章 从"人治"到"法治"的信息费用问题

格局的一种有效的修辞,算不上是解释性或规范性的理论。庞德就曾明确指出,自称来自普遍理性的自然法仅仅是"对一定时间和地点的实在法的一种理想化翻版","事实上是实在的自然法,而不是自然的自然法";为了保证自身对现实的影响力,其内容还必然会随着社会及实在法的变化而有所调整;因此"不能使自己成为制定和发现法律的一个有用的工具"。❶

密尔曾提出一条著名的用来限制政府和社会干预个人自由的教义原则:对于无害他人,仅关涉自身的领域,个人可以按照自己喜欢的方式自行其是;只有行为会给其他人带来伤害时,才允许政府或社会予以干预。❷ 然而问题的关键在于什么是"仅关涉自身,与他人无害"。思想自由被包含在密尔据此原则为个人所划定的自治领域中。然而一个坚定的信奉上帝的人,可能发自内心地真切地感到讲授进化论的邻居给自己带来了伤害。有关自由的教义原则并不能为此提供一种解释。密尔可能将此界定为"冒犯",而非"伤害",仅有冒犯而非伤害不足以构成干预的理由。❸ 然而这在相当程度上是一种有关修辞的文字游戏,对于信奉上帝的人来说,这一"冒犯"给他带来的损失可能超过了 100 元的财产毁损。在充满复杂互动关系的社会中,人们的行为不可避免地会带来各种各样的外部影响。当一个人呼吸的时候,附近的人就可能吸入他所产生的二氧化碳;反之亦然。当我以 5 元的价格出售一件物品时,希望以 10 元出售同样物品的邻居就被迫降价而承受"损失"。当我在自己房间里大声唱歌时,也自然会影响邻居的工作;反过来为了满足邻居的需要而放弃唱歌对我又是一种损失。所谓"无害他人"实质上就是经济学上的"负外部性"问题,为什么我们承认一些"外部性"具有法律意义,而否认另一些"外部性"具有法律意义,甚至否认其构成一种"外部性"。显然这些问题都不是自然权利或自由主义的教义原则所能解决的。实际上密尔就转向功利主义为"思想自由"寻求正当化依据,思想自由即要求人们容忍自己不

---

❶ [美] 庞德:《通过法律的社会控制》,沈宗灵译,商务印书馆 2008 年版,第 3 - 4 页。
❷ [英] 密尔:《论自由》,于庆生译,中国法制出版社 2009 年版,第 144 页。
❸ [英] 莫里森:《法理学——从古希腊到后现代》,李桂林等译,武汉大学出版社 2003 年版,第 213 页。

· 183 ·

法律制度的信息费用问题

赞成的观点的重要理由就在于这样做比不容忍不同意见更有助于发现真理。❶

对公民自由和有限政府的富有解释力的说明一开始就是由经济学家作出的。这首先体现在我们熟悉的亚当·斯密"守夜人"式国家思想及"看不见的手"的市场理论。政府的功能限于界定公民的权利,担当"守夜人",确保公民权利免于他人的侵犯,并强制执行契约。以此为前提,人们在市场这一"看不见的手"的引导下,自由地规划生活,安排投资,最终实现资源的优化配置和最大产出,在获得个人利益的同时促进社会利益。通常而言,个人也只有个人才拥有与自身偏好及其满足相关的信息,才是自身福利的最佳判断者;只有将财产、人身、契约等权利和自由赋予个人,方能确保人们更好地满足偏好,增进福利。于此,之所以将相关权利和自由界定给公民自身而非政府,原因在于这些权利和自由对于公民的福利至关重要,同政府相比,公民个体拥有更多的有效利用这些资源的信息,对其评价更高更为珍惜。❷ 法律将其直接界定给公民,避免了公民从政府手中赎买这些自由的交易费用,这是一种对资源的有效率的配置;而不是因为它们是公民所应享有的不证自明的天然权利。

"守夜人"式的政府及自由市场的正当性从根本上说,源自与个人及社会福利相关的信息更多地分散掌握在公民个人手中,任何一个集中的决策机构都没有能力获得足够的此类信息。维持一个不受政府干涉的私人领域,就在于为人们有效利用这些信息来增进自身及社会福利提供空间。市场经济的成功在于竞争形成的价格是汇集、反映、传递此类信息的良好信号。"价格体系的功能就是交流信息,除此之外别无交流渠道。"❸ 自然,计划经济失败的一个重要原因就在于计划的制定者不可能获得正确决策所必须的有效信息。如果信息费用为零,那计划也同样能够有效率地配置资源;在这种情况下,事先将相关自由和权利统统赋予政府,由政府依据不同人的效用函数予以分配,也

---

❶ [英]密尔:《论自由》,于庆生译,中国法制出版社2009年版,第80页。
❷ 王小卫:《宪政经济学——探索市场经济的游戏规则》,立信会计出版社2006年版,第51页。
❸ [美]罗利:《自由与国家》,载[美]罗利主编:《财产权与民主的限度》,商务印书馆2007年版,第270页。

第八章 从"人治"到"法治"的信息费用问题

就没有什么不合理,这实际上就是"哲学王"的治理方式。现实世界中高昂的信息费用,使得政府不可能成功扮演这一角色。亚当·斯密就特别警惕政府会去从事其本身没有能力达成的事业,"关于可以把资本用在什么种类的国内产业上面,其生产物能有最大价值这一问题,每一个人处在他当地的地位,显然能判断得比政治家或立法家好得多。如果政治家企图指导私人应如何去运用他们的资本,那不仅是自寻烦恼的去注意最不需要注意的问题,而且是僭越一种不能放心的委托给任何人,也不能放心的委之于任何委员会或参议院的权力。把这种权力交给一个大言不惭的、荒唐的自认为有资格行使的人,是再危险也没有的了"。❶ 由一个不可能掌握完全信息或知识的人或机构来建构社会秩序是一种致命的自负。对于哈耶克而言"主张个人自由的依据,主要在于承认所有的人对于实现其目的及福利所赖以为基础的众多因素,都存在不可避免的无知"。❷ 每一个人都拥有一部分独有的知识,只有享有自由时,此种知识才能发挥有效的作用;而且它们不可能成为统计数据为集中决策机构所用。❸ 限制国家权力范围,维护公民自由的重要目的就在于激励人们有效地利用这些分散存在的知识。

当然,自治和市场也仅能在一定程度上减轻信息问题,而非完全避免。信息不完备(不充分)和信息不对称的问题同样困扰着市场参与者,这不仅导致高昂的交易费用,还直接影响市场引导自愿交易实现资源优化配置的能力。企业是在一定范围内对市场机制的替代,在内部通过指令来配置资源,尽管这会避免市场机制的交易费用,却同时产生了企业内部的监督控制成本。❹ 这种成本也主要是由观察和评价企业内部成员行为的信息费用构成,而且随着企业规模的扩大呈边际递增趋势,由此也就限制了企业的效率规模。企业规模应该在其所节省的市场交易费用及导致的监督控制成本之间寻求均衡。❺ 过去我

---

❶ [英]亚当·斯密:《国民财富的性质和原因的研究》(下卷),郭大力、王亚南译,商务印书馆1983年版,第27-28页。

❷ [奥]哈耶克:《自由秩序原理》(上册),邓正来译,三联书店1997年版,第28页。

❸ Hayek, "The Use of Knowledge in Society", 35 *American Economic Review* 521 (1945).

❹ 相关论述可参见[美]科斯:《企业的性质》,载盛洪主编:《现代制度经济学》(上),北京大学出版社2003年版。

❺ [美]波斯纳:《法律的经济分析》,蒋兆康、林毅夫译,中国大百科全书出版社1997年版,第514页。

法律制度的信息费用问题

们的计划体制就是将整个社会作为一个大的企业来进行管理，事实说明我们无法以合理的成本来有效地组织管理这一巨无霸"企业"。除了信息不对称外，垄断及外部性等因素也都会影响市场结果，使之偏离最优状态，这被称为市场失灵。尽管市场失灵的存在为国家管制和干预提供了依据，却绝非管制和干预的充分条件。如同企业对市场的替代，尽管节省了信息费用却同时产生了自身的监督控制成本一样，国家管制和干预也同样需要消耗资源。而且正如前面分析的，政府往往面临着更为严重的信息难题，无论是事先制定法律规章，还是法律规章的事后实施。考虑到高昂的信息费用，政府控制的后果可能还不如自由市场下的次优状态。

需要特别说明的是，我们不能假定政府及其官员是为了实现社会福利最大化而制定和实施法律政策。公共选择理论业已指出，政府及官员也同样遵循自我利益最大化的行为逻辑。法律政策的制定和实施除了因缺乏必要可靠的信息而出现错误外，还可能因政府及官员的自私而背离社会福利目标，政府同样存在"失灵"问题。目前我国大量维护部门或地方狭隘利益的法律规章，就恰好可作为"经济人"的政府及官员角色的经典注释。而且政府权力范围的延伸，意味着"寻租"空间扩张，腐败、滥用权力的损失自然会随之增加，对政府进行监督控制的难度会加大、成本会更高。除此之外，人们要使自己的行为符合管制要求，或表明自己的行为已遵从了管制也同样需要花费一定成本。❶ 所有这些因素都构成了政府干预的成本，其往往大大超过了干预所带来的收益。而且这些成本主要也是信息问题导致的，从政府制定实施管制的信息费用，到公民服从管制的信息费用，再到监督控制政府的信息费用。

政府控制的可欲目标是提高社会福利，在一定限度内政府权力控制范围的扩大是有效率的，当警察为了打击抢劫和盗窃而巡逻时，顺便制止街头涂鸦就是极具收益的，几乎没有增加什么成本。然而随着权力在各个领域的延伸，政府控制的边际成本会越来越高，而边际收益则越来越低。当边际收益超过边际成本之时，进一步扩大政府的控

---

❶ [美]理查德·A. 爱波斯坦：《简约法律的力量》，刘星译，中国政法大学出版社2004年版，第44页。

第八章 从"人治"到"法治"的信息费用问题

制或权力范围就是没有效率的，社会福利水平会下降。由此政府的最佳控制范围就是扩大控制的边际收益等于边际成本的那一点，这一位置意味着特定背景下政府控制所能达致的最大社会福利水平。下面我们用两个简单的模型来说明。

图 4[1] 中 MB 为特定背景下在一定程度上政府扩权改进社会福利的边际收益曲线，随着政府权力的不断扩张，呈边际递减趋势。MC 为政府权力扩张带来的社会损失或成本的边际变化曲线，随着政府权力延伸，呈边际递增趋势。在 S 点的左侧，政府权力延伸、职能扩大的边际收益超过边际成本，在此范围内政府扩权会改善社会福利水平，如图 5 社会福利水平曲线所显示的。在 S 点，政府扩权的边际收益等于边际成本，此时达到了引入政府所能获致的最大社会福利水平，也就是图 5 中社会福利水平曲线的最高点。超过 S 点政府继续扩张权力时，其边际收益小于边际成本，不但不能进一步改善，反而会破坏社会福利。S 点的左侧意味着由政府提供的秩序、安全、法律、福利等公共物品不足，其极端就是无政府状态，应进一步加强政府的职能，增大公共物品的供给。S 点的右侧则意味着政府职能超过了最佳限度，政府开始由社会福利的促进者异化为社会福利的破坏者。随着政府权力在 S 点右侧的延伸，政府权力越过合理边界，管制收益降低、成本激增，政府机构人员膨胀、支出巨大，滥用权力、贪污腐败严重，侵犯公民权利、压缩自由空间，社会福利水平大大降低。其极端形式就是全能政府，在此状态下，政府尽可能地垄断资源，权力运行完全依据统治者的治理需要而不受法律的限制和约束。当然实际中"也要受到成本和信息的约束，无法按照预期控制社会领域和个人生活，它对社会的控制也不可能做到无微不至，出于策略上的考虑，政府可能会自动的、暂时的不去控制某一社会领域"。[2] 为了实现社会福利最大化，政府权力既是不可或缺的，又应该是有限的，应该被维持和控制

---

[1] 这一模型来自桑本谦有关法律最佳控制范围的模型，原模型中作者主要强调的是司法系统调查证明方面的成本，我们这里的讨论大大扩张了成本的范围，尤其纳入了对政府进行监控的成本问题。桑本谦：《法律控制的范围》，载桑本谦：《理论法学的迷雾——以轰动案例为素材》，法律出版社 2008 年版，第七章。

[2] 王小卫：《宪政经济学——探索市场经济的游戏规则》，立信会计出版社 2006 年版，第 93 页。

· 187 ·

法律制度的信息费用问题

在 S 点的位置。

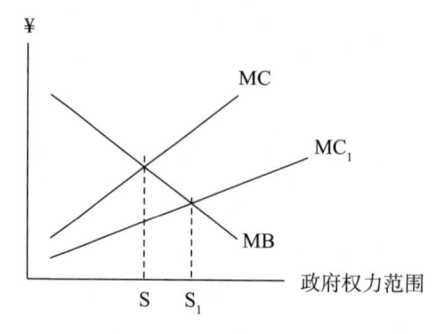

图 4　政府权力控制的边际变化

图 5　政府权力范围与福利水平

如此，以社会福利最大化为标准，借助信息费用这一关键变量，我们为有限政府的正当性提供了一个更为现实的基石，同时也从社会科学而非意识形态的层面分析探讨了政府的合理边界问题。通过这一分析，我们能够看出，权利（自由）—权力的关系问题，某种意义上就是如何有效地在公民和政府间配置资源的问题，而影响效率的关键变量就是信息费用问题。由此我们也可以推论，随着信息条件的变化，当政府控制的边际成本或边际收益曲线发生变动，两者的交点 S 发生移动之时，权利与权力的边界也应该随之调整。如图 4 中，MC_1 表示社会条件（如信息技术）改变的情况下，政府控制的新的边际成本曲线，若边际收益曲线不变，则政府权力的合理边界应该从 S 点延伸到 S_1 点。据此，我们反对那种将来自过去的既定的权利或权力配置格局视为天然正当的不可更改的观点。当然这仅是一种规范意义的应然视角的分析，实然意义上的权利或权力格局最终是博弈的结果，归根结底"实力界定权利"，并不会自发遵从哪种应然标准，无论这一标准是效率还是其他价值目标。

当然这也不意味着我们反对通过宪法和法律对政府的权力进行明确界定和刚性约束。由于政府垄断暴力资源，权力具有压迫性和自我膨胀性，极易越过合理边界，异化为权利和自由的最大敌人，我们反而特别强调通过有效的刚性的制度安排来约束政府权力的必要性。我们的分析只是一种定性研究，旨在从理论上说明政府权力的合理边界及其决定因素。虽然在一些具体的领域，实证经济学研究已能够借助统计学、计量经济学的工具对具体的法律制度进行有效的成本收益分析。美国总统里根已在12291号总统令中要求，以后政府规章的制定都要进行成本收益分析，以确保其效率。❶ 我国国务院《全面推进依法行政实施纲要》也明确规定，要积极探索对政府立法尤其是经济立法项目的成本效益分析；且已经有了对部分行政法规的立法后绩效评估，但因为没有设立不利法律后果，还无法形成对立法者的有效激励。❷ 同样限于信息费用，我们仍不能准确地计算出政府权力的合理边界到底止于何处。如此一来，已在长期的历史中为诸多国家所实践和检验的，唯一能够较好地长期维持一个既有能力又负责的政府的宪政制度，就仍是目前为止我们在社会治理上的最好的选择。虽然不承认宪政教义的天然正当性，但却同意宪政法治制度是目前为止已发现的有助于长期社会福利最大化的最有效的制度，尽管绝非完美。基于此，我们自然也拥护法治宪政的基本理念与原则等意识形态，承认其对于维持良好的有限政府的重要价值，尽管不认可其作为理论的解释力。实际上，法治与宪政也是人类在几千年的历史中，以无数的生命和鲜血换来的有关社会治理的宝贵经验，可以说是人类文明最重要的成就。我们建设社会主义法治国家，寻求有效的社会治理就必须认真对待这一宝贵经验。与实验室中的自然科学实验不同，社会实验通常是以生命和鲜血为代价的。而且在制度选择的过程中一旦陷入低效率的均衡，基于"路径依赖"效应，往往会在几代人的时间里无法走出困境，因此在社会变革的过程中，理性的选择是注重借鉴别人的历史经验，而不是盲目地迷恋自我创新，动辄在"必然的无知状态"下进行从未尝试过的社会实验，这种自负往往是致命的。做他人成功经验的试验田要比进行全新的实验更为理性，从概率上说成功的可能性更大，能够更好地避免试错成本。

在赞同宪政约束的同时，我们的分析模型也表明有限政府的合理边界不应该是固定不变的。实际上随着社会的发展变化，各个宪政国家的政府权力范围也始终在变动，政府由原先的"守夜人"逐渐成为福利时代的"从摇篮到坟墓"的守护者。以美国为例，通过重新解释宪法及宪法修正案，联邦政府的权力已今非昔比，让人甚至怀疑如果

---

❶ [美]波斯纳：《法律的经济分析》，蒋兆康、林毅夫译，中国大百科全书出版社1997年版，译者序，第11页。

❷ 吴元元：《信息能力与压力型立法》，载《中国社会科学》2010年第1期。

法律制度的信息费用问题

当初立宪者预见到联邦政府未来拥有如此巨大的权力,他们是否还会同意建立这样一个机构。一直以来都有诸多最优秀的学者不断地提醒人们:福利制度及政府权力扩张可能最终摧毁自由制度。❶ 于此要说明的是,同倡导自然权利的道德理论相比,我们以信息费用为基础的分析模型,不但与此种社会事实相印证,而且也更有能力为这些变动提供解释或评判。社会发展变化会导致图 4 所示的政府控制的边际收益或边际成本曲线发生移动,这就意味着政府最佳控制范围的变动,在此情况下,政府权力边界的相应调整是可欲的,有助于增进社会福利。但若政府权力范围的调整超过了合理的限度,则反而会降低社会福利水平,是不可欲的。由于无论是在政府掌握个体偏好还是对政府自身行为进行监控问题上,都存在难以克服的信息障碍;当代许多由政府提供的福利都是非常没有效率的,对其指涉的问题,在排除政府干预的情况下,私人通常会有更好的解决方案。❷ 由于政府权力自我膨胀的天性,这种情况不但不少见,反而会相当严重,这应该是当代民主国家内部所面临的最大威胁。为此我们又赞成传统的自然权利不可侵犯的理念成为社会的主流意识形态,赞成已被我们批评过的凭借"规定"一个不证自明的自由领域来限制政府权力的方案,这可能是面临高昂信息费用的情况下,提高监控政府能力、降低监控成本,从而维持有限政府的一个不可或缺的替代。

---

❶ [美] 理查德·派普斯:《财产论》,蒋琳琦译,经济科学出版社 2003 年版,第 330－333 页。

❷ 有关这方面的具体讨论可参见 [美] 戴维·亨德森:《欢乐的经济学》,王志毅译,上海人民出版社 2006 年版,第七、十四、十五章。

第九章　信息、有限理性与法律家长主义

上文有关个体自治与"有限政府"的讨论中，最为核心的理由就是：个体是理性的，在既定约束下追求效用最大化，也就是目的与手段的一致；及个人通常而言比政府拥有更多有关自身偏好与如何实现效用最大化的信息。如此在不存在外部性的情况下，自治就是最有效地实现个体与社会福利的选择。如果这两个条件改变了，个人可能不知道自己的幸福所在或错误的背离真正的幸福，或者人们可能没有有效的信息与信息处理能力以保证作出正确的决策；此时由政府来代替人们作出选择可能就是更有效率的；此时就遭遇了法律家长主义。

一、法律家长主义的反对与支持

名副其实，所谓法律家长主义也就是为了行为人自身的利益而限制其选择的自由，像家长关心孩子一样，❶ 如强制要求系安全带、禁止出卖自身器官、禁止卖身为奴的契约、禁止安乐死、禁止使用未经许可的药物、强制养老保险、禁止放弃可以退出合同的"冷静期"等。由于家长主义意味着要把原属于自己的选择权移交给政府行使，而人类又是在付出了沉重的代价后才摆脱了王权或领主的控制而获得了自由选择的权利，这就使得人们对家长主义充满了恐惧。而且对于很多自由主义者而言，个体自治是至高的权利，❷ 哪怕政府永远是个慈善的父亲也不足以构成家长主义的正当理由。一直以来都有许多著名的学者努力告诫人们警惕家长主义的危险。洛克《政府论（上篇）》的主旨很大程度上就在于反对将"王权"与"父权"混淆，反对以

---

❶ 孙笑侠、郭春镇：《美国的法律家长主义理论与实践》，载《法律科学》2005 年第 6 期。
❷ Joel Feinberg, Autonomy Sovereignty, and Privacy: Moral Ideals in the Constitution? 58 *Notre Dame L. Rev.* 460 (1983).

> 法律制度的信息费用问题

"父权"来为专制王权进行辩护。❶ 康德更是直接表明：像父亲对待孩子那样的家长主义的政府是能够被人想象出来的最坏的政府。❷ 托克维尔也强调：权力极大的监护式政府会成为"公民幸福的唯一代理人和仲裁人"，导致人们丧失独立思考的能力，无须暴政即可"使全体人民变成一群胆小而会干活的牲畜，而政府则是牧羊人"。❸ 密尔则明确提出政府不能干涉"与他人无害，仅涉及自身的行为"，划出了政府权力与公民自由的边界。尽管自由主义对家长主义进行了猛烈的批评，甚至使得家长主义有些声名狼藉，以至于很多实质为家长主义的立法也努力避开家长主义的标签。但自由主义的反对大多是隐喻和修辞式的，并没有给出多少融贯一致的理由，而且其本身也认可许多对自由的家长主义限制，更导致了论证上的矛盾冲突。

实际上反家长主义的一个坚实理由还是密尔基于功利主义而提出的，那就是政府干预的代价十分高昂，而且未必能比个人做得更好。❹ 这本质上是一个经济学的理由，也就是个人更清楚自己的需要及满足需要的方式，这一思想源自亚当·斯密的"理性人"，也是我们上文论证自由与"有限政府"的基础。尽管遭到了强有力的批评，家长主义的法律却始终存在，甚至在"二战"以后随着福利国家的兴起而有所发展，当然很多时候会尽量避免被贴上这一标签。而实质上，自由主义也通常认可很多家长主义的法律，这也说明了自由主义作为哲学理论缺乏完整性和自洽性。密尔为家长主义开的一个后门就是：一个不知情的人要经过一座危险的桥时，可以予以强行阻止。由于不知情这一选择就没有反映他的真实意愿，此时的限制不但没有对其自由构成伤害，反而是有益的。❺ 这被称之为"软"家长主义，也就是说干预是为了当事人自身的利益，且干预没有违背其真实意愿，目的在于保护其免受非基于真实意愿的危险选择的伤害，❻ 而这一错误选择往

---

❶ [英] 洛克：《政府论》，瞿菊农、叶启芳译，商务印书馆1997年版。
❷ 转引自孙笑侠、郭春镇：《美国的法律家长主义理论与实践》，载《法律科学》2005年第6期。
❸ [法] 托克维尔：《论美国的民主》（下卷），商务印书馆1997年版，第869－870页。
❹ [英] 密尔：《论自由》，于庆生译，中国法制出版社2009年版，第168－170页。
❺ [英] 密尔：《论自由》，于庆生译，中国法制出版社2009年版。
❻ Joe Feinberg, *Moral Limits of the Criminal Law*: *Harm to Self Vol 3*, Oxford University Press, 1989, p. 99.

第九章　信息、有限理性与法律家长主义

往是由于缺乏必要的信息而导致的。有学者认为只有此种"软"家长主义才能被证成或正当化。❶ 还是密尔的那个例子，若当事人理解了有关桥的真实信息，还是坚持冒险，就不应强行阻止，否则就变成了"硬"家长主义。后者是指善意的管理人为了当事人的福利（这独立于其当时的偏好）可以不管，甚至违背当事人的真实意愿而对其自由选择予以限制。❷ 而现行法律中的好多规定，如我们前面所列举的，显然都已属于"硬"家长主义的范畴，就连密尔本人也不能始终坚持"软"家长主义的立场，如他反对"允许放弃自由的自由"，但"放弃自由"可能是其"真实意愿"且"于他人无害"，这显示了密尔所建构的有关自由的道德理论的内在冲突。❸ 自由主义对此的另一个辩护就是自由不仅包括免于干预的消极自由，还包括提高实际能力的积极自由，为了保障积极自由可以对消极自由进行适度的限制。然而，自由概念的这一扩展有可能会使得自由主义走向其反面。诚如波斯纳所言：财富的平均分配显然有助于提高作为大多数的穷人的积极自由，但这却使得自由主义滑向了国家强制；而且就活动能力而言，20世纪独裁制下的居民已在现代技术的帮助下，在很多方面远强于19世纪民主制下的居民，有什么理由将此排除在自由的范围之外。❹ 实际上随着"自由"概念的流变，自由主义的面目已经变得很难准确辨识，这一标签已经被越来越多地贴在不同的盒子上。可能只有从实用主义、工具主义的角度具体考察自由主义同其他社会思潮及不同自由主义的不同社会后果，才能更好地理解自由主义的价值。

有可能使自由主义同家长主义法律相协调的另一辩护理论是将家长主义的限制当作一种事先保证策略，以此限制在未来某些领域的选择自由，帮助人们抵制诱惑，避免作出损害自由的错误选择。❺ 就像我们熟悉的传说，《荷马史诗》中的希腊英雄奥德修斯为了既听到音

---

❶ Thaddeus Mason Pope, "Counting the Dragon's Teeth and Claws: The Definition of Hard Paternalism", 20 *Ga. St. U. L. Rev.* 659 (2004).

❷ 孙笑侠、郭春镇：《美国的法律家长主义理论与实践》，载《法律科学》2005年第6期。

❸ [美] 波斯纳：《道德与法律理论问题的疑问》，苏力译，中国政法大学出版社2001年版，第76页。

❹ [美] 波斯纳：《超越法律》，苏力译，中国政法大学出版社2001年版，第34页。

❺ Cass R. Sunstein, "Legal Interference with Private Preference," 53 *University of Chicago Law Review* 1129–1174 (1986).

法律制度的信息费用问题

乐又不至于因禁不住诱惑而船毁人亡，命令手下将耳朵堵住，而自己尽管不堵耳朵却要事先被牢牢绑在桅杆上一样。这是一种十分理性的"作茧自缚"，在生活中我们经常会用到这一策略，比如为了集中精力写论文，而将电视信号停掉，以免忍受不住诱惑。然而如德瑞普斯所说，与此种个人的预先保证策略不同，家长主义的法律是一种集体预先保证机制，由于人们对躲避诱惑的偏好并不一致，如有一部分人希望禁酒以帮助自己抵制酒精的诱惑，而另一部分人则希望可以自由地面对诱惑，如此禁酒令就导致了对赞成自由的人的强制，也就同自由主义不相一致了，可能的解决方法是，在强制执行预先保证的同时允许寻求自由的人经特定程序（确保给予足够的信息和警告）获得豁免。❶ 如英国曾经在禁毒的同时允许医生视情况给经登记的吸毒者开海洛因或吗啡。这样既强制实施对同意者的预先保证机制，又避免了对不同意者的强制，从而实现家长主义与自由主义的协调。然而此种留有后门的方式可能使得预先保证机制不再有效，合法市场的存在也为识别非法交易增加了成本，一部分人合法持有某些产品也便利了其他人非法获得。❷ 允许自然死亡的藏羚羊的毛皮上市流通看上去似乎是有效率的，但由于很难区分哪些是自然死亡、哪些是盗猎所得，不但大大增加了执法的信息成本，而且使盗猎者获得了伪装机会，从而产生了不恰当的激励，所以有效率的选择是"一刀切"式的禁令。上述英国的毒品政策就曾使得吸毒人数大量增加，从而被迫修正。❸ 若不能与自由选择兼容，那家长主义的预先保证机制就必须寻求新的正当性基础。经济学的进路就是在支持事先限制者的偏好与主张自由选择者的这两种竞争的偏好间进行衡量，看满足哪一种偏好更为重要，偏好的价值可通过双方对各自偏好的支付意愿来显示，❹ 而选择的依据则应该是卡尔多/希克斯标准，也就是获得权利一方的收益应该足以

---

❶ 唐纳德 A. 德瑞普斯：《预先保证与禁令》，载纽曼主编：《新帕尔格雷夫法经济学大辞典》（第三卷）法律出版社 2003 年版，第 88－89 页。

❷ 唐纳德 A. 德瑞普斯：《预先保证与禁令》，载纽曼主编：《新帕尔格雷夫法经济学大辞典》（第三卷）法律出版社 2003 年版，第 89 页。

❸ [美] 考特、尤伦：《法和经济学》，张军等译，上海三联书店、上海人民出版社 1999 年版，第 777－778 页。

❹ 唐纳德 A. 德瑞普斯：《预先保证与禁令》，载纽曼主编：《新帕尔格雷夫法经济学大辞典》（第三卷）法律出版社 2003 年版，第 89 页。

弥补另一方的损失。由此究竟是否维持家长式法律就是一个具体的经验问题而非道德哲学问题。需要特别强调的是，家长主义的事先限制本身也会变成一种诱惑，官僚机构总是存在扩大管制权力的倾向，当一项管制因其自身逻辑必然失败时，人们往往会诉诸更多的更为严厉的管制措施，"药品会在生理上成瘾，而禁止（管制）则在政治上成瘾"。❶

能够为家长主义提供支持的一种道德理论为道德的法律强制主义，该理论认为存在一些维系社会生存的基本道德准则，法律应该对违背这些道德的人进行惩罚，不允许以"仅关涉自我，无害他人"为由进行自由选择（如卖淫与同性恋问题），因为这些道德准则的丧失会导致原有社会的崩溃，尽管人们仍然生活在一起却已经是一个改变了的社会。❷ 这一理论的致命缺陷在于，其只是规定一些特定的需要法律强制保护的道德准则，而无法说明为什么及凭什么同其的道德准则区分开来，更不能说明为什么人们不能选择生活在一个改变了的社会中，因此其解释力十分薄弱，尤其在道德多元化的时代。哈特对此进行了批评，重述了密尔的自由原则，反对通过法律执行一些道德准则；但他仍然支持家长式的干预，如赞同禁止安乐死，因为人们通常只有有限的理解力与意志力，并不总是知道什么对自己有好处及如何实现自己的利益。❸ 这倒同我们后面将要谈到行为主义经济学对人的认识相一致。

经过上面的分析，我们可以发现无论对于支持还是反对家长主义法律（主要是指硬家长主义）而言，自由主义及道德主义均不能提供融贯的有说服力的理由，反而是经济学让我们看到了希望。接下来我们就回到经济学，回到开篇提到的信息费用与理性来尝试为家长主义提供一个有效的解释与评价范式。实质上前面所说的密尔意义上的"软"家长主义本质上就是一个信息问题，只要有了必要信息，就可以自由选择，否则就进入"硬"家长主义了，下面我们的讨论主要指向后者。

---

❶ 唐纳德 A. 德瑞普斯：《预先保证与禁令》，载纽曼主编：《新帕尔格雷夫法经济学大辞典》（第三卷）法律出版社 2003 年版，第 90 页。

❷ 有关该理论的介绍可参见张敬东：《论道德的法律强制》，西南政法大学硕士学位论文，第 20-27 页。

❸ ［英］哈特：《法律、自由与道德》，支振锋译，法律出版社 2006 年版，第六章。

二、信息不完备与家长式干预

需要再次说明的是，本书中我们使用的"理性人"概念是容纳了信息成本的，这与新古典主义的假设不同。后者是在一个给定的价格参数下寻求效用的最大化，而价格传递了所有市场信息，因此信息是完备的，不存在信息成本。后来赫伯特·西蒙指出由于信息是不完备的以及人们处理信息的能力也是有限的，因此人们不能也不会追求最大化，而只是追求一个满意的结果，这就是他的"有限理性"思想。❶然而仅仅指出信息成本为正，并不能否认理性。实质上许多经济学家很早就意识到了信息与不确定性问题的存在，信息经济学更是直接关注交往中的信息不完备或信息不对称问题。在斯蒂格勒的模式下，人们会理性地对待信息搜集与处理成本，在信息上的投资将止于边际收益等于边际成本之时。❷ 因此信息成本的存在，并不意味着人们不能理性地寻求效用最大化，只是这一最大化是计入了搜集、处理信息所花费的决策成本的最大化。当然由于决策成本的存在，意味着决策可能是错误的，结果可能偏离最大化目标，但这从事先来看依然是理性的，相反完全避免错误的企图则可能因为成本超过了收益而变得不理性。理性并不意味着人们不会犯错，而是指人们能从错误中获得信息进而修正，以避免系统性的错误，因此"有限理性"倒不如说是理性下的"有限信息"。❸ 正因为如此，主流经济学家尽管重视西蒙理论的批判与启发意义，却很少赞成、更少在分析中以"满意"替代"最大化"，不容易界定的"满意"将使得理论丧失预测能力。于此，我们将在理性的前提下讨论信息不完备与家长主义干预的问题，理性的个体会对信息问题作出有效的回应。

现代社会是一个分工深入、高度复杂、快速发展、匿名化、充满风险的社会，尽管同古代相比人们的信息能力在绝对意义上有了很大提高，但在相对意义上依然处于普遍的无知状态，信息成本依然高昂。

---

❶ 管毅平：《经济学信息范式刍论》，载《经济研究》1999 年第 6 期。

❷ George J. Stigler, "The Economics of Information", 69 *Journal of Political Economy* 213–225（1961）.

❸ 盛洪：《为什么人们会选择对自己不利的制度安排》，载盛洪主编：《现代制度经济学》（下），北京大学出版社 2003 年版，第 294 页。

第九章 信息、有限理性与法律家长主义

因此很多情况下个人通常难以获得和加工应对生活所必需的一些信息，而政府则有能力在某些领域集中搜集处理信息评估风险，如此政府的家长式干预可能就是更好的选择，然而这仅仅是可能而已。我们以一些特殊商品的国家强制标准为例来进行讨论。现代社会，法律主要通过产品责任与产品安全标准来应对产品风险问题，前者是一种事后的法律救济问题，而后者则带有强烈的家长式干预的色彩。以药品为例，只有通过政府相关部门（如我国的药监部门、美国的 FDA）的审批与认证，一种药品才能用于患者的治疗，若没有通过则医生无权开处方，患者也无权获得。理由正是公民个人没有足够的知识来了解药品的安全性与疗效，从而无法正确地评估风险作出恰当选择，因此应该允许政府予以家长主义的干预。世界上最为严格的审查莫过于美国 FDA 所要求的程序与标准，当然这有助于提高上市药品的安全性，但过于严格的审查也大大增加了新药的开发成本和开发周期，从而提高了药品价格及缩小了可供选择的药品范围，且新药上市周期的延长还意味着一部分病人因为没有及时获得有效药物而延误治疗或丧命。正因为如此，FDA 的新药垄断权开始遭到强烈批评，一项对此的研究表明，所有有关 FDA 管制效果的经济学研究都对其垄断权持批评意见。❶ 更为重要的问题在于，风险是一个主观性概念，其基于个人的不同效用函数。如使用一种药品的成本收益不仅取决于其疗效、副作用、价格，还取决于患者的健康状况、收入、时间、对痛苦的忍受及风险容忍度等个人因素，显然对于后者而言 FDA 没有能力获得必要信息，只有个人才能作出最好的判断。❷ 因此政府在药物疗效与安全性方面的信息优势并不足以构成其家长式干预的充分理由，它可以通过提供信息的方式来降低人们的信息成本帮助人们作出更好的决定，但不应该代替人们决定。这就意味着只要被告知相关药品疗效与安全性的真实信息，就应该允许医生与患者进行自由权衡。相关机构可以作为单纯的认证机构而存在，为通过其审查的药品贴上认证标签或对未通过其审查的药品贴上警告标签，这样更为偏好安全的人可以继续只使用经过认证的药物而没有任何损失，而其他人则因有了更多的选择而使自己的处

---

❶ Daniel Klein, "Economics Against the FDA," *Ideas on Liberty*, September 2000.
❷ ［美］亨德森：《欢乐的经济学》，上海人民出版社 2006 年版，第 282 - 283 页。

法律制度的信息费用问题

境更好，从而实现了帕累托改进。❶ 这一结果似乎同我国目前的药品安全状况及加强监控的舆论与改革方向不一致。但我国暴露出来的一系列事件，显然并不是个体在获得充分信息后仍然没能作出恰当的选择，而是相关企业、医院甚至监管机构单独甚至串通作假或隐瞒真实信息的问题，同我们的分析并不冲突。

沿着这一思路继续下去，我们还会发现，可能这样的认证机构未必一定是政府部门，在良好的市场制度下，私营主体也能够成为提供可靠信息的认证机构，而且源于竞争的压力可能比相关政府机构更有信誉，就像商标、品牌、连锁店、质量担保、信用评级、责任保险及其他认证标志一样，都是可以由市场自行创设的能够有效传递信息的简化机制。这样还有助于避免政府垄断管制造成的低效与寻租腐败行为。当然有人会担心，私营认证机构可能没有足够的实力来承担巨大的风险责任，因而也就不可能获得人们的信任，但这可以用责任保险来分散风险，要知道即使政府买单最后也是纳税人的钱。有些商品会在广告中声明由某某保险公司提供责任保险，这就是在向公众传递有关其良好质量与责任承担能力的信息。就世界范围来看，很多重要的评级与认证机构都是私营组织，如我们熟悉的美国三大信用评级机构穆迪、标准普尔、惠誉，它们甚至从事国家信用的评级，当然它们也因最近在金融危机中的表现而备受质疑，市场自然也需要监管，但监管的目的在于促进公平竞争，保证提供更为准确可靠的信息而非政府接管或取缔，更不是政府直接代替人们作出选择。我国目前诸多的信用、产品、职业及其他认证与评价机构不可靠的重要原因就在于它们不是市场主体、不会面对竞争、也不对其认证后果承担有效责任。❷ 当然在我国目前的市场与信用环境下（回想我们前面提到的信任资源的"柠檬市场"问题），以私人认证机构代替国家相关认证机构（不仅指医药领域）更是难以想象的，这可能会在相当长的一段时间内产生更为严重的问题，但这又在相当程度上是由于政府权力没有得到有效约束、过分干预、垄断及司法独立性与可信度不高导致的，从而陷入恶性循环的困境。在此这并不是我们讨论的重点。

---

❶ ［美］亨德森：《欢乐的经济学》，上海人民出版社2006年版，第284页。
❷ 张维迎：《政府、产权与信誉》，三联书店2003年版，第33－34页。

第九章　信息、有限理性与法律家长主义

通过上面的分析我们能够发现，个体信息成本高昂，政府更具信息优势并不必然意味着家长主义干预的合理性，政府可以通过提供有效信息来帮助人们作出更好的选择，而不是代替人们作出选择。政府的信息优势通常仅限于某些方面，有关个体偏好的信息，政府不可能比个人更清楚，否认了这一点就滑向了行为主义经济学，稍后我们再来讨论这一问题。下面我们先来看一下安乐死的问题。

若取得家人与朋友的同情和谅解，那安乐死似乎是一个典型的"与他人无涉"的问题。反对安乐死意味着病人可以拒绝治疗，但却没有权利请求医生帮助杀死自己，医生自然更没有权利帮助病人死亡。其典型的道德理由在于杀人和自杀都是不负责任的，不道德的，在一般意义上我们完全赞成这一道德准则，但若将其推向极端如安乐死领域则显得十分虚伪和冷酷无情。这就意味着一个人必须忍受残酷的拷打直到被折磨至死，而不能以自杀来获得解脱，只不过这里的凶手是病魔而已，这真是让人"求生不得求死不能"。同样对于医生而言，放任病人被痛苦折磨至死，无须任何负疚感，也不应被谴责；但若在病人请求下帮其摆脱痛苦则应受到严厉的谴责，此种道德是多么的虚伪和残酷。可见道德论证是多么的孱弱。安乐死的问题不是一个道德问题，而是人们能否准确地实施安乐死的问题，也就是能否保证只对真实自愿的人实施安乐死，而不会不正当地扩及其他人身上，如没有耐心的医生或亲属有机会不正当地迫使非真正自愿的病人死去。[1] 基于信息费用的障碍，我们可能很难将其区分出来。于此是否允许安乐死，就是其所减少的病人痛苦与因此而增加的杀人风险，及为降低风险而需要的区分、惩罚成本之间的权衡问题。只有后者的重要性超过了前者时，我们才应该支持家长主义的干预，禁止安乐死，这相当程度上是因为相关机构不能以合理的信息费用将"真""假"安乐死区分开来导致的。此时信息的不完备支持了家长主义干预，但这里是执法部门本身欠缺有效信息问题。需要说明的是，这里的信息问题似乎已经成为一个间接因素，禁止的直接原因在于可能危及没有选择安乐死的其他人，这已经是"外部性"问题了，已经不再"于他人无涉"

---

[1] ［美］波斯纳：《道德与法律理论问题的疑问》，苏力译，中国政法大学出版社2001年版，第148页。

了。一旦如此，这可能就不再是家长主义了。实际上有关危险药品的管制在某种程度上也是因为它们容易被用来危害第三人，也就是具有外部性。

事实上许多被界定为家长主义的禁令在经过仔细分析后都存在此种问题，如禁止出卖自身器官或婴儿及禁止卖身为奴的法律等。再真实自愿的婴儿买卖显然也没有加入进婴儿的自愿，这一交易对婴儿存在外部性。禁止出卖自身器官的一个看似充分的理由在于，此种交易往往只有一次，人们没有机会进行学习，进而准确地理解这一交易的后果，因此也就不可能有足够的信息作出正确的选择。[1] 然而人一生中只有一次机会作出的决定会有很多，为什么单单这一次被禁止呢，当然可能的回答是此次涉及利益重大，而且此种交易能够以合理的成本予以发现。但如果人们无法作出正确的判断，那又凭什么允许自愿捐献器官呢，如果说捐献者能够有效地判断风险，那即使考虑到金钱诱惑的因素也不能否认他们有能力作出判断，况且人们还可以提前出卖，在自己死后器官才被取走。实际上更为有说服力的理由是，器官买卖合法化会提高谋杀的风险和预防成本，可以换钱的器官使得个体成为有利可图的肢解对象，[2] 也就是这一交易具有负外部性，并非于"他人无害"。卖身为奴也是如此，在现代社会强制执行这一契约的成本将极为高昂，而且一个人还可能会通过已被自己控制的奴隶去征服强制其他自由人，这也是为什么禁止买卖选票的理由所在，三个人的社会中 A 买了 B 的选票就构成了多数也就没有必要再买 C 的了，而且可以通过少数服从多数强制 C 服从他不喜欢的政策，正因为如此，我们才说他人的自由也是我们自由的保障。这也再次显示了教义与贴标签理论的贫乏，而社会科学（主要是经济学）的分析则更有助于人们准确地把握事物的真实面目。

由此我们可以说，个体信息不完备仅仅为家长主义的干预提供了可能，但绝非充分条件，通常可以通过政府甚至是其他机构以有效方式提供信息予以解决，而无须家长式的干预，或者说仅需"软"的家

---

[1] Paul Burrows, "Analysing Legal Paternalism", 15 *International Review of Law and Economics* 496（1995）.

[2] ［美］大卫·弗里德曼：《经济学语境下的法律规则》，杨欣欣译，法律出版社2004年版，第293页。

长主义。同时政府实施法律中的信息成本倒有可能导致"一刀切"式的禁令，但这些禁令又未必是家长主义的。实际上许多被称为家长主义的法律所禁止的行为在很大程度上都是隐含着"外部性"的，因此对其的禁止也就不属于严格意义上的家长主义范畴。

若不考虑"外部性"，对禁止安乐死与卖身为奴或者再加上药物禁令还存在另一种可能（也仅仅是可能而已）的解释，那就是即使拥有完全的信息知道了相关风险的统计数据，人们也可能因为认知缺陷无法理解其意义或尽管理解却因意志薄弱不能有效控制自己，以致最终作出错误的选择。这也就是行为主义经济学所说的有限理性（我们将其同上文提到的有限信息意义上的"有限理性"区别开来），其有可能（仅仅是可能）为家长主义法律提供了新的理由，或者应该说是为反反家长主义提供了依据。我们先来对这一"有限理性"做一理性的考察，再来探讨其与家长主义的联系。

三、"有限理性"的理性分析

行为主义经济学是由心理学介入经济学的研究而形成，进而介入法律研究成为行为主义法律经济学。[1] 相当程度上是对特维斯基与卡尼曼等学者通过实验获得的有关个体系统偏离理性的认知与行为异常[2]的扩展与应用。他们最大的理论雄心就是用这些包容了认知与行为异常的"有限理性人"来替代传统经济分析的"理性人"，即从"芝加哥式的人"到"卡（尼曼）—特（维斯基）式的人"。[3] 对于这些认知与行为异常，有不同的概括和分类，但其实质内容却较为一致。孙斯坦等人将其概括为"有限理性""有限意志力""有限自利"三种。所谓有限理性是指个体在处理信息时偏离理性的认知偏差或者说怪癖，如即使在知道相关统计概率的时候依然会过高或过低地错误理解风险；有限意志力是指人们即使在正确理解风险的情况下，也不能

---

[1] 此方面的论述可参见戴昕：《心理学对法律研究的介入》，载苏力主编：《法律与社会科学》（第二卷），法律出版社 2007 年版。

[2] Amos Tversky, Daniel Kahneman, "Rational Choice and the Framing of Decisions," 59 *Journal of Business* (1986), pp. S251–S278.

[3] Prentice, "Chicago Man, K–T Man, and the Future of Behavioral Law and Economics," 56 *Vand. L. Rev.* 1663 (2003).

作出符合自己长期利益的选择，如吸烟、吸毒、不安全性交等；有限自利是指很多情况下人们并不追求自我利益最大化而是重视自己被公平地对待及公平地对待其他人。❶ 为了讨论的便利，我们统称为"有限理性"，实质上它们要表达的也都是偏离理性的认知与行为特点，当然我们并不是第一个这样做的人。❷ 为了下一步的讨论，对部分认知与行为异常做大致的概括与重述，此概括与重述以服务于本书的讨论为目的，因此可能会损失一些全面性与分类上的精细，但却不会背离其所描述的基本问题，况且不同学者的描述本身亦有所差别。❸ 大致如下：

有效启发或者叫直观推断法，人们通常会忽视既存的统计资料，而是根据更为直观的、近在身边的、具有显著性的易得事实来评估风险，从而产生严重错误的高估或低估。如人们会根据某些新闻报道错误地高估核电站及航空运输的风险；或者由于身边的亲人并没有因吸烟患上癌症而大大低估吸烟对健康的危害。与之相反，若恰好有身边的朋友因此患病则又会大大高估吸烟的危害，而不顾既存的唾手可得的统计资料。此种认知特点有时候会导致严重的易得性串联或者叫从众行为，也就是人们都"盲从"身边的人行事，而不去利用有效信息作出独立判断，从而形成可怕的后果，如银行挤兑或对一些群体的大规模歧视与迫害及对一些问题的不恰当恐惧与回应。❹

框架、锚定、情景依赖，人们对替代性选择的偏好会受到这些选择展现方式与参照点的影响，不同的情景下人们会对同一事物作出不同的评价，初始信息作为一个参照点会极大地影响和制约人们对后输入信息的影响。如告知病人手术后有 70% 的概率活下来或者是有 30% 的概率死去从理性的观点来看风险是一样的，但以第一种方式告知后

---

❶ [美] 杰罗斯、桑（孙）斯坦、塞勒：《行为主义法律经济学进路》，载桑斯坦主编：《行为主义法律经济学》，涂永前、成凡、康娜译，北京大学出版社 2006 年版。

❷ 戴昕：《心理学对法律研究的介入》，载苏力主编：《法律与社会科学》（第二卷），法律出版社 2007 年版。

❸ 有关认知与行为异常的概括陈述，中文法律资料主要可参见《心理学对法律研究的介入》《行为主义法律经济学进路》及 [德] 舍费尔、奥特：《民法的经济分析》，江清云、杜涛译，法律出版社 2009 年版，第 63-68 页。

❹ [美] 库兰、桑斯坦：《控制易得性串联》，载 [美] 桑斯坦主编：《行为主义法律经济学》，涂永前、成凡、康娜译，北京大学出版社 2006 年版。

愿意接受手术的病人远多于以第二种方式告知。很多情况下备选项的增加,将会改变人们的最佳选择,人们通常会选择处于中间位置的选项,也就是有"中庸"倾向。

过于乐观或过度自信,人们通常会高估自己的技术与避免危险的能力,如通常会认为自己更有能力避开交通事故,更不容易感染一些病毒等;而且在很多事情上过分相信自己是正确的、有道理的,如通常认为自己更多地承担了合作义务,自己的行为已十分合乎标准等。

预见能力缺陷,人们目光短浅、不能很好地评价未来的收益与成本,倾向于系统地低估未来的收益。

现状偏见与禀赋效应,人们通常对既存或已经拥有的事物评价过高,若不曾拥有它们,则不会出这么高的价格去获得,也就是吃不到葡萄就说葡萄酸。

沉没成本异常,理性的决策不应该考虑过去的成本,而只应该依据将要面临的成本收益,如不要为洒了的牛奶哭泣,面对比自己强大的侵犯者,应该忍气吞声,不应该不计后果地予以报复,这只会导致更大损失等。但人们经常违背这一理性,不但为洒了的牛奶哭泣,而且还有不顾后果进行报复的本能与激情。

后见偏见,也就是事后诸葛亮,人们很容易依据事后的信息错误地认为某一危险、错误或损失能够被事先避免或控制,而忽视了事先判断的困难与不确定性,这种情况容易发生在判断行为人在一项事故中是否存在过错时。

尽管行为主义者的这些结论是通过具体实验获得,并进行了一系列的事后检验,但不少学者还是对此提出了十分严肃的批评,或者利用理性模型重新解读其实验结果,或者认为其实验环境影响了这些结论的可靠性。❶ 下面我们主要依据波斯纳的理论,对部分认知与行为异常做一理性的考察。

波斯纳认为许多认知异常或怪癖是理性对正信息成本的有效回应,是人们在漫长的进化中形成的有助于减轻思维负担、降低决策成本的

---

❶ [美]波斯纳:《法律理论的前沿》,武欣、凌斌译,中国政法大学出版社2002年版,第290页。

心理捷径。❶ 此种心理捷径尽管不能保证每一决策一定正确，但从整体上而言是有效率的，是人们应付复杂外部世界的可靠方式。如依据眼前的、典型的、直觉性事实的判断要比依据枯燥的统计数字进行思考的成本更低，因此有效启发同理性是完全一致的。在充满风险、不确定性或紧迫情形下，依据直觉、情感作出迅速的判断是一种有效提高生存能力的方式。情感并非与理性对立，相反同理性一样也是一种认知形式，其通常是由信息激发的且表达了对信息的评价因而可以在一定程度上替代推理。❷ 不计后果、出于激情的报复从事后看上去似乎是非理性的，但实质上此种本能或情感有助于阻止机会主义的懦弱，帮助人们树立不容易被侵犯的形象，从而阻止了更多潜在的伤害，提高了生存几率，尤其在无政府状态下。缺乏报复本能的基因可能在无政府的自然状态下已经被淘汰了，我们都是具有复仇基因者的后代；可能更为令人吃惊的是，我们能够免于毁灭世界的核大战很大程度上就依赖于此种不计后果的报复精神。❸ 目光短浅、对未来的预见力有缺陷同样可以用有效理解或想象未来的思维成本很高来解释。从众行为对于集体理性而言通常意味着灾难，但对于个体来说却是十分理性的，他人尤其是很多人的行为成为一种低廉的不能随意忽视的信息，凭什么认为只有自己正确而大家都错了，更何况在自己没有掌握有效信息时。即使个体拥有正确的信息或判断也可能无法回避从众行为，尽管你知道有关银行倒闭的消息是假的，但当其他人都将其作为真实消息时，可能就意味着其最终是真实的，你最好也要相信这一虚假的信息。同时从众（表达相同的观点或作出同样的行为）还是一种信号传递，避免自身被区别为不受欢迎的少数的行为，即使你并不赞成多数的观点或行为，如歧视某一少数群体。相当程度上信号传递才是导致易得性串联的真实原因，而非人们没有能力作出理性的判断，与之相反，恰恰是太理性了。在波斯纳看来，被行为主义者贴上"人们拥

---

❶ ［美］波斯纳：《法律理论的前沿》，武欣、凌斌译，中国政法大学出版社2002年版，第265页。

❷ ［美］波斯纳：《法律理论的前沿》，武欣、凌斌译，中国政法大学出版社2002年版，第235页。

❸ ［美］波斯纳：《法律理论的前沿》，武欣、凌斌译，中国政法大学出版社2002年版，第278页。

第九章 信息、有限理性与法律家长主义

有公平观念"标签的实验结果,也都可以通过信号传递理论予以很好的解释,"最后通牒游戏"中无论是出价人的公平出价还是受价人对不公平出价的拒绝都是一种信号传递行为。前者通过公平出价希望传递自己的公道与利他形象(无论是真实还是虚假的)或者还有富有,而后者则通过拒绝不公平出价表明自己是不好欺负的、有尊严的等,所有这些形象在社会交往中对个体而言通常都是极有价值的。而游戏的匿名性提高后(如出价人把分给对方的份额密封在信封里,而非公开提出),公平出价与拒绝不公平出价的都减少了,这表明人们的确在进行信号传递行为,而信号只有在相对更公开的情况下才更有效。❶ 小波斯纳用信号传递模型解释了人们对社会规范的遵守,一项有效的社会规范实际上就是一个信号传递均衡。❷ 人们很难改变自己的初始判断与信念说明人们珍视稳定性,珍视过去的经验,除非有足够的理由,遵从以往的经验与判断就是更好的选择,这是十分理性的,也就是我们通常所说的提出新观点者负举证义务。同时也意味着人们对信息的接受是有成本的,这一成本与新旧信息间的距离成反比,距离越短一致性越高,接受成本越小。❸ 孙斯坦所描述的易得性串联情境(如有关环境安全的"爱渠案")中政府官员没有积极澄清事实缓解民众恐慌甚至盲从民众导致过分立法回应的行为,❹ 也完全能够通过理性予以更好的解释,而无须归之于有限理性。事件的开始政府也并不掌握有效信息,于此情况下最好的选择就是积极响应民众的呼声,因为在没有明显证据的情况下提出与民意相左的看法,至少会显得对民众不够信任或关切,这对于依赖选票延续政治生命的官员来说显然不是理性的选择。即使后来政府官员获得了相关信息,但面对先入为主

---

❶ [美]波斯纳:《法律理论的前沿》,武欣、凌斌译,中国政法大学出版社2002年版,第288页。"最后通牒游戏"是指两个人分一笔钱,由出价人选择留给受价人的份额,受价人可以选择接受或拒绝,若拒绝,两人什么都得不到。可参见 [美]杰罗斯、桑(孙)斯坦、塞勒:《行为主义法律经济学进路》,载 [美]桑斯坦主编:《行为主义法律经济学》,涂永前、成凡、康娜译,北京大学出版社2006年版,第26-28页。

❷ [美]埃里克·波斯纳:《法律与社会规范》,沈明译,中国政法大学出版社2004年版,第50页。

❸ Akira Yokoyama, "An Economic Theory of Persuasion", 71 *Public Choice* 101, 103 (1991).

❹ [美]库兰、桑斯坦:《控制易得性串联》,载桑斯坦主编:《行为主义法律经济学》,涂永前、成凡、康娜译,北京大学出版社2006年版,第445-448页。

的民众，他们清楚地知道说服的艰难，这可能是竞选经历告诉他们的知识，因此很可能还会理性地自私地忽略这些真实的信息，尤其是考虑到改变可能同自己先前的行动不一致时，将错就错是最好的选择，况且这一错误还是为了保护公众的健康，如此循环下去最后他们可能真的忘记了真实的信息而只记得那些不够真实但却如此明显的信息，"自欺欺人"也是减轻良心与思维负担的一种理性选择。

为理性人所珍惜的不仅包括已拥有的观念，还包括已拥有的物品或权利。人们之所以存在现状偏见与禀赋效应，对既存事物及已拥有的东西赋予更高的评价。一种解释是人们之所以拥有或购买它就在于对其的评价高于市场价格，除了边际所有者；另一种解释就是一些既存的东西一旦失去很难找到替代物，因此对其评价很高，另外由于缺乏信息和想象的成本很高，对未曾拥有的东西可能难以确定其究竟能够带来什么所以出价相对较低；还有一种解释是人们会理性地适应偏好，适应新的东西需要支付一定成本，因此没有获得、可能获得东西要比失去已拥有的东西损失小；所有这些解释都是以理性为前提的。❶

在行为主义看来，意志薄弱、人们会抵制不住诱惑而从事吸毒、不安全性交等自毁行为对理性构成了严重打击，坚持理性模式意味着人们会理性地选择这些自毁行为，从而成为一种同义反复。然而在波斯纳看来，行为主义者错误地以为人们把不上瘾或不染病当作唯一的目的，实际上这些都是某种收益所伴随的风险与成本，只是其极为高昂而已。是否使用避孕套取决于其所降低的染病风险与导致的怀孕风险增加（相比药物避孕）及其他可能成本间的理性权衡。❷ 承认意志薄弱与适应偏好意味着放弃了偏好稳定的假设，然而"统一自我的假设并不是经济学使用的理性这一概念所固有的；它只是经济学家分析的大多数情形下的一个方便假设罢了"，而"这一假设的全部意义就在于，一般说来，用人的偏好改变来解释行为的变化（比如由于价格上升导致同一商品的需求下降）是不费力的和没有意思的"，也就是

---

❶ [美] 波斯纳：《法律理论的前沿》，武欣、凌斌译，中国政法大学出版社 2002 年版，第 280 - 281 页。

❷ Thomas J. Philipson and Richard A. Posner, "Sexual Behaviour, Disease, and Fertility Risk," 1 *Risk Decision and Policy* 91 (1996).

说不能提供任何有用的知识。❶ 指出现实中存在非理性行为并不能推翻"理性人假设",理论模型的检验依据并不在其基础性假设,而是看其推论,看其是否拥有对现实世界的预测能力。❷

除了这些具体的批评与重新解读,波斯纳还尖锐地指出,行为主义经济学所关注的只不过是理性选择理论所难以解释(通过上面的分析我们以为未必不能)的社会残留现象,其本身是由研究对象而非研究方法所定义,由于这些研究对象的残余性,必然决定了其理论化的严重不足。❸ 由于行为主义的人既是理性的又是非理性的,任何观察到的行为都可以说与该理论相一致,这就使得该理论及其预测既不能被证伪也不能被证实,从而丧失了预测能力和作为理论的价值。❹ 尽管行为主义可能理论化十分不足,甚至很难再称得上是一种理论,就如波斯纳所批评的。不过若其关于"有限理性"的具体个案领域的经验研究结果是可靠的,也就是说在一些特定情景或领域中的确存在系统性的认知与行为异常,则不管我们是否能够对这些异常进行理性的再解释和分析,这些研究结果也依然能够对社会控制、对法律产生影响,甚至可能成为家长主义法律的依据,当然这一"有用"本身也不能使得行为主义因此而摆脱上面的批评成为一种替代理性选择的理论。

四、有限理性与家长式干预

自身及亲人与朋友未曾遭遇过交通事故的人可能基于易得效应而无视统计资料系统地低估交通事故风险,而且由于过度自信还会错误地高估自己的驾驶技术与避免风险的能力,这就会使得其在驾驶时不能采取足够的合理的安全措施。若这一描述得到可靠的证实,那么法律为了当事人自身的利益,采取家长式干预,如强制系安全带或戴头

---

❶ [美] 波斯纳:《法律理论的前沿》,武欣、凌斌译,中国政法大学出版社 2002 年版,第 268、280 页。

❷ Milton Friedman, "The Methodology of Positive Economics", 转引自 Encyclopedia of *Law and Economics*, 0400 词条 "Methodology: General", 第 392 页, 网址为 http://users.ugent.be/~gdegeest/。

❸ [美] 波斯纳:《法律理论的前沿》,武欣、凌斌译,中国政法大学出版社 2002 年版,第 271-272 页。

❹ [美] 波斯纳:《法律理论的前沿》,武欣、凌斌译,中国政法大学出版社 2002 年版,第 272-273 页。

盔，就可能是十分可欲和有效率的。当然也可能会存在能够正确估计风险与自身能力的人，把迎风驾驶的乐趣看的比系安全带增加的安全系数更重要，如此家长式的法律对他们而言就构成了一种伤害。此时是否维持这一家长式干预可能就取决于不同类型的人的比例与偏好的重要程度，若干预给第一类人带来的收益超过了对后者的损害，那维持干预就是有效率的。但这是以不存在外部性为前提的，然而事物的复杂性往往超过了我们的想象，司机可能因为有了安全带的保护而将车开得更快，从而导致更多的事故和对没有安全带保护的行人更大的伤害，在美国已有研究表明安全带法律导致了汽车事故数量和总成本的上升。[1] 但不管怎样，若不存在外部性，有限理性于此的确为家长式干预提供了正当化理由。

事实上有的家长式干预可能只能从有限理性中获得正当性基础，如政府对个人的强制性养老保险，除了大多数人目光短浅、不能自动有效地为自己将来的退休生活做打算外，实在很难找到其他的有说服力的依据。[2] 然而这一依据的可靠性还需要进一步的调查研究，显然大多数人似乎能够对自己的老年生活进行一定的打算，如中国老百姓长期以来的养儿防老，以及当代越来越多的与养老有关的商业保险投保率的增加。尤其在政府经营养老保险的收益率很可能低于私人投资的情况下，如美国的社会保障税平均收益率就低于长期投资股票的平均收益率。[3] 况且个体在寿命、健康、环境、偏好上的差异也会使得国家强制养老保险（其只有在达到规定年龄后才能领取）变得十分不公正，有人享受的多，有人享受的少，有人甚至享受不到，在到达领取养老金的年龄之前就去世了。美国的养老保险金很早就已存在巨大缺口。我国的最新数据是，养老保险金缺口有 1.3 万亿元，且在 2008 年时曾有消息说已在考虑为减轻养老保险金压力而推迟退休年龄，[4]

---

[1] Sam Peltzman, "The Effects of Automobile Safety Regulation," 83 *J. Pol. Econ.* 677 (1975).

[2] Feldstein, "The Optimal Level of Social Security Benefits," 100 *Quarterly Journal of Economics* 307 (1985).

[3] ［美］亨德森：《欢乐的经济学》，上海人民出版社 2006 年版，第 243 页。

[4] 《中国计划推迟退休年龄至 65 岁 遏制提前退休》，载 http://news.hsw.cn/2008-11/08/content_10388471.htm；《我国有能力解决养老金收支缺口》，载 http://www.cnpension.net/yljkx/2010-08-02/news1280710826d1161821.html。

而要维持这一制度就必然要进一步加大税收。一个人要拿回多于自己缴纳的税收（计入利息后）数额的退休金，必然就意味着拿了别人一笔钱，政府就是在拿后加入者的钱来付先加入者的账，以至于亨德森将其称为"庞氏骗局"。❶

即使某一领域"有限理性"的存在是可靠的，而且排除了外部性，也不意味着家长式干预就一定能取得好的结果。政府的干预决策最终是由官员作出的，没有理由认为政府官员比普通民众更少受"有限理性"的影响，因此也就不能保证政府干预一定正确。正因为如此，行为主义的积极倡导者孙斯坦才认为有限理性并不能积极的支持家长主义，而只是支持了某种形式的反反家长主义，❷ 并提出了自由家长主义的理念，也就是在不排除选择自由的情况下对存在有限理性的相关事项采取适当的干预措施，帮助人们正确地理解相关风险与避免作出错误的决定，跟"软"家长主义很相似。❸ 如在雇佣关系中授予雇员一定的权利，这些权利自动存在和生效，但允许雇员在完全"知情和自愿"的情况下以明示的协议予以放弃。在上门推销合同中规定不得放弃的"冷静期"，在"冷静期"内允许消费者反悔。因为这种交易环境下消费者容易因欠缺交易经验或信息（没有恰当的参照点，而推销者还可能不正当地制造错误的参照点）而发生认知错误，或者因情绪、思维受到不正当的影响而意志力减弱，从而作出错误的决定。此种"冷静期"虽然是不可放弃的因而似乎排除了选择自由，但由于其只是一种程序性的限制，旨在为人们提供反思机会，并没有否定实质性的选择自由。

当下我们生活中一个家长式干预的实例就是食盐加碘问题。为了消除碘缺乏症，我国于16年前强制推行"一刀切"的食盐加碘政策，禁售无碘盐，结果最近有调查显示很多地方居民碘摄入量过高，并使得一些因碘过量导致的疾病高发。这是一项典型的硬家长式干预，然而其正当性却存在可推敲的地方。如政府是否可以通过宣传提供信息

---

❶ ［美］亨德森：《欢乐的经济学》，上海人民出版社2006年版，第237页。
❷ ［美］桑斯坦主编：《行为主义法律经济学》，涂永前、成凡、康娜译，北京大学出版社2006年版，导论第3页。
❸ Cass R. Sunstein and Richard H. Thaler, "Libertarian Paternalism Is Not an Oxymoron," 70 *The University of Chicago Law Review* 1159 – 1202（2003）.

的方式来帮助居民正确的了解缺碘的风险及自身的碘摄入情况，从而作出正确的选择。获得了相关信息后，人们在这一问题上是否还真的存在"有限理性"，若周围的人很少有碘缺乏症者，可能说明这一地区的碘摄入量是合适的，人们据此对风险的较低估计可能是正确合理的。即使人们真的存在"有限理性"是否一定要通过"一刀切"的禁令这种完全剥夺选择自由的方式来校正，能否借鉴一下自由家长主义。记得听母亲讲，过去姥爷每年都会买一大堆海带给家人吃，一个重要的原因就是补碘。

通过本章的分析，我们可以概括地说，个体信息不完备并不必然需要政府的家长式干预或者说至少并不必然需要硬的家长式干预。而政府信息不完备、实施法律的信息费用高昂有可能需要"一刀切"式的禁令，以节省区分合法与非法交易的信息成本，并避免因合法市场存在为非法交易提供了掩护而导致的错误激励。许多通常被认为是家长主义法律所禁止的事项，通过经济分析发现本质上都存在外部性，这再次反映了教义与贴标签理论的贫乏。理性并不需要以完备的信息为前提，有限信息并不能否认理性，理性会权衡信息搜集、处理的成本与收益。行为主义的有限理性是指在一些情景下人们可能存在系统地偏离理性的认知与行为异常，这些"非理性"可以被理性地分析和重新解释。行为主义对人之有限理性的描述与承认尽管更接近真实的人，却因关注的是理性选择理论的残留物（相互间可能没有什么联系）而导致理论化十分不足，且因同时承认理性与非理性而变得不可证伪与证实从而丧失了预测能力。尽管如此，确实存在的有限理性仍然有可能为家长主义法律提供需求与正当性基础，但这是现实的经验性问题，需要具体问题具体分析，且由于有限理性同样存在于政府官员的决策中，因此这一需求与正当性也仅仅是一种可能而已。对有限理性的校正应该尽可能地以不排除自由选择的干预来实现，如程序性限制、针对有限理性规律采取的特定的信息或意图传递方式等。

附案例研究：iPad 商标案中的"白手套"交易

前些年，苹果公司与唯冠公司之间因"iPad"商标权属问题引发了一场轰动。[1]唯冠公司对苹果公司的一项指责是苹果公司在购买商标权的过程中存在欺诈行为。苹果公司并不是直接同唯冠公司交易，而是为此专门在英国设立了一家名为"IP Application Development"的"白手套"公司，后者以 3.5 万英镑的价格买下唯冠公司的相关商标权利，随后以 10 万英镑的价格出让给了苹果公司。交易中，IP 公司并没有告知唯冠公司背后的买主是苹果，这可以说是知识产权领域的一项典型的戴着白手套的匿名收购。对此，唯冠公司方面认为，苹果公司的此种做法存在欺诈，是在用不公平手段取得商标权利。当然也有人指出，大公司通过"白手套"公司进行匿名收购，这在商标、域名之类的知识产权领域可以说是商业惯例，并不违法。

依据法律，此种"白手套"收购是否构成欺诈？毕竟一方在交易中隐瞒了相关信息，且此种信息显然会直接影响相对方的决策。就像唯冠公司一方表示的：若知道实际上是苹果公司在购买，那肯定不会只要这个价。如果确认其合法，那它背后的理由是什么？此种做法又是否同"诚实信用"原则相违背呢？当然，有人可能会说：即使构成欺诈，那也只是 IP 公司对唯冠公司的欺诈，而苹果公司则是另一交易的主体。这就涉及因欺诈而产生的撤销对于第三人的效力问题。对此，

---

[1] 在此并非对 iPad 案做系统分析，而是仅关注其中的"白手套"交易问题，文中所涉及的案件信息可参见张玉瑞：《iPad：苹果的缩影与宿命》，载《经济参考报》2012 年 2 月 7 日；《深圳唯冠谈苹果 iPad 侵权案新闻发布会现场实录》，载 http://it.sohu.com/20120217/n335056402.shtml，最后访问日期 2017 年 5 月 20 日；游云庭：《iPad 商标案，苹果底气何在》，载《新京报》2017 年 2 月 16 日 B2 版；吴杰：《iPad 商标战：苹果唯冠各抛新证据》，载 http://www.infzm.com/content/70393，最后访问日期 2017 年 5 月 20 日。

我国民法没有明确规定；但我国台湾地区"民法"第92条第2项规定"被诈欺而为之意思表示，其撤销不得以之对抗善意第三人"。按照郑玉波先生的解释，其应当能够对抗恶意第三人。❶ 于此，IP 公司由苹果公司设立，目的在于作为"白手套"公司为后者匿名收购商标。苹果公司显然知晓甚至操控 IP 的收购行为，如此苹果公司自然构成恶意第三人。若据此种解释，一旦认定 IP 的收购行为存在欺诈，则唯冠公司对 IP 行使撤销权的同时对抗苹果公司。因此案件的关键还在于欺诈的构成与否。为了行文方便，下文的讨论中不再对三方间的法律关系进行细致区分与说明，而只是一般地讨论"白手套"交易是否构成欺诈。

一、欺诈认定的难题

民法理论与实践中，欺诈包括故意提供虚假情况，及在有说明义务时故意隐瞒事实两种。前者称为积极欺诈，后者称为消极欺诈。这两种类型也体现在我国的法律与司法解释中。我国《合同法》第42条第2项规定："故意隐瞒与订立合同有关的重要事实或者提供虚假情况"，应当承担损害赔偿责任。最高人民法院《民通意见》第68条也规定："一方当事人故意告知对方虚假情况，或者故意隐瞒真实情况，诱使对方当事人作出错误意思表示的，可以认定为欺诈行为。"

依据学理和法律规定，一般将欺诈的法律构成概括为："欺诈"行为；欺诈的故意；相对人因欺诈而陷于错误，并因此而作出意思表示；欺诈的违法性四个要件。❷ 在 iPad 案中，IP 公司显然隐瞒了其与苹果公司的关系及苹果公司才是幕后的真正买主的信息，且也知道这一信息对唯冠公司的要价有重要意义。正像唯冠公司所说：若其知道幕后买主为苹果公司，肯定不会同意这个价；而价格显然是合同与交易的重要内容，对相关方利益影响重大。从法教义学的层面分析，此项"白手套"收购是否构成欺诈，就剩一个问题："欺诈"是否违法；或者说 IP 公司在这一问题上是否存在告知义务，沉默是否违法。而这恰是确定消极沉默是否构成欺诈的关键问题和难点。

---

❶ 郑玉波：《民法总则》，中国政法大学出版社2003年版，第358页。
❷ 韩世远：《合同法总论》，法律出版社2004年版，第209–213页。

附案例研究：iPad 商标案中的"白手套"交易

尽管无论大陆法系，还是英美法系的许多国家，在成文法与判例中均承认：特定条件下，单纯的沉默也构成欺诈。❶ 但对于判断一项沉默到底何时构成欺诈或者说何种条件下负有告知义务，都没有具体、确定、周延的规定。有的只是抽象的原则性说明。如美国《第二次合同法重述》第 161 条规定：如果另一方是基于一种基本的假定而订立的合同，该方就这一基本的假定在认识上发生了错误，而说明方知道对事实的披露将使该错误得到纠正，那么，说明方没有披露这一事实就等于说该事实不存在。此时沉默构成欺诈。《德国民法典》的起草者更是直接认识到这是一个"立法者不能提供答案的问题"。❷ 而德国联邦最高法院也只能原则性地要求："向对方告知可能阻碍他订立合同的目的，因而对他具有极端重要性的事实，其范围以根据良好的商业习惯所能预期得到的告知为准。"❸

我国大陆法律和司法解释对此也没有具体的规定，参照台湾地区判例，认为应该依据法律、习惯或契约来具体判断。❹ 可见在这个问题上，困难是普遍的，大家的解决方式也相似，那就是授权法官在个案中"根据诚实信用原则，结合交易习惯和人们的一般交易观念、双方当事人的具体地位进行平衡"。❺ 显然这一权衡，并非法律的教义分析所能胜任。IP 公司不告知（或苹果公司通过 IP 公司隐瞒）对唯冠公司要价有重大影响的信息是否属于"不诚实行为"，是否违背了诚实信用原则？一般的交易中，卖方会关注买方的支付能力，但对于买方的购买意图或躲在背后的真实买家并不关心，但该案中唯冠公司显然会关心。知识产权领域的此种"白手套"收购是否构成商业惯例，即使构成，更关键的又是否属于"良好的商业习惯"？此种类型的交易是否有违公平？这些问题是决定"白手套"收购是否构成欺诈所必须要回答的。很明显，对"诚实信用""交易习惯"等概念及相关法条进行教义分析与解释并不能提供什么有用的东西。替代性的进路是

---

❶ 李永军：《合同法》，法律出版社 2004 年版，第 344 页。
❷ [德] 海因·克茨：《欧洲合同法》（上），周忠海等译，法律出版社 2001 年版，第 288 页。
❸ [德] 海因·克茨：《欧洲合同法》（上），周忠海等译，法律出版社 2001 年版，第 288 页。
❹ 王泽鉴：《民法总论》，中国政法大学出版社 2001 年版，第 391 页。
❺ 李永军：《合同法》，法律出版社 2004 年版，第 348 页。

对"将其认定为欺诈与不认定为欺诈"两种不同裁判方案的相关后果进行考量,包括后果的预测与后果的评价。这已然超出了法律教义分析的能力所及;更为有效的知识与工具将是法经济学的。

二、基于信息的后果分析

于此,确认欺诈的关键——是否存在告知义务、能否保持沉默,所关涉的实质上是一个信息不对称的问题。也就是一方拥有信息,而另一方不拥有信息,此时前者能否利用信息优势获得利益。在 iPad 案中,IP 公司知道自己是为了苹果公司而购买商标,但唯冠公司却不知道这一信息,且双方都知道这一信息对于唯冠公司的要价有重要意义。认为"白手套"交易构成欺诈,也就意味着 IP 有告知义务,不能基于此信息获得交易优势。反之,若法律承认存在该信息认知差异的合同有效,就意味着 IP 公司可以利用该信息获得优势。究竟哪一种选择更可取,显然不是一个语义与逻辑的问题,而是相关选择会导致什么样的后果,何种后果又是更为可欲的。

法经济学依据信息的特征及获得方式将信息做了分类与区别对待。根据信息本身的特征,可以区分为生产性信息与再分配性信息。[1] 前者是指具有财富创造功能的信息,如从旧纸堆中辨认出一件珍贵的文物,某种资源更具价值的用途与使用技术,某地急需某种资源等。此类信息有助于资源获得更有效的配置与利用,带来社会财富的增长。后者是指不具有财富创造功能,只会对既有财富的再分配产生影响的信息,如通过贿赂官员或偶然机会提前知道新的城市规划方案,从而能够在土地或房产交易中占据优势的信息。依据不同的获得方式又可细分为经投资获得生产性信息、偶然获得的生产性信息、经投资获得的再分配性信息、偶然获得的再分配性信息四种。

一个人经过多年努力习得了鉴别文物的知识,并花费很多时间与精力在旧纸堆中发现了一件珍贵的文物。授予他保有信息的权利,允许利用这些信息达成有利的交易。从交易结果来看,文物的所有权转移到了能够认识其价值和更好保存利用它的人手中,这显然是对资源

---

[1] [美]考特、尤伦:《法和经济学》,史进川、董雪冰等译,格致出版社 2010 年版,第 272–273 页。

附案例研究：iPad 商标案中的"白手套"交易

的有效配置，带来了社会财富的净增长，而不是单纯的再分配。此种交易对社会来说是可欲的。同时，只有允许信息所有人利用信息获得利益，才能够为人们研究、发现、学习相关知识与信息提供恰当的激励。所获利益可以看做是对相关主体创造有价值的知识、发现有价值信息的补偿与奖励。如果法律否认人们利用此类信息获益的权利，那将没人有动力去创造相关知识、发现有价值的信息，继而有效率的交易也无从发生。显然这对社会来说是一种损失，那件文物很可能会同其他废纸一样被烧掉。此种结果并不是我们想要的，对原所有人也没有什么好处。因此为了给人们投资于有价值的生产性信息提供有效的激励和促成有效率的交易，法律应授予相关主体保有和利用此类信息达成有利交易的权利。

有些信息虽然具有生产性，拥有这些信息有助于资源的更有效利用；但它们的获得却不需要投入资源，通常是作为一种副产品偶然获得的。如一所房子的地暖设施存在问题，显然了解这一信息有助于更好地使用房子，且这一信息是作为居住的副产品而获得的，并不需要额外的投资。作为副产品，此类信息不存在需要为它们的产出提供激励的问题。❶ 此外，隐瞒该信息所达成的交易还会带来无效率的后果。若房屋的卖方有权隐瞒该信息，那买方可能不但支付高价，还会因没能事先采取应对措施而遭受寒冷的冬天，甚至是水淹的损失；或者为了保护自己而事先花费成本对房子进行检验，就社会而言，这是一种重复性投入。如此，这不只是财富再分配的问题，还意味着社会财富的净损失。法律应该对这类信息的拥有者施加告知义务。

对于纯粹的再分配性信息，如事先获得的城市规划方案。基于此种信息优势达成的交易，并没有使得资源配置到更有效的位置或用途，只是使得财富从一个人的口袋转移到了另一个人的口袋。不但社会财富没有增加，反而徒增了交易费用，这显然是一种社会损失。若该信息还是投入一定的资源才获得的，如通过贿赂官员，则导致了更多的消耗与浪费。因此，法律也不应该给予此类信息的拥有者保持沉默的权利。

依据上述分析，为了给交易方产出和利用信息提供正确的激励，

---

❶ [美]波斯纳：《法律的经济分析》（第六版），中信出版社 2003 年版，第 111 页。

促成有效率的交易，避免社会损失。法律只应该允许经投资获得的生产性信息的拥有者保持沉默，而其他信息，尤其是再分配性信息的拥有者一般应负有告知义务。❶ 若后者隐瞒了相关信息，就很可能构成民法上的欺诈。如此，根据这一有关生产性信息与再分配性信息的经济学原则，只需在司法中对案件相关信息的性质进行考察，就应该能够为我们判断"沉默何时会构成欺诈"提供有效的帮助。iPad 案所涉及的信息为谁是真正的买主，或者说买方是刚成立不久的小公司还是财大气粗的大公司？对于这一有关买方身份与实力的信息，我们很难找到什么生产性功能。不但如此，幕后买方为掩盖身份而设立"白手套"公司，以及卖方为揭示对方身份或意图而可能进行的调查，还都意味着额外成本的付出。若分析到此为止，依据上述经济学原则与方法，"白手套"交易似乎看不出什么经济合理性。进而，法律应该将其认定为欺诈，从而避免相关掩盖与反掩盖的成本及可能导致的"不公平"的交易后果，就如唯冠公司所抱怨的卖"贱"了。

事情真的是这样吗？除了信息，我们是否遗漏了很重要的变量？或者，在商标权交易中存在着与其他类型的交易所不同的特殊因素，这一因素使得有关买方身份的信息会对交易产生不同于上述分析的影响。恰如前面提到的，在一般的交易中，除非涉及支付或履约能力，人们对交易方的身份并不太在意。且单纯的身份一般也不会对交易价格有什么影响。譬如，汽车销售商最关心的是汽车售价，而非买主是谁；通常不会也不能因为对方是大公司就漫天要价或者给出特别优惠。即使优惠，那也是因为对方购买数量较大，或者未来有多次交易的可能，而非单纯的基于身份。iPad 商标权交易显然与此不同，唯冠公司若知道背后真正的买主是苹果公司，肯定会提出更高的要价；而苹果公司显然也清楚这一点，正因为如此才出现了身为"白手套"的 IP 公司。为什么会如此呢？这一交易同前述交易有什么关键区别呢？

三、"敲竹杠"及其矫正

商标权及其他知识产权交易的一个独特之处就在于"垄断"因素

---

❶ [美] 考特、尤伦：《法和经济学》，史进川、董雪冰等译，格致出版社 2010 年版，第 274 页。

附案例研究：iPad 商标案中的"白手套"交易

的可能存在；苹果公司若想用 iPad 商标就只能从唯冠公司手中购买，这自然造就了"敲竹杠"的机会。商标的价值在于作为商誉的载体，表征了某种商品的特定品质，有助于降低消费者的搜寻、检验成本，方便商家与消费者之间的沟通，促成有效率的交易；而这要以商标权的设立为前提。❶ 要实现此种功能需要对商标进行巨大的投入，包括持续不断的保证相关商品的可靠品质、大量的广告宣传等。简单地说，商标权的交易可以分为两种类型。一种是买方能够制造高品质产品，却很难以较低的成本让消费者了解。此时购买已积累起相当声誉、获得公众认可的商标或品牌就是可行的选项。在此类型的交易中，垄断的因素很少，甚至可以说不存在。因为同类商品的知名品牌可能有多家，可能存在多个卖方；且除此以外，买方还可以通过投资广告宣传等替代性途径塑造新品牌。另一种是买方所看上的并非某个商标已积累起来的声誉，而是觉得该"商标"本身似乎是某种商品的最佳标记。显然，苹果公司对 iPad 的钟情，绝非是看上了唯冠公司已注入的商誉；只是觉得 iPad 本身最适合用来标记其产品。iPad 当下的声誉显然是苹果公司注入的，甚至很多人认为苹果公司才是商标，iPad 只是苹果公司所开发的独有产品。尽管苹果公司能够更有效地使用 iPad 或者说 iPad 在苹果公司手中更有价值；但由于商标权的原始取得是注册和一定期限内的实际使用，该商标权已经属于唯冠公司。只要唯冠公司尚未放弃或丧失该商标权，苹果公司要想使用，就只能从唯冠公司手中购买。

商标权的设置是商标能够发挥其商誉载体、降低交易费用功能的必要前提。而附有一定条件的注册制度则是当下建立商标权的通行与有效制度，尽管并非没有缺陷。由于商标价值的关键在于商誉，且可以作为商标的文字、符号、图形、色彩、声音甚至气味等的组合近乎无限。先注册先得一般不会给后来者选择商标造成多少麻烦，尤其再辅以一定的反抢注措施与使用要求后，更是如此。但这也仅仅是一般而已。有些情况下，某种商标设计方案可能确实拥有某种更具优势的品质，因此很难有完全的替代物。此时，注册在先者就对后来者造成

---

❶ ［美］兰德斯、波斯纳：《知识产权法的经济结构》，金海军译，北京大学出版社 2005 年版，第 217 页。

· 217 ·

了负外部性；若后者又能够更有效地利用这一商标，那该商标的所有权就存在错误的配置，这对社会而言是一种损失。苹果公司显然认为iPad是标记其商标的最佳符号，且iPad在苹果公司手中的价值也确实更大。自愿交易能够校正这一错误配置，且又不会破坏构成商标权基础的注册制度。问题在于卖家是唯一的，这就产生了垄断，而垄断则意味着"敲竹杠"的机会。

"敲竹杠"行为直接导致了谈判费用的增加，卖方凭借"只此一家"希望获得尽可能高的出价，而买方却努力降低要价，双方都威胁"坚持不让步"。除了谈判费用，此种对策行为还使得谈判破裂的概率增加，而这意味着资源将不能得到有效的配置。❶ 无论是额外增加的谈判成本，还是交易失败，都是社会的净成本。法律应该努力减弱"敲竹杠"的严重程度，进而降低谈判费用和促成有效率的交易。"敲竹杠"与谈判费用的严重程度与交易双方的预期密切相关。若买方是大公司（如苹果公司），卖方自然会合理推测该商标对买方有很高的价值且买方也负担得起，此时就会坐地起价（它会远远超过商标留在自己手里的价值）。作为大公司的买方自然也会清楚地知道这一点，希望能以较低的价格（如略高于商标留在卖方手中的价值）达成交易。而卖方自然倾向于利用自己的垄断地位，坚持对高价的要求，如此必然会导致谈判的困难、成本的增加与交易失败的风险。假设卖方预测买方的最高出价为X（与商标对买方的价值正相关），买方估计只要不低于Y卖方就有利可图。X与Y相差越远，双方的谈判会越困难，费用越高且交易失败的风险越大。

为了摆脱这一困境，大公司想到的一个方案就是：自己躲在幕后，由"白手套"公司出面交易。这些站在前台的公司一般是没有多少名气的小公司，实力不强、前景不明。面对它们，卖方很难提出过高的要价，毕竟只要有利可图，卖总比不卖好。一开始，卖方对X的预测就会大大低于对方是大公司时，这样X与Y之间的差距会大大缩小，从而更容易达成一致，讨价还价的成本会降低，交易失败的风险也会减少。如此，"白手套交易"显然有助于降低谈判成本和交易失败概率，这是有效率的。当然有人会说设立"白手套"公司掩盖身份本身

---

❶ ［美］波林斯基：《法和经济学导论》，郑戈译，法律出版社2009年版，第17页。

就是一种成本,且卖方很可能还会为了发现对方真实身份而进行调查。这样一来就需要权衡这些不同的成本。

假设"白手套"公司在交易中的谈判成本为 B,此时卖方的谈判成本为 C,这可以说是"敲竹杠"不存在或不太严重时的正常谈判成本。大公司直接出面交易的谈判成本为 E,(E–B) 就是它通过"白手套"交易所节省的谈判成本;而此时卖方的谈判成本为 F。大公司设立"白手套"公司的成本为 D,而卖方可能进行的调查的成本为 G。在"白手套"交易的博弈中,大公司处于先行动的位置,只有预测 (E–B)>D 时,它才会去设立"白手套"公司。而 B 只有在对方未能发现其真实身份时才会小于 E。大公司知道这一点,也知道卖方很有可能进行调查,因此只有在后者调查也难以揭穿"白手套"交易,或不去进行调查时,大公司采用"白手套"交易才可能成功。卖方知道买方可能是"白手套"公司,但只有在调查能够发现真相时才会去进行调查。若现实中大公司普遍采用了"白手套"交易,那就意味着卖方很难以合理的成本发现真正的买主,进而可能从一开始也就不去进行调查,如此 G 很可能就不发生了。这样一来,"白手套"交易的交易成本就是 B + D + C,而 (B + D) < E,C 又小于 F,自然 (B + D) + C < E + F;也就是说"白手套"交易的交易成本要小于非"白手套"交易。显然交易成本的降低是件好事,且与之相伴的还有交易失败风险的减小及其损失(资源留在低效率的人手中)的降低,交易费用与交易失败的损失两者之和的最小化显然是有效率的,符合社会成本最小化的逻辑。❶ 而法律的一个重要功能就是努力寻求交易费用与交易不能或失败的损失两者之和的最小化。

这样看来,商标权领域的"白手套"交易是一种有助于降低交易费用和促使有效率的交易达成的交易方式。法律应该予以支持,相关主体对真正买主的信息有权保持沉默,这不构成欺诈。由此,对沉默是否构成欺诈的问题,除了上文中有关生产性信息与再分配性信息的经济学原则外,我们还可以总结出另外一条经济学原则:建立在不披露有助于降低可欲交易的谈判费用的信息(尽管不具有直接的生产

---

❶ [美] 埃里克森:《无需法律的秩序》,苏力译,中国政法大学出版社 2003 年版,第 211 页。

性）认知差异基础上的合同，一般不应视为欺诈，且应强制履行。

至此，我们从经济学的角度为商标权领域（也可以自然地扩及其他知识产权领域）的"白手套"交易的正当性提供了一个有说服力的解释。同时，也为判断沉默是否构成欺诈提供了更为明晰、有效的原则与知识。然而，这一经济学逻辑同法律人经常说的、写在法律文本与判决书中的"诚实信用"是何关系呢？它与后者相冲突，抑或构成了后者的深层依据与判断标准？

四、经济学逻辑违背"诚实信用"吗

"诚实信用""良好商业习惯""一般交易观念"均具有广泛的包容性与高度的不确定性。据此来判断一项沉默是否构成欺诈，有一个必要的前提——人们对某一行为是否为"诚实""公正"事先存在共识。否则，就需要进一步的论证。如前所述，这一论证并非上述概念的教义分析所能解决。事实上，我们认为能为此提供帮助的正是上述经济学逻辑。而有人可能会担心单纯的经济合理性是否有失偏颇，甚至背离了这些法律概念所承载的公平、正义理念。

"敲竹杠"行为不但没有效率，也不会有人认为它是公平的。自然，为了避免"敲竹杠"而进行的信息隐瞒也就不存在"不公平"的问题。只要交易价格超过了 iPad 留在唯冠公司手中的价值，唯冠公司就没有什么损失，也会愿意达成这一交易。iPad 在转到新拥有者手中后可能或实际积累起的巨大价值无论是基于新拥有者的贡献，还是部分市场机遇，均与原所有者无关。"羡慕"无可厚非，但"嫉妒与恨"无论在法律上还是道德上都不具有什么正当性。

诚实信用从来不意味着交易方要毫无保留地向对方透露一切与交易有关的信息。事实上，大多数沉默并不构成法律上的欺诈，只有特定条件下的沉默才会产生法律责任。德国判例就强调：告知义务不能被不合理地扩大。❶ 任何一项"自愿"的交易（这也是法律会强制执行的交易）都意味着买方认识到或找到了交易物的更大价值与用途所在，否则交易不会进行，也不应该进行。交易的功能就在于将资源配

---

❶ ［德］海因·克茨：《欧洲合同法》（上），周忠海等译，法律出版社 2001 年版，第 289 页。

附案例研究：iPad 商标案中的"白手套"交易

置到更有效率的用途上。一方投入成本生产出了能够更有效地使用资源（如新的技术、新的市场）或更有效地配置资源（如开辟新的航线）的信息，这对整个社会而言是有益的，值得鼓励。他们利用此类信息优势获得交易利益也是合乎道德的。与此相反，不具有生产性价值，也就是不能带来社会财富的净增长，而只会导致财富再分配的信息。基于此种信息认知差异的交易只是消耗资源，将财富从一部分人的口袋转移到了另一部分人那里，无社会收益可言。这既是无效率的，也是不公平的，在法律层面被认为不存在真正的"自愿"。如利用非正常途径获得的有关城市规划变迁的信息达成对自己有利的交易，不但是不道德和不被法律所支持的，还可能意味着是臭名昭著的"贿赂"。

对于交易中的沉默何时是不正当的、可责难的问题，我们发现经济学的逻辑同道德观念是高度一致的。有效率的做法也同时被认为是合乎道德、不违背"诚信"原则的。而无效率的做法也没有获得道德观念的支持。如弗里德曼所言："很多情况下，我们认为是公正的原则正好符合那些根据我们的观察是有效率的原则。……即我们所称的那些正义的原则可能实际上就是产生有效率的结果所需的各种原则的重要组成部分，是一些被我们内化了的原则。"[1] 经济学的逻辑不但与诚实信用原则不相冲突，且是后者的深层依据与追求目标。当事先的共识不存在时，人们也就无法通过教义分析来判断某一做法是否合乎"诚实信用"原则。此时，前文所述的经济学逻辑与原则就成为更明晰、有效的知识与工具，能够帮助我们对不同裁判方案的可能后果进行预测与评价，从而选择能够为人们的行为提供正确激励、降低交易费用、促成有效交易的裁判方案。而这一选择也是合乎道德与公平正义观念的。

当然，这并不意味着要用经济学的概念与话语取代"诚实信用""公平正义"等法律话语。后者显然更具修辞色彩，更容易为法律人和公众所接受。尤其人们对某一行为的性质存在共识时，直接据此判案更为简约和有说服力。只是当共识不存在时，这些简约且有道德色

---

[1] [美]弗里德曼：《经济学语境下的法律规则》，杨欣欣译，法律出版社 2005 年版，第 20 页。

法律制度的信息费用问题

彩的原则就不再起作用了，此时人们只能探寻这些原则背后的逻辑，求助于经济学的知识与原则进行后果主义的分析。也就是说，此时法官很可能公开说的还是"诚实信用""公平正义"，实际做的是经济推理，且这一推理并不需要法官意识到自己正在进行经济分析。[1] 两者的不同角色背后，隐含的还是经济学的逻辑；这将是另一个很长的话题。

---

[1] Posner, "A Reply to Some Criticisms of Efficiency Theory of The Common Law," 89 *Hofstra L Rev.* 775 – 777 (1981).

玛珈山法政文丛书目

第一辑

1. 孙希尧　著　国际海事私法统一研究：条约角度
2. 弭　维　著　道德之维：自然法和法律实证主义视角下的德法关系研究
3. 刘　洋　著　现代政治价值体系建构：西方国家的探索之路
4. 孙卓华　著　乔治·弗雷德里克森的公共行政思想研究——以社会公平思想为主线
5. 范广垠　著　政府管理主体的行为互动逻辑
6. 马艳朝　著　制度规则与公共秩序：当代中国信访违规行为的惩罚问题研究
7. 张景明　著　和谐理念下环境法律关系研究
8. 武　飞　等著　社会主义法治理念与法律方法研究
9. 赵　沛　著　政治与社会互动：西汉政治史的视角
10. 孙光宁　等著　网络民主在中国：互联网政治的表现形式与发展趋势

第二辑

11. 王瑞君　著　量刑情节的规范识别和适用研究
12. 刘　军　著　性犯罪记录制度的体系性构建——兼论危险评估与危险治理
13. 张传新　著　实现法治的逻辑基础研究
14. 姜世波　著　跨境救灾的国际法问题研究
15. 贾乾初　著　主动的臣民：明代泰州学派平民儒学之政治文化研究

16. 周　颖　　　　著　　循环消费信用民法问题研究
17. 程婕婷　　　　著　　道德之重：社会群体刻板印象内容的维度变化
18. 赵　沛　　　　著　　秦汉胶东：行政制度与社会经济
19. 孙光宁　　　等著　　中国法律方法论研究报告（2011—2016）
20. 刘　军　　　　著　　网络犯罪治理刑事政策研究

第三辑

21. 张传新　　　　著　　自适应道义逻辑研究
22. 吴丙新
　　苏　凯　　　等著　　法律概念的解释
23. 安玉萍　　　　著　　劳动合同理论与操作实务
24. 张伟强　　　　著　　法律制度的信息费用问题